国家社科基金重大项目"城乡融合与新发展格局战略联动的内在机理与实现路径研究"（项目编号：21&ZD084）

The Theory, Demonstration and Practice
of Green Development

绿色发展的理论、实证与实践

河南省与黄河流域的研究

杨玉珍 等◎著

中国社会科学出版社

图书在版编目（CIP）数据

绿色发展的理论、实证与实践：河南省与黄河流域
的研究 ／ 杨玉珍等著. -- 北京：中国社会科学出版社，
2024. 10. -- ISBN 978-7-5227-4530-5

Ⅰ. F127. 61

中国国家版本馆 CIP 数据核字第 2024XM6288 号

出 版 人	赵剑英	
责任编辑	李斯佳　刘晓红	
责任校对	周晓东	
责任印制	戴　宽	

出　　版	中国社会科学出版社	
社　　址	北京鼓楼西大街甲 158 号	
邮　　编	100720	
网　　址	http://www.csspw.cn	
发 行 部	010-84083685	
门 市 部	010-84029450	
经　　销	新华书店及其他书店	

印刷装订	北京君升印刷有限公司
版　　次	2024 年 10 月第 1 版
印　　次	2024 年 10 月第 1 次印刷

开　　本	710×1000　1/16
印　　张	20
字　　数	319 千字
定　　价	109.00 元

凡购买中国社会科学出版社图书，如有质量问题请与本社营销中心联系调换
电话：010-84083683

前　言

　　党的十八大以来，以习近平同志为核心的党中央高度重视绿色发展和生态文明建设，统筹推进"五位一体"总体布局，出台了一系列有关绿色发展的方针政策和举措。2015 年 10 月，党的十八届五中全会坚持以人民为中心的发展思想，将绿色发展、创新发展、协调发展、开放发展、共享发展作为指导中国经济社会发展的重大理念。2016 年 3 月《中华人民共和国国民经济和社会发展第十三个五年规划纲要》正式发布，绿色发展成为"十三五"规划纲要的主基调，用了超过 1/10 的篇幅论述绿色发展问题。2020 年党的十九届五中全会通过的《中共中央关于制定国民经济和社会发展第十四个五年规划和二〇三五年远景目标的建议》中，将"推动绿色发展，促进人与自然和谐共生"作为专门的篇章加以强调。2022 年 8 月，《求是》杂志发表习近平总书记重要文章，要求全党必须完整、准确、全面贯彻新发展理念，提出绿色是永续发展的必要条件和人民对美好生活追求的重要体现，坚持创新发展、协调发展、绿色发展、开放发展、共享发展是关系中国发展全局的一场深刻变革，全党全国要统一思想、协调行动、开拓前进。2022 年 10 月，党的二十大报告中，用专门篇章阐释推动绿色发展，促进人与自然和谐共生。2024 年 1 月 31 日，中共中央政治局第十一次集体学习时，习近平总书记指出，绿色发展是高质量发展的底色，新质生产力本身就是绿色生产力。显然，绿色发展体现了中国国情与时代特征，成为中国治国理政的新战略，是迫切需要解决的实践问题。从区域和流域发展上，自党的十八大以来，习近平总书记多次实地考察黄河流域生态保护和经济社会发展情况，就三江源、祁连山、秦岭、贺兰山等重点区域生态保护建设作出重要指示批示。习近平总书记强调黄河流域生态保护和高质量发展是重大国家战略，要共同抓好大保护，协同推进大治理，着力加强生态保护治理、保障黄河长治久安、促进全流域高质量发展、改善人民群众生活、保护传承弘扬黄河文化，让黄河成为造福人民的幸福河。2021年10月，中共中央、国务院印发《黄河流域生态保护和高质量发展规划纲要》。黄河流域及其9省份绿色发展问题亟待进一步研究。

随着绿色发展上升为国家战略，绿色发展受到社会各界的关注，学界的研究增多，学术研究涉及绿色发展内涵解读、内容架构、实证评价、实践探索等诸多内容。但当前国内关于绿色发展的研究还有进一步提升的空间，存在的问题有：一是绿色发展界定不一、内涵不一，绿色发展与可持续发展、科学发展、生态发展、低碳发展、循环发展的关系认定不一致，绿色发展与绿色经济、绿色增长的异同点不明晰。二是缺乏绿色发展的学科支撑体系研究，经济学、哲学、环境学各自站在自身角度解析研究绿色发展，实质上绿色发展的贯彻需要强大的学科群，亟须交叉学科、多元学科的支撑。三是绿色发展内容存在逻辑关系的混乱，学者列举出来的绿色发展内容包括绿色治理、绿色政策、绿色制度、绿色文化、绿色技术、绿色产业、绿色金融、绿色生产生活、绿色政府、绿色企业、绿色城市等，导致绿色发展内容上逻辑关系混乱，政府等是行为主体，产业是经济结构，城市是区域空间，将主体、客体、区域、行业不分层次地放在一起，列举为绿色发展的内容，是不合适的。四是如何填补绿色发展理念到实践的鸿沟成为研究重点，目前达成的共识是绿色发展是一种战略理念，也是一种发展实践和具体行动，发展理念是发展行动的先导。但理念到行动中间还有很深的鸿沟、漫长的研究道路和复杂的内在逻辑体系，需要学术研究的持续发力和关注。

基于实践和理论研究的需要，学界亟须形成完善的绿色发展理论体系，在社会各界广泛参与的基础上进行绿色发展的实证研究，为绿色发展实践寻求路径和指导。本书立足河南省和黄河流域，围绕绿色发展理论体系、实证评价及实践路径进行研究。旨在理论和现实上实现以下突破：理论上探求绿色发展的学源、学理，详细地阐述绿色发展的内涵体系、概念体系、学科体系、特征体系，分析绿色发展这一新范式所要求的经济学、哲学、人类文明形态、社会文化业态的转变。构建科学、合理的绿色发展评价体系，评价河南省绿色发展现状，河南省快速城镇化地区绿色发展现状、河南省工业绿色发展现状；进而在河南省绿色发展研究的基础上延伸到黄河流域绿色发展和高质量发展的评价，样本也从黄河流域省份数据的评价进一步细化为流域城市数据的评价。探索绿色发展的路径，从绿色发展空间布局、绿色发展治理体系、绿色发展生产方式和绿色发展生活方式等层面进行实践探索，指导河南进行绿色发展的行动，实施蓝天、碧水、乡村清洁"三大工程"，建设"四区三带"区域生态网络，大力推进河南生态省建设，最终实现绿色以富国，绿色以惠民，美丽中国、美丽河南，推动河南省实施绿色低碳转型战略，确保高质量建设现代化河南，确保高水平实现现代化河南。

本书主要分为理论篇、实证篇、实践篇三个篇章，理论篇包括第一章绿色发展新理念和第二章绿色发展研究综述。第一章系统分析了绿色发展的内涵体系、概念体系、学科体系、特征谱系，提出绿色发展是中国传统智慧的新发展、是中国学界和政界的时代智慧、是中国特色政治经济学的理论智慧、是中国新一代领导集体的实践智慧，绿色发展要求经济学研究范式、哲学研究范式、人类文明形态、全社会文化业态的转变，习近平同志有关"绿水青山就是金山银山"的论断正是绿色发展理论的高度凝练和升华。第二章从绿色发展的研究进行综述，进一步进行了城镇化与绿色发展、工业绿色发展、绿色发展与经济高质量发展、绿色发展与黄河流域高质量发展几个研究领域的文献综述。

实证篇包括第三章到第八章。第三章、第四章、第五章为河南省绿色发展的评价。第三章主要分析河南省绿色发展的效率和影响河南省绿色发展的因素，主要内容包括对河南省经济社会发展进行了叙述，分析了河南省资源利用和污染物排放的境况，运用基于非期望产出的全局参比SBM模型、基于生态文明规划中的污染排放指标对全省17个地级市（济源除外）十年间绿色发展效率进行了测算及分析。以绿色发展效率值为被解释变量，选取财政支出、城市化水平等七个内部影响因素为解释变量，基于面板Tobit回归模型，实证分析了河南省绿色发展效率的影响因素，以实证结果及分析为参考，为河南省绿色发展水平提出了政策建议。

第四章是河南省快速城镇化地区绿色发展研究。提出河南省快速城镇化地区划定具体标准，明确研究对象的基础上，采用理论分析法和频度分析法选取指标，建立河南省快速城镇化地区的绿色发展评价指标体系，引入计量经济学模型，运用十年的面板数据，对河南省快速城镇化地区绿色发展的主要影响因素进行回归分析。回归结果显示，固定资产投资与人均绿地面积和人均 GDP 的变动负相关，与河南省当前快速城镇化地区绿色发展水平不相适应；与人均二氧化硫排放量、人均烟尘排放量、第三产业就业人员占比、从业人员数、供电量、人均水资源和人均 GDP 的变动正相关，与河南省快速城镇化地区绿色发展水平基本适应。依据回归结果，从转变经济发展方式、优化产业结构、稳定城市绿色发展政策倾斜、健全生态保护评价指标体系、开发利用新能源等方面，为河南省城镇化地区绿色发展提出政策建议。

第五章是河南省工业绿色发展效率评价。本章介绍了国内外学者关于工业绿色发展的相关研究，介绍了相关的理论基础，选取了经济发展水平、城镇化水平、产业结构、对外开放、政府教育投入、工业企业科技创新能力六个影响因素作为本章的理论假说；接着运用了 DEA-SBM 模型，选取工业资本投入、工业劳动力投入、工业能耗三个投入指标，工业总产值作为期望产出指标，工业废水、工业二氧化硫排放作为非期望产出指标，对河南省各地市的工业绿色发展效率进行测算，并运用面板 TOBIT 方法对理论假说进行实证分析，最后得出结论，并针对性地提出了提高工业绿色发展效率的建议。

第六章、第七章、第八章主要是黄河流域绿色发展、高质量发展评价与黄河流域旅游生态效率时空演变及空间溢出效应。第六章首先将河南省绿色发展与黄河流域生态保护和高质量发展相联系，梳理经济高质量发展和经济空间演化的概念和理论，理解其内涵与演化机制；其次，建立测度黄河流域经济高质量发展水平的评价体系，以改进的 TOPSIS 模型测度 2006—2018 年黄河流域 9 省份经济高质量发展水平及发展趋势，科学地评估黄河流域不同省份的经济高质量发展差异及总体态势；最后，通过 Moran's I 指数和局部关联分析方法的 LISA 统计量，分析黄河流域经济发展水平的空间格局演化，并依据地理探测器方法具体分析经济活力、创新发展、绿色发展、经济开放、经济共享五大维度对不同省份经济高质量发展水平的具体影响。研究发现，沿黄河流域各省份的经济高质量发展水平稳步前进，但在全国范围来看发展水平仍然较低；空间分布上呈非均衡、渐进的演化趋势，呈现"上游地区较低，中游地区一般，下游地区较高"的分布格局，且经济高质量发展的特征差异在上游、中游、下游地区间较为明显，各省份由于资源禀赋等因素空间差异日趋凸显，经济发展不平衡问题使整个流域经济转型压力加大，应当因地施策，制定区域协调发展的规划，促进黄河流域9省份生态保护和经济高质量发展。

第七章是基于城市层面数据进行黄河流域生态保护和高质量发展评价。用"黄河流域高质量发展内涵解释—综合得分及子系统得分测度及结果分析—时间演变和空间差异分析—空间溢出效应分析—发展政策建议"的逻辑思路展开系统性探讨。融入新发展理念内涵构建测度体系，涵盖创新、协调、绿色、开放、共享5个方面共21个具体指标，以2010—2019年黄河流域61个城市数据为研究样本，采用熵权Topsis法测度高质量发展水平，并展示综合水平及各子系统测度结果。通过均值图观察黄河流域高质量发展时序演变，利用ArcGIS软件描绘空间分布，借助Dagum基尼系数揭示地区差异及差异来源，构建马尔科夫链考察空间内部动态演进，通过地区间比较分析，基于城市数据探究黄河流域高质量发展时空演变规律。通过模型识别选取空间杜宾模型，探究黄河流域高质量发展的空间溢出效应。并在此基础上，基于前文分析及实证结果归纳主要结论并提出政策建议。

第八章对黄河流域旅游生态效率时空演变及空间溢出效应进行研究。本章节基于超效率SBM模型测算2010—2019年黄河流域73个城市旅游生态效率，借助ArcGIS软件描绘时空演化轨迹，并构建空间杜宾模型揭示空间溢出效应。研究发现，黄河流域旅游生态效率时序上呈现先上升后下降的阶段性特征，空间上呈现"下游—中游—上游"阶梯式递减的异质性特征；旅游生态效率分布具有明显的空间集聚与依赖特征，低水平同质化现象显著；空间溢出效应显著，政府干预、市场规模对邻近城市旅游生态效率具有正向溢出效应，经济发展、产业结构、交通可达性对邻近城市旅游生态效率具有负向溢出效应。基于实证分析结果，提出制定差异化、互补性旅游发展策略，加强区域旅游战略合作，发挥邻近区域辐射带动作用，优化城市空间溢出效应的建议。

实践篇包括第九章河南省绿色发展新路径和河南省绿色发展的行动，提出进行绿色发展空间布局，完善绿色发展治理体系，推进绿色发展生产方式，践行绿色发展生活方式。在此基础上分析了河南省践行的"蓝天、碧水、乡村清洁"三大工程，建设"四区三带"区域生态网络，大力推进河南生态省建设以及重视其他分行业、分部门的行动计划和方案。

需要指出的是，本书围绕河南绿色发展黄河流域生态保护和高质量的实证评价数据展开研究，研究阶段为2000—2020年，因为研究是在不同时间阶段完成的，数据样本不完全一致，也未更新到最新年份，但作为学术研究，真实反映了过程性数据，尤其是2000—2020年是中国河南省等各地区绿色发展实践、认知日益完善、逐渐深刻的重要阶段，这一阶段不同年份的过程数据能反映不同阶段的问题，因此做保留，特说明指出，也为数据未更新到最新而表达歉意，日后进一步更新。

目　录

理论篇

实证篇之一
——河南绿色发展

实证篇之二
——黄河流域生态保护与高质量发展

实践篇

理论篇

第一章

绿色发展新理念

绿色发展是一场深刻的思想观念变革。习近平总书记深刻指出，"没有思想就没有灵魂，没有理念就没有方向"。① 推进绿色发展，首先是一场发展理念和思想观念的深刻变革。

第一节　绿色发展新内涵

一　绿色发展内涵体系

习近平主席在国内外多个场合的讲话中系统阐述了绿色发展内涵，将绿色发展融入经济、政治、文化、社会建设各方面和全过程。本书认为绿色发展体现了时代特征和中国国情，体现了过去发展、现在发展、未来发展和永续发展的统一，体现了经济发展、政治发展、文化发展、社会发展和生态发展的统一，是可持续发展的高级形态和最新的阶段。绿色发展的内涵至少包括以下六个方面。

（一）绿色生态发展

绿色生态发展指通过合理利用自然资源，防止自然环境的污染和破坏，保护自然环境和地球生物，保持生态平衡，协调人类与自然环境的关系，保证自然环境与人类社会的共同发展。习近平总书记在参加十二届全国人大四次会议青海代表团审议时的讲话指出：生态环境没有替代品，用之不觉，失之难存。要像保护眼睛一样保护生态环境，像对待生

---

① 中央党校哲学教研部：《五大发展理念——创新　协调　绿色　开放　共享》，中共中央党校出版社 2016 年版。

命一样对待生态环境。① 习近平总书记在海南考察工作时指出，良好的生态环境是最公平的公共产品，是最普惠的民生福祉。② 2015 年 9 月，习近平主席在第七十届联合国大会上进一步指出，我们要构筑尊崇自然、绿色发展的生态体系。人类可以利用自然、改造自然，但归根结底是自然的一部分，必须呵护自然，不能凌驾于自然之上。③ 强调了尊重自然、顺应自然、保护自然的生态观，绿色发展首先是坚持绿色生态发展。

（二）绿色生产发展

绿色生产发展指要转变生产方式，致力于提高人类福利和社会公平。绿色生产发展是绿色发展的物质基础，涵盖了两个方面的内容：一方面，生产活动要具有环保性。任何生产行为都必须以保护环境和生态健康为基本前提，任何生产活动不仅不能以牺牲环境为代价，而且要有利于环境的保护和生态的健康。另一方面，环保活动要具有生产性。即从环境保护的活动中获取经济效益，将维系生态健康作为新的经济增长点，实现"从绿掘金"。习近平总书记的深刻论述，我们既要绿水青山，也要金山银山。宁要绿水青山，不要金山银山，而且绿水青山就是金山银山。④ 要求最终的发展目标是生产与生态的和谐统一、良性循环，将区域"生态环境优势转化为生态农业、生态工业、生态旅游等生态经济的优势"，使绿水青山变成金山银山。

（三）绿色生活发展

绿色生活发展要求树立环保意识、生态意识、生命意识，以绿色行为为表象，体现人类与自然和谐相处的生活方式、行为规范、思维方式及价值观念等。绿色生活要求绿色文化的根植性，强调勤俭节约、绿色低碳、文明健康的消费生活方式，将绿色观念、意识和价值取向自始至终地渗透贯穿于生活的方方面面，并在其中起到灵魂的作用。习近平同志倡导人们适度消费、绿色消费、理性消费，倡导一种健康、科学、文

---

① 2016 年 3 月 10 日习近平总书记在参加十二届全国人大四次会议青海代表团审议时的讲话。

② 2013 年 4 月 8—10 日习近平总书记在海南考察工作时的讲话。

③ 2015 年 9 月 28 日习近平主席在参加第七十届联合国大会时的讲话。

④ 2013 年 9 月 7 日习近平主席在哈萨克斯坦扎尔巴耶夫大学回答学生问题时的讲话。

明的消费方式。在人与自然良性互动的基础上追求以"诗意存在"和"创意存在"为主要内容的生活方式。

（四）绿色空间发展

绿色空间发展要求按照节约资源、保护环境的基本国策，搞好空间布局，科学规划生产空间、生活空间和生态空间。根据产业的发展现状及区域优势进行产业的合理布局。党的十八届五中全会明确提出：构建科学合理的城市化格局、农业发展格局、生态安全格局、自然岸线格局。习近平同志指出：要科学布局生产空间、生活空间、生态空间，扎实推进生态环境保护。

（五）绿色系统发展

绿色系统发展要求以系统工程推动生态—环境—经济—社会的协同发展。习近平主席的"保护生态环境就是保护生产力，改善生态环境就是发展生产力。让绿水青山充分发挥经济社会效益"[①]；"绿水青山和金山银山绝不是对立的，关键在人，关键在思路"[②] 等讲话中体现了生态、环境和经济、社会的辩证统一关系。绿色发展中生态、环境、经济、社会是协同发展的统一体，不是必然的矛盾体，生态、环境、经济、社会各系统不是孤立存在的，而是通过要素、功能、结构、能量、信息流动相互交织、相互影响、相互关联，能够正向促进、协同发展。习近平总书记在党的十八届三中全会上作关于《中共中央关于全面深化改革若干重大问题的决定》的说明时指出，山水林田湖是一个生命共同体，人的命脉在田，田的命脉在水，水的命脉在山，山的命脉在土，土的命脉在树，体现了绿色系统发展。[③]

（六）绿色评价发展

绿色评价发展要求改变长期以来政绩考核的唯 GDP 倾向，将资源消耗、环境损害、生态效益等指标纳入经济社会发展评价体系，使之成为推进绿色发展的重要导向和约束。2013 年 9 月，习近平总书记在河

---

① 2021 年 4 月 22 日习近平主席出席领导人气候峰会时的讲话。
② 2014 年 3 月 7 日习近平总书记在参加十二届全国人大二次会议贵州代表团审议时的讲话。
③ 2013 年 11 月 9 日习近平总书记在党的十八届三中全会上作关于《中共中央关于全面深化改革若干重大问题的决定》时的讲话。

北省参加省委常委班子党的群众路线教育实践活动专题民主生活会时指出，要给你们去掉紧箍咒，生产总值即便滑到第七位、第八位了，但在绿色发展方面搞上去了，在治理大气污染、解决雾霾方面作出了贡献，那就可以挂红花、当英雄。① 反之，习近平总书记在主持第十八届中共中央政治局第六次集体学习时也强调："如果生态环境指标很差，一个地方一个部门的表面成绩再好看也不行，不说一票否决，但这一票一定要占很大的权重。""要建立领导干部的责任追究制度，对那些不顾生态环境盲目决策、造成严重后果的人，必须追究其责任，而且应该终身追究。真抓就要这样抓，否则就会流于形式。不能把一个地方环境搞得一塌糊涂，然后拍拍屁股走人，官还照当，不负任何责任。"②

二 绿色发展概念体系

（一）绿色、绿色化与生态化

绿色的寓意极其广泛。从光谱学角度看，绿色介于黄色与蓝色之间，且位于光谱的中间，是平衡色。绿色是一种十分特殊的颜色，尤其相对于黑色（污染）、红色（血腥）、黄色（非健康）来说，更具积极的意味。纵观中外，当今社会赋予绿色十分广泛的寓意：一是象征着生命。绿色是植物的主要色调，植物的光合作用离不开绿色。没有绿色，便不可能有植物，便不可能有动物，也更不可能有人类。从这个意义上讲，绿色是一切生命的起源，是生命力的象征。二是象征着健康。与上一寓意相关联，绿色既是生命（力）的象征，也是健康的象征。从医学的角度看，绿色也确实有助于健康，特别有助于病人的康复。人们往往用绿色来形容健康、安全的食品，称为绿色食品。三是象征着希望。植物破土而出的嫩绿，是植物生长、开花、结果的希望所在，是生命的价值之希望。绿色象征着希望。四是象征着平和。从心理学的角度看，绿色能使人心态平复、安静、平和，从而使人与人之间能更好地相处。五是象征着和平。基于平和的寓意和作用，以及基于国际主流社会将绿色赋予和平的寓意，绿色往往被用来代表和平，如绿色和平组织等。六是象征着平衡。绿色本身就是蓝色与黄色之间的过渡色、调和色或平衡

① 2013年9月23—25日习近平总书记在参加河北省委常委班子专题民主生活会时的讲话。

② 2013年5月24日习近平总书记在主持十八届中央政治局第六次集体学习时的讲话。

色。同时，绿色也是地球充满生机、人与自然平衡发展的标志或象征。七是象征着友善。绿色是人类善待自然的良行、善举，是对自然的友善体现；同时，绿色也往往是人与人之间友善的体现。八是象征着包容。绿色的海洋充满生机的同时，也是对各种生物物种包容的体现。绿色发展，从体制上看是充满活力的发展，是对自然尊重、对人类包容的发展。九是象征着财富。这一点在美国等西方国家尤其如此，这些国家视绿色为财富，且往往喜欢将绿色作为钞票的主色调。十是象征着准许。所有国家在交通指示灯设置时，都将绿色设置为准许通行，而将红灯设置为禁止通行，将黄灯设置为红灯和绿灯之间的过渡、等待指示灯，即所谓的"红灯停绿灯行"。还有，许多国家往往将一路畅通的通道称为绿色通道。在预警系统内，往往将无风险区间设置为绿色，将危险区间设置为红色，将安全与危险之间的地带或区间设置为黄色。①

由于绿色具有上述诸多积极向上的寓意，现代社会往往热衷于用绿色作为前缀和修饰词，并因此产生了越来越多的现代流行词语，诸如绿色革命、绿色计划、绿色设计、绿色投资、绿色技术、绿色产业、绿色政治、绿色文化等。

2015年3月24日，中共中央政治局审议通过《关于加快推进生态文明建设的意见》，首次使用了绿色化这一术语，要求在当前和今后一个时期内，协同推进新型工业化、城镇化、信息化、农业现代化和绿色化，从新四化并举到新五化协同。概念上，"绿色"形容"环保、低碳、高效、和谐"。"化"意指"改变、革新、发展、教化"，绿色化是一种新的发展观、价值观、民生观、自然观。在内容上，包括生产方式的绿色化、生活方式的绿色化、主流文化的绿色化、体制机制的绿色化。生产方式的绿色化要求"科技含量高、资源消耗低、环境污染少的产业结构和生产方式"；生活方式的绿色化要求"生活方式和消费模式向勤俭节约、绿色低碳、文明健康的方向转变，力戒奢侈浪费和不合理消费"；主流文化的绿色化意味着精神的绿色化，"把生态文明纳入社会主义核心价值体系，形成人人、事事、时时崇尚生态文明的社会新

① 谷树忠、王兴杰：《绿色发展经济学：对绿色发展的诠释》，《中国经济时报》2016年3月11日第A14版。

风"。在学理上，绿色化就是广义的生态化，绿色化与生态化的内涵是一致的，与生态化一样属于一个综合科学的概念，生态化首次出现在苏联哲学家 B. A. 罗西在《哲学问题》杂志上发表的《论现代科学的"生态学化"》一文中，将生态化称为生态学化，其本质含义是"人类实践活动及经济社会运行与发展反映现代生态学真理"。以此观之，生态化主要是指运用现代生态学的世界观和方法论，尤其依据"自然、人、社会"复合生态系统整体性观点考察和理解现实世界，用人与自然和谐协调发展的观点去思考和认识人类社会的全部实践活动，最优地处理人与自然的自然生态关系、人与人的经济生态关系、人与社会的社会生态关系和人与自身的人体生态关系，最终实现生态经济社会有机整体全面、协调、可持续的绿色发展，绿色化、生态化是新兴、交叉学科使用最广泛的概念，生态化、绿色化是绿色发展、生态文明的重要范畴和基本概念。[①]

（二）绿色发展与循环发展、低碳发展、生态发展

循环发展、低碳发展、生态发展应该是贯彻绿色发展模式的三大维度。循环发展作为一种建立在资源回收和循环再利用基础上的经济发展模式，改变了传统的"资源—产品—废弃物"的单向直线型资源利用方式，以资源的高效利用和循环利用为目标，把经济活动组成一个"资源—产品—再生资源"的反馈式流程，旨在转变粗放、低效的资源利用方式，破解制约绿色发展的资源约束困境。低碳发展指通过技术创新、制度创新、产业转型、新能源开发等手段，尽可能地减少对煤炭、石油等高碳化石能源的消耗，减少温室气体排放的发展模式，旨在转变以碳基技术为主的能源消耗体系，破解制约绿色发展的能源约束困境。生态发展是在生态系统承载能力范围内，运用生态经济学原理和系统工程方法改变生产方式，发展生态高效产业，培育体制合理、社会和谐的文化，营造生态健康、景观适宜的环境，旨在转变以牺牲自然环境为代价的发展方式，破解环境约束困境。

（三）绿色发展与可持续发展、科学发展观

绿色发展与可持续发展的关系上，国内有不同的诠释，第一种认

---

① 刘思华：《论新型工业化、城镇化道路的生态化转型发展》，《毛泽东邓小平理论研究》2013 年第 7 期。

为，绿色发展是实现可持续发展的一种途径，在两者的关系上，可持续发展是理念指导，绿色发展推动可持续发展变成现实，可持续发展立足长远，绿色发展针对当前，以李晓西等为代表。[1] 第二种认为可持续发展囊括绿色发展，如刘燕华认为绿色发展是可持续发展的重要组成部分。[2] 第三种认为绿色发展是新一代的发展观，是新型的发展道路，是可持续发展的升华[3]，学者胡鞍钢提出绿色发展本质上就是科学发展。"以绿色发展为主题就是以科学发展为主题，既是对当代世界已有的可持续发展的超越，更是对中国已经开始的绿色发展实践的集大成。""绿色发展将成为继可持续发展之后人类发展理论的又一次重大创新，并将成为 21 世纪促进人类社会发生翻天覆地变革的又一大创造。"本书赞成第三种说法。

绿色发展与科学发展观的关系上，学界的认识也不完全一致，有学者认为绿色发展是科学发展观的重要组成部分[4]，也有学者认为绿色发展与科学发展观是辩证统一关系，绿色发展的本质是科学发展观，两者一脉相承。[5]

本书认为绿色发展是可持续发展、科学发展观的升华，原因在于虽然可持续发展理念的提出具有很强的进步性，但可持续发展仍旧是建立在人类中心主义的发展观上，仅仅是修正原来人类控制自然的模式，是传统发展观的一种被动的、修正式的调整，这种修正式调整仍不能适应人类新危机，难以从根本上扭转危机趋势。其实施结果是"20 多年来的可持续发展，并没有有效遏制全球范围的环境与生态危机，危机反而越来越严重，越来越危及人类安全。"[6] 此外，虽然可持续发展观在全球取得共识，但在实践上没有形成足以扭转传统发展模式的全球行动。其原因在于缺乏有效的国际行动机制。目前可持续发展的国际现状是：一方面，西方发达国家依托自身的技术优势和市场优势占领国际产业链

---

① 李晓西等：《中国：绿色经济与可持续发展》，人民出版社 2012 年版，第 20 页。
② 刘燕华：《关于绿色经济和绿色发展若干问题的战略思考》，《中国科技奖励》2010 年第 12 期。
③ 胡鞍钢：《中国：创新绿色发展》，中国人民大学出版社 2012 年版。
④ 张哲强：《绿色经济与绿色发展》，中国金融出版社 2012 年版。
⑤ 赵建军、杨发庭：《推进中国绿色发展的必要性及路径》，《城市》2011 年第 11 期。
⑥ 胡鞍钢：《中国：创新绿色发展》，中国人民大学出版社 2012 年版。

分工的高端部分，通过经济全球化把资源消耗高、污染排放高的低端产业转移至发展中国家，借此占领可持续发展的道德制高点；另一方面，西方发达国家漠视自身可持续发展的全球责任，没有在可持续发展领域给予发展中国家足够的技术支持和资金援助，相反却对发展中国家在发展中所面临的困难以及在推进可持续发展的努力视而不见。因此，世界人民有理由把更多的目光集聚到中国，将开创工业文明的黑色发展道路、模式转向生态文明绿色发展道路、模式这一人类共同的绿色使命与历史任务寄托于中国建设社会主义生态文明。[①] 2011 年在美国召开的生态文明国际论坛上有位美国学者说道："所有迹象表明，美国政府依然将在错误的道路上越走越远。""所有目光都聚到了中国。放眼全球，只有中国不仅可以，而且愿意在打破旧的发展模式，建立新的发展模式上有所作为。"[②] 这一伟大模式则是绿色发展。

如果将工业革命后的人类历史过程划分为黑色发展、可持续发展、绿色发展三种模式，则形象地讲"黑色发展"就是"吃祖宗饭，断子孙路"；可持续发展是"不吃祖宗饭，不断子孙路"；绿色发展是"前人种树，后人乘凉"，这个"树"就是生态资本、绿色资产，投入生态资本、积累绿色资产，功在当代、利在千秋。

（四）绿色发展与绿色经济、绿色增长

国际上，绿色经济的概念可以追溯到 1946 年英国经济学家希克斯提出的绿色 GDP 思想，他认为只有当全部的资本存量随时间保持不变或增长时，这种发展方式才是可持续的。1966 年美国经济学家肯尼思·鲍尔丁提出了"宇宙飞船经济学"，他认为地球经济系统就像宇宙飞船，是一个孤立无援的独立系统，靠不断消耗自身资源存在，只有实现资源循环利用，地球才能得以长存。1989 年英国经济学家大卫·皮尔斯等在《绿色经济蓝图》报告中首次采用"绿色经济"的描述，认为"经济影响环境""环境影响经济"，报告指出，将环境融入资本的投资中或许可以解决增长和环境之间的矛盾。2008 年金融危机爆发，

① 刘思华：《正确把握生态文明的绿色发展道路与模式的时代特征》，《毛泽东邓小平理论研究》2015 年第 8 期。
② 刘志礼：《生态文明的理论体系构建与实践路径选择——第五届生态文明国际论坛综述》，《武汉理工大学学报》（社会科学版）2011 年第 5 期。

为了将应对国际金融危机和气候变化危机有效结合，国际上关于绿色经济的讨论增多。2010 年联合国环境规划署定义绿色经济是一种能够改善人类福利和社会公平，同时大大降低环境风险和生态稀缺的经济。2012 年"里约+20"联合国可持续发展大会的会议主题之一就是绿色经济，大会成果文件《我们希望的未来》提出，可持续发展和消除贫穷背景下的绿色经济是可以实现可持续发展的重要工具之一，可提供各种决策选择，但不应该成为一套僵化的规则，这种绿色经济有助于消除贫穷，有助于经济持续增长，增进社会包容，改善人类福祉，为所有人创造就业和体面的工作机会，同时维持地球生态系统的健康运转。国内学术界最早提出并定义绿色经济的是中国生态经济学会会长刘思华教授。他在《绿色经济论——经济发展理论变革与中国经济再造》中指出："绿色经济是可持续经济的实现形态和形象概括。它的本质是以生态经济协调发展为核心的可持续发展经济。"①

绿色增长最早作为一个政治文件中的概念，出现在 2005 年联合国亚洲及太平洋经济社会委员会召开的第五届环境与发展部长会议的文件中，认为绿色增长是强调环境可持续性的经济进步和增长，用以促进低碳的、具有社会包容性的发展。《韩国绿色增长基本法》认为，绿色增长是最小化使用能源、资源，减少气候变化和环境污染，通过清洁能源、绿色技术开发以及绿色革新，确保增长动力，创造工作岗位，实现经济环境和谐相融的增长方式。经济合作与发展组织（OECD）将绿色增长定义为"促进经济增长和发展，同时确保自然资产继续提供我们的福祉所依赖的资源和环境服务"。

绿色发展包含绿色经济，但不仅仅是绿色经济，也不同于绿色增长。自 20 世纪下半叶起，关于"发展"的国际前沿研究就逐渐从物质领域扩展到整个社会，发展问题从一个经济问题上升为一个复杂的哲理问题。必须承认，经济是发展的基础，但发展不仅仅是经济，而是一国或一地区经济、社会、民生、政治、文化的全方面提升，一定要摒弃和防止当前世界上出现的"有增长无发展"和"高增长低发展"的现实。

---

① 刘思华主编：《绿色经济论——经济发展理论变革与中国经济再造》，中国财政经济出版社 2001 年版。

绿色发展脱胎于传统的工业化城镇化过程，考虑资源环境承载能力，追求更加高效、更加清洁、更加可持续、更加全面的经济发展，同时绿色发展成果应惠及于民。绿色发展的根本愿望和根本要求是人类越来越好地生存、发展、完善和完美，实现个人的幸福和整个人类的幸福，实现个人和整个人类的生存、发展、完善与完美，实现人与自然、人与人、人与自身的和谐。

（五）绿色产业、绿色技术、绿色产品、绿色金融

绿色产业、绿色技术、绿色产品、绿色金融是实施绿色发展的具体形式。绿色产业指积极采用清洁生产技术，采用无害或低害的新工艺、新技术，大力降低原材料和能源消耗，实现少投入、高产出、低污染，尽可能把对环境污染物的排放消除在生产过程中的产业。国际绿色产业联合会对绿色产业的定义是："如果产业在生产过程中，基于环保考虑，借助科技，以绿色生产机制力求在资源使用上节约以及减少污染（节能减排）的产业。"绿色产业可以细分为绿色农业、绿色工业、绿色服务业。绿色产品是指生产过程及其本身节能、节水、低污染、低毒、可再生、可回收的一类产品，是绿色科技应用、绿色产业的最终体现。绿色技术是指减少污染、降低消耗和改善生态的技术体系。绿色技术是由相关知识、能力和物质手段构成的动态系统，需要绿色生态意识，改造生态的知识、能力、物质手段等要素的相互作用。绿色金融是将绿色观念融入金融业日常经营活动中，在金融机构投融资行为中重视生态环境的保护和污染的治理，注重绿色产业的发展，利用信贷、保险、证券、产业基金等金融工具，对社会资源进行引导。促进企业节能减排和经济、资源、环境协调发展，其本质是一种绿色经济政策中的资本市场手段。

三　绿色发展学科体系

绿色发展是跨学科的、复杂的学科概念，绿色发展需要经济学、哲学等社会科学研究范式的转变，需要生态学、环境学等自然科学的理论与技术，还需要建筑学、美学、艺术学的指导，还需要文学、传媒学的引导和塑造，需要复杂的学科支撑体系。

（一）生态学为绿色发展提供重要的科学基础

现代生态学是研究生命系统与环境系统之间相互关系的科学，是自

然科学与社会科学的桥梁。美国生态哲学家麦茜特认为："生态学的前提是自然界所有的东西联系在一起的，它强调自然界相互作用过程是第一位的。"① 美国著名的生物学家和生态学家康芒纳在《封闭的循环》中将"每一事物都与其他事物相关"列为生态学首条法则。科利考特认为，现代生态学揭示了生态系统的有机整体性，大自然中的有机体是生命之网中关键点，不可以被割裂出来加以考虑。② 现代生态学的研究表明，整体性是生态系统最重要的特征，生态学这种典型的有机整体主义思想，无疑为我们构建生态世界观、绿色发展观、生态文明观等绿色文化，实现生产方式和生活方式的绿色转型提供了坚实的科学基础。

（二）生态哲学是指导绿色发展的世界观和方法论

现代哲学凸显人的主体性，以主客二分的观点强调人与自然的区别，形成人统治自然的根本性看法。生态哲学以人与自然的关系为基本问题，以重建人与自然的和谐关系为目标，反思生态危机，批判机械论的自然观、还原论的思维方式和狭隘的人类中心主义价值观，把人—自然—社会视为一个紧密联系、复杂的有机生态共同体，具有有机整体性、系统关联性、动态平衡性及复杂性等特征，用生态系统理论观察、分析、解释和研究人与自然的相互联系、相互影响，用有机整体论的生态世界观、以人为本的环境价值观，指导人们改造和利用自然的各种实践活动。人类和生态共同体的整体利益应当成为人类实践活动的出发点和归宿点，人类只有走出狭隘的个人中心主义、集团或地方利己主义、虚幻的人类中心主义，绿色发展理念才能真正确立起来。

（三）经济学丰富的学科分支为绿色发展提供社会科学基础、方法和手段

经济学中有环境经济学、生态经济学、资源经济学和发展经济学。环境经济学是一门环境科学和经济学之间交叉的学科，主要讨论环境资源的可持续利用和环境保护的经济手段，并以基本的环境经济学原理为环境保护政策和环境管理提供理论支持。生态经济学是生态学和经济学的融合过程，研究经济发展和生态系统之间的相互关系，经济发展如何

---

① ［美］卡洛琳·麦茜特：《自然之死——妇女、生态和科学革命》，吴国盛等译，吉林人民出版社 1999 年版，第 110 页。

② J. B. 科利考特：《生态学的形而上学含义》，《自然科学哲学问题》1988 年第 4 期。

遵循生态规律的科学；资源经济学是以经济学理论为基础，研究整个资源开发利用中的经济问题，分析资源的合理配置与最优使用。这三门学科研究的内容有密切的联系，其中既有共同的部分，又有不同的部分。分别研究环境、生态系统和资源开发利用中的经济问题，虽然有一部分重叠交叉，但研究的重点和角度不一样，各自都是一门独立的学科。发展经济学是适应后发国家或是发展中国家的发展需要，在经济学体系中逐渐形成的一门综合性经济学分支学科，关注较贫困落后国家的"发展"问题，研究经济发展规律、经济发展与社会发展相互关系规律的经济学分支。绿色发展的研究重点仍是"发展"，因此发展经济学应作为其支撑性的学科。"绿色"是"发展"的定语，发展的理念、发展的模式、发展的实践要求"绿色"，要求发展的过程关注环境、生态、资源，因此，环境经济学、生态经济学、资源经济学应作为"绿色"实现的手段和基础。

（四）生态伦理学为绿色发展提供了行为规范体系

生态伦理学是关于人与自然关系的道德体系学说，突破了传统的伦理观，把伦理道德由人类社会拓展到非人类的自然界，认为人与自然界均应当成为人类关怀的道德对象。它倡导抛弃旧有的主宰自然、践踏自然、掠夺自然的观念、态度和行为，确立起尊重自然、善待生态、敬畏生命、关爱万物的伦理态度，将其内化为人们的生态良知，自觉规范一切改造自然环境的行为，在道德上形成绿色自觉。

（五）生态文学艺术为绿色发展提供审美情感和绿色态度支持

生态文学艺术是用语言、文字、形象表达人们对社会交往和自然交往生活的理解，是依托绿色美学表达人生的自然情感体验以及对自然生态环境美的向往和生态价值追求的绿色意识形态。通常情况下，以环保为主体的文学艺术统称为生态文学艺术。生态文学艺术的兴起，是对传统审美标准的深刻变革，把审美和关怀的主题由人际关系拓展到人与自然关系的领域，通过其劝善抑恶、引导教化功能，唤起人们对地球环境的忧患意识，陶冶人们善待自然的绿色情操，激励人们担当保护自然的生态责任。绿色发展的践行，需要生态文学艺术的支持，能否让生态道德与责任意识内化于心，能否让人们在潜移默化中养成尊重、关怀、保护自然的良好习惯，进而积极参与到绿色发展进程中，生态文学艺术的熏陶无疑是重要因素。

（六）绿色美学为绿色发展提供交叉学科背景下新的研究视域

在中国最早提出绿色美学与绿色文化概念的人，当首推著名美学家郭因先生。绿色美学旨在探究和揭明人类发展的前景、历史发展的走向、社会发展的模式、生活发展的类型，等等。绿色美学主要是通过各个部门文化与部门美学，如家学、人学、生态学、建筑学、环境学、园林学、资源学、摄影学、绘画学、工艺学、影视学、传播学、保健学、文学、太极学、观赏学等去营造生活。需要强调的是它通过部门文化与部门美学与其他科学的联姻，科学地去走向并干预生活。所以说，观察世界、指点江山、激扬文学、描绘未来是绿色美学这门学术学的任务，走向生活、干预生活则是包括部门文化与部门美学在内的各种技术学的任务。绿色美学的研究方法偏重于驾驭全局的思想、观察事物的方向、分析现象的思路、解决问题的原则，为人们思考与解决问题而提供智慧。绿色美学用天然眼、感性眼、理性眼、智慧眼多元的眼睛看世界。天然眼即肉眼，看到的世界是世界的表面现象，是简单而直观的反映，达到"知其然"的目标。而这五彩缤纷的世界因何而五彩缤纷，不是用肉眼所能解决的。需要用感性的眼睛去观察、去分析、去求索，还要依靠理性眼睛去观察、分析、探究、抽象和概括，达到"知其所以然"的目标。而后，要卓有成效地去驾驭世界变化与发展的规律，并且正确地利用客观规律为人类造福，还得靠智慧的眼睛。只有用智慧的眼睛，才能寻找到驾驭事物全局的思想，解决问题的方向、思路、理念、原则和方法。只有用智慧的眼睛，才能自觉地懂得：环境不但不能被污染，而且还要去净化、美化；生态不但不能被破坏，而且还要去优化、美化、善化；资源不但不能被乱开发，而且还要科学地加以保护、开发和利用，等等。① 只有这样，大自然才能可持续发展，社会才能可持续发展，人自身才能可持续发展，从而实现绿色美学的神圣历史使命：追求、推进与实现人与自然、人与人、人与自身三大和谐，追求、推进与实现三大建设，追求、推进与实现物质客观世界和精神主观世界两大世界的美化。

---

① 何迈：《绿色美学与安徽绿色文化与绿色美学学会》，《学术界》2002 年第 5 期。

（七）系统科学为绿色发展提供系统性工具和方法论

系统科学被认为是 20 世纪最伟大的科学革命之一，从系统论、控制论、信息论"老三论"到协同论、突变论、耗散结构理论"新三论"，再到相变论、混沌论和超循环论"新新三论"，这一庞大的科学体系已被广泛应用到自然、经济、社会等各个领域，取得了一系列突破性的进展。其系统科学思想和系统科学方法论可以用于指导绿色发展。系统论指出人—自然—经济—社会是复合系统，具有整体性、有序性、有机关联性、动态性、自组织和他组织性。耗散结构理论指出人—自然—经济—社会复合系统具有开放性，系统需要不断地从外界输入信息以延缓熵增的过程，通过与外界进行物质和能量的交换维持和形成稳定的"耗散结构"。分形论、突变论、超循环理论的研究重点不同，但研究对象均是非线性复杂系统的自组织以及他组织过程。人—自然—经济—社会作为复合的巨系统，其正向演进、稳定结构需要系统科学理论与方法的指导。

四　绿色发展特征谱系

相对于传统发展理念或模式，绿色发展具有如下基本特征。

（一）生态化特征

生态化提倡的是回归自然的生产生活方式，包括舒适、优美的生活环境，以及健康低碳的交通和出行方式；以达到生态环境与自然资源的永续利用与代际公平为最终目标，经济生态化是指在人与自然和谐发展的前提下，工业生产中利用低碳环保技术，减少自然资源、化石能源的消耗，以及二氧化碳等温室气体的排放水平，开展气候、生态、环境友好生产；农业生产中，根据生态规律，对产品生产进行布局，加快研发绿色、安全、高效、无害的产品与服务，提升整体及个体的福利水平。

（二）合理化特征

合理的经济发展速度、规模、结构以及过程是绿色发展的重要特征，资源环境的合理利用以及自然经济的和谐发展，资源环境利用内部化，使单位资源消耗的经济效益实现最大化，在绿色、健康、安全的基础上，实现经济效率的最大化，增强生态环境与资源利用的可持续发展水平，最终实现全面、协调、可持续的发展。

（三）节约化特征

绿色发展要求遵循节约优先的战略原则，通过生产、利用、分配、消费等环节的节约发展，全面落实能源资源总量控制、供需双向调节、差别化管理以及资源综合利用等制度约束，全面提升资源、能源利用效率，保证各类资源的可持续利用。

（四）高效化特征

绿色发展要求实现生产、经济、资源利用等效率最大化，不仅令经济效益最大化，同时也使资源消耗最小化。绿色发展实际上是在绿色、健康、有效的基础上，实现自然资源的永续利用、生态环境保护的最大化和最优化发展。提升生态效率能够让生态系统在新环境和制度下保持和谐发展，从而实现社会公平的目标。

（五）清洁化特征

绿色发展要求生产清洁化、流通清洁化、分配清洁化、消费全生命周期清洁化，将清洁生产贯穿在产品生产、加工、运输以及消费的全过程，控制环境污染对人体健康以及生态环境的负面影响，产品损害控制在一定环保标准之内。绿色发展的清洁化，包括清洁产品，即应用创新技术生产新型绿色产品、提供生态保护建设及服务，降低不可再生资源的消耗水平，延长产品的使用周期，进行绿色设计、采用绿色能源、绿色生产加工、应用绿色标签和绿色包装、实行绿色消费。

（六）低碳化特征

绿色发展是应对气候变化的一项重要战略，其强调低碳化，降低经济发展对碳基燃料的依赖性，促进能源利用结构转型，减少二氧化碳等温室气体排放。绿色发展将带来能源革命，是以可再生资源替代不可再生化石能源的里程碑，绿色发展的推进将彻底改变国民经济社会的发展形态，真正实现人类社会的永续发展。

（七）全面化特征

全面化特征即绿色发展兼顾经济发展、社会发展和资源环境承载力，旨在实现绿色富国、绿色惠民。

（八）系统化特征

绿色发展涵盖了当前资源能源节约与高效利用、环境污染治理、生态修复、循环经济、清洁生产、国土空间规划等诸多领域，比发达国家倡导的绿色经济内容要丰富很多，这与中国当前所处的发展阶段及面临的复杂资源环境问题密切相关。

（九）全球化特征

当前全球面临共同的气候危机和环境危机，积极应对气候变化、保护地球环境、实现全球可持续发展，与每个国家的利益密切相关。当前绿色发展仍处于理论构建和实践摸索阶段，急需全球共同努力。

（十）后发化特征

当前全球面临严峻的气候危机和环境危机，每个国家都要承担与其发展能力相对等的责任。绿色经济成为美国、日本、欧盟三大经济体瞄准未来的经济主引擎，而且是其占领新的国际市场竞争的制高点，主导全球经济链的新王牌。对中国而言，全球新的"绿色竞争"是一场只能决胜、没有退路的"争夺战"，作为后发发展中国家需要充分利用国际市场上的技术资源优势，快速提高本国学习能力和研发能力，加快缩小与发达国家在绿色发展领域的差距，实现"绿色追赶"，完成"绿色超越"。

第二节　绿色发展新智慧

国内外很多学者认为绿色发展是源于发达国家对经济发展方式的思考和转型，并寻找支持这一观点的证据，认为绿色发展是西方智慧，本书研究要指出绿色发展是当代学界和政界的时代智慧以及新一代领导集体的实践智慧叠加形成的"中国智慧"。

一　绿色发展是中国学界和政界的时代智慧

有学者认为绿色发展源于西方经济学界对增长模式的反思，将20世纪60年代美国学者博尔丁的宇宙飞船理论，或是英国环境经济学家大卫·皮尔斯1989年出版的小册子《绿色经济的蓝图》作为绿色经济、绿色发展的渊源，但实际上皮尔斯并未对绿色经济的新思想、新理论、新概念作出详细诠释，仅仅是用了绿色经济的名词，西方世界整个20世纪90年代至2008年爆发国际金融危机这一时期都是将绿色经济置于环境经济学的视角进行阐述，没有将绿色经济放置于生态经济协调、可持续发展的视角，仅仅"把绿色经济纳入环境经济学理论框架来指导实践，最多只能缓解生态环境危机，是不可能从根本上解决生态环境问题的，也不可能克服生态环境危机，也就谈不上实现生态经济可持续发展"①；也有学者直接指出联合国开发计划署《2002年中国人类发展报告：让绿色发展成为一种选择》中首先提出绿色发展，中国当前只是选择绿色发展道路，这种认识在学术界是误传，不符合绿色发展思想理论发展的历史，绿色发展应该是中国智慧②，1994年刘思华先生出版的《当代中国的绿色道路》一书，以生态经济学新范式及生态经济协调发展的新理论回应绿色发展道路议题，阐述了绿色发展的主要理论和实践，明确提出中国绿色发展道路的核心问题是"经济发展生态化之路"，"一切都应当围绕改善生态环境而发展，使市场经济发展建立在生态环境资源的承载力所允许的牢固基础之上，达到有益于生态环境的经济社会发展"。1995年学者戴星翼在《走向绿色的发展》一书中首次从"经济学理解绿色发展"，明确使用"绿色发展"这一词汇，诠释可持续发展的一系列主要理论与实践问题，认为"通往绿色发展之路"的根本途径在于"可持续性的不断增加"。在这里，绿色发展成为可持续发展的新概括。2012年学者胡鞍钢出版《中国：创新绿色发展》一书，创新性地提出了绿色发展理念，开创性地系统阐述了绿色发展理论体系，总结了中国绿色发展实践，设计了中国绿色现代化的蓝图，进一步丰富、创新、发展了中国绿色发展学说的理论内涵与实际价值，提出了一条符合生态文明时代特征的新发展道路——绿色发展之路。从中国学者探索绿色发展的理念、理论与道路的历史轨迹表明，在此领域凝聚的是"中国智慧"而非"西方智慧"，在此领域"中国智慧"比"西方智慧"高明，使得绿色发展突破了可持续发展的局限性，"将成为可持续发展之后人类发展理论的又一次创新，并将成为21世纪促进人类社会发生翻天覆地变革的又一次大创造"。③

当下中国绿色发展已不仅仅视绿色经济、绿色发展为新的思想理

---

① 方时姣：《绿色经济思想的历史与现实纵深论》，《马克思主义研究》2010年第6期。

② 刘思华：《迈向生态文明绿色经济发展新时代》，载杨文进著《绿色生产》，中国环境出版社2015年版。

③ 习近平：《携手推进亚洲绿色发展和可持续发展——在博鳌亚洲论坛2010年年会开幕式上的演讲（2010年4月10日）》，《光明日报》2010年4月11日第1版。

论，已经成为执政者崭新的全面依法治国理政理念、发展战略、发展道路。党的十八大首次把绿色发展（包括循环发展、低碳发展）写入党代会报告，使绿色发展成为具有普遍合法性的中国特色社会主义生态文明发展道路的绿色政治表述，标志着实现中华民族伟大复兴中国梦所开辟的中国特色社会主义生态文明建设道路。这条道路的理论体系就是"中国智慧"创立的绿色经济理论与绿色发展学说。它既是适应世界文明发展进步，更是适应中国特色社会主义文明发展进步的需要而产生的科学发展学说，是一种划时代的全新科学发展学说。如刘思华教授多次强调的：绿色经济理论与绿色发展学说不是对西方经济发展思想的引进，而是中国学界和政界马克思主义学人自主创立的科学发展新学说。是立足中国、面向世界、通向未来的马克思主义发展学说，必将指引中国特色社会主义沿着绿色发展与绿色崛起的科学道路不断前进。

二　绿色发展是中国特色政治经济学的理论智慧

绿色发展对人与自然关系的认识是马克思主义关于人与自然关系原理的继承和发展。马克思在《1844年经济学哲学手稿》中对人和自然的关系有很精辟的论述。恩格斯赞成马克思的观点，并在《自然辩证法》中做了阐述。[①] 马恩的基本观点有三个：第一，人和自然界是一体化、对象化的关系。人和自然的一体化关系上，马克思说："所谓人的肉体生活和精神生活同自然界相联系，也就等于说自然界同身体相联系。因为人是自然界的一部分。"人和自然界的对象化关系上，马克思认为人和自然界是互为对象的，他说："自然界是人为了不致死亡而必须与之不断交往的、人的身体。"[②] 即人以自然为对象。同时，自然界也要依靠人的实践活动所形成的自然界（人化的自然界）不断发展变化。这就表明，人和自然是一个互相依存、互为对象的有机整体，这一理论是人和自然必须和谐相处的客观基础。第二，人在利用、改造自然时要遵循自然规律。马克思认为，利用和改造自然并不是人和动物的本质区别。而是人的"有意识的生命活动把人同动物的生命活动直接区

---

① 王福成：《绿色发展理念与马克思主义关于人和自然关系的原理》，《经济学家》2016年第7期。

② 中共中央马克思恩格斯列宁斯大林著作编译局编译：《马克思恩格斯全集》（第四十二卷），人民出版社1972年版，第95页。

别开来"。因而人能够"按照美丽的规律"来利用和改造自然。恩格斯告诫我们，违反自然规律是会受到自然界报复的。他说："我们不要过分陶醉于我们对自然界的胜利。对于每一次这样的胜利，自然界都报复了我们。"① 第三，在利用、改造自然的过程中，绝不能站在自然界之外，凌驾于自然界之上。恩格斯指出："我们每走一步都要记住：我们统治自然界，决不像征服者统治异族人那样，决不是像站在自然界之外的人似的，——相反地，我们连同我们的肉、血和头脑都是属于自然界和存在于自然之中的。"② 我们党提出的绿色发展理论是对马克思主义继承基础上发展形成的新的理论智慧。

习近平总书记强调，要坚持以人民为中心的发展思想，走出传统经济学见物不见人的误区。发展为了人民，发展依靠人民，这是中国特色社会主义政治经济学人本主义的理论内核。是以"绿色化""全面""协调""持续""健康"为目标指向的经济学，经济发展方式转变和经济结构优化升级要体现创新、协调、绿色、开放、共享发展理念，寻求更高效益、更加协调、更加全面、更加公平、更加可持续的发展，是中国特色社会主义政治经济学的理论创新。③

习近平总书记基于中国经济新常态背景下提出的创新、协调、绿色、开放、共享新发展理念；新型工业化、信息化、城镇化、农业现代化、绿色化"五化同步"、相互协调的思想，是当代中国的政治经济学，是时代精神和民族智慧的体现，它将有力地指导中国经济实践，是中国特色政治经济学的重要组成部分。总之，习近平总书记的政治经济学理论体系绝不是对西方经济学流行概念的简单拿来和照抄照搬，是马克思主义政治经济学与中国时代特点相结合的产物，是中国特色的政治经济学的理论智慧。

三 绿色发展是以习近平同志为核心的党中央的实践智慧

以习近平同志为核心的党中央历来重视绿色发展问题。习近平同志

---

① 中共中央马克思恩格斯列宁斯大林著作编译局编译：《马克思恩格斯选集》（第三卷），人民出版社 1972 年版，第 517 页。

② 中共中央马克思恩格斯列宁斯大林著作编译局编译：《马克思恩格斯选集》（第四卷），人民出版社 1995 年版，第 383—384 页。

③ 杨卫军：《习近平绿色发展观的价值考量》，《现代经济探讨》2016 年第 8 期。

高度重视生态文明建设，具有浓厚的绿色情结。从村支书到总书记，几乎每一个岗位，都成为他探索绿色发展的舞台。

（一）陕北梁家河：修建沼气池，建设沼气村

20世纪70年代，习近平同志在陕北插队，担任梁家河村支书，为解决梁家河缺煤少柴的问题，在《人民日报》看到有关沼气的消息后赴四川考察取经，回村后修建陕北第一口沼气池，带领村民建成了全省第一个沼气化村，显示了习近平同志对能源领域新生事物的高度敏感度，成为他践行绿色发展理念早期的成功尝试。

（二）河北正定：宁肯不要钱，也不要污染

20世纪80年代，习近平同志担任河北省正定县委书记，在他主持下正定县委于1985年制定《正定县经济、技术、社会发展总体规划》，强调：保护环境、消除污染，治理开发利用资源，保持生态平衡，是现代化建设的重要任务，也是人民生产、生活的迫切要求。该《规划》特别强调：宁肯不要钱，也不要污染，严格防止污染搬家、污染下乡。

（三）推进福建生态省建设

2001年，时任福建省省长的习近平同志担任福建省生态建设领导小组组长，开始了福建有史以来最大规模的生态保护工程，前瞻性地提出建设"生态省"的战略构想。2002年，习近平同志在福建省政府工作报告中正式提出建设生态省的战略目标。2002年8月，福建省成为获得国家环保总局批准，全国首批生态省建设试点省之一。此后，相继出台了《福建省生态省建设总体规划纲要》《福建生态省建设"十二五"规划》，福建生态省建设迅速推进。

（四）打造经济繁荣、山川秀美、社会文明的"绿色浙江"

在浙江工作期间，习近平同志对生态文明建设作了多方面重要论述，把解决人与自然的矛盾和冲突，创新发展理念置于现代文明根基的重要地位，强调发展理念、发展方式的深刻转变。他坚决表示：生态环境方面欠的债迟还不如早还，早还早主动，否则没法向后人交代。你善待环境，环境是友好的；你污染环境，环境总有一天会翻脸，会毫不留情地报复你。这是自然界的客观规律，不以人的意志为转移。对于环境污染的治理，要不惜用真金白银来还债。在浙江工作期间，他独具匠心地通过深入阐发"绿水青山"与"金山银山"的辩证统一，来说明社

会、经济发展与生态文明之间的内在关系。

（五）国家层面绿色发展的系统思考和宏观布局

2012年以来，习近平同志60多次谈及生态文明，提出牢固树立尊重自然、顺应自然、保护自然的理念。不仅对生态与经济的辩证关系作了科学而全面的深刻论述，而且超越了经济范畴，在政治、社会、文化、民生等方面阐述了绿色发展的社会价值，提出了让绿色发展理念和生态文明建设部署落地生根的清晰思路。2015年10月在党的十八届五中全会上，习近平总书记提出五大理念，成为"十三五"经济社会发展的基本理念。

第三节　绿色发展新范式

一　绿色发展：经济学研究范式的转变

绿色发展归根到底是发展的问题，发展属于经济学研究的典型问题。有学者呼吁，经济学需要接受地球施与的边界，应该把超载的人类经济活动控制在自然承载力之内，是时候重写经济学了。[①] 从绿色视角来看，世界更需要的是新的经济学，而不是别的。[②] Georgescu Roegen 在1966年已经意识到被主流经济学无视的自然和经济过程有着持续的相互影响。[③] 绿色发展需要转变经济学旧有的研究范式。

（一）从"理性经济人"走向"理性生态人"

经济学研究的关键假设是"经济人"假设，即个体行为倾向于使自身利益最大化，经济学第一个原理就是，每个行为主体都是受自利驱动的。通常将理性等同于自利，理性即是聪明地追求个人利益，也就意味着利他和谋求公共福祉的行为都是非理性的。然而，人及人性是极其

[①] Miriam Kennet，"Green Economic：Setting the Scene. Aims，Context，and Philosophical Underpinning of the Distinctive New Solutions Offered by Green Economics"，*Green Economic*，2006（1/2）.

[②] Jack Reardon，"How Green are Principles Texts？An Investigation Into How Mainstream Economic、Educates Students Pertaining to Energy，the Environment and Green Economic"，*Green Economics*，2007（3/4）.

[③] 胡岳眠、刘甲库：《绿色发展转型：文献检视与理论辨析》，《当代经济研究》2013年第6期。

复杂的，人性能够从社会学、心理学、政治学等不同学科进行研究，并提炼出许多代表性的观点，形成了"宗教人""政治人""经济人""社会人""共同体中人""生态人"等概念表述。每个观点都是从具体现实中抽象出来集中反映人类行为的特定方面。绿色发展要求从"经济人"转向"生态人"，生态人具有充分的生态伦理素养和生态环境意识，能够对一切与环境有关的事物作出符合生态学的评价；具有充分的道德、智慧和知识制定符合生态学的发展策略。生态人行为规范遵循：人与自然和谐的自然观；生态安全原则；公平与正义的原则；人与自然双赢的竞争模式；整体主义方法论。生态人可以是个人、企业、社团、政府。

（二）最大化等边际法则被生态关怀与道德激励取代

最大化等边际法则是经济学中资源配置的唯一准则，当某种资源（时间、货币、能源）要在不同用途之间进行配置以实现某个目标的最大化时，所使用的最后一单位资源对目标的边际贡献（增加的贡献）在所有用途中应该相等。比如一个消费者想在读书和徒步旅行之间分配闲暇时间，假设当前的方案中花费在徒步旅行上的最后一小时会让他感到疲惫，而用于读书的话会让他愉快，那么消费者会重新分配时间，目标是提高整体满意度（又称为总效用）。只要徒步旅行的边际效用与读书的边际效用不相等，那么就可以通过减少较低边际效用的时间分配并增加较高边际效用的时间分配，从而提高总效用。边际是经济选择之所在，但是边际法则在追寻绿色发展中并不适用。当边际变大或是不可逆转时（个体而言，结婚还是保持单身、移居国外还是留守自己的国家、参加战争还是做和平主义者，群体而言是保护环境寻求可持续发展还是破坏环境寻求当前利益的最大化），决策过程中经济色彩、物质奖励就变得比较少，而"英雄"色彩、道德激励则变得很多。绿色发展中个人抉择的最大化等边际法则被生态关怀与道德激励发展取代。

（三）外部性内部化处理准则转向生态成本考量

外部性将生态环境排除在主流经济学内生研究范围之外。当一家企业的生产直接影响另一家企业时，外部性就产生了。解决负外部性的措施是将其内部化，典型案例是，一个工厂排放到河流的污水损害了下游的渔业。通常的解决方法是，如果河流属于渔民，则对工厂征收排污税，补偿渔民，这个税在价值上与排污的外部成本相等。如果河流属于工厂，则渔民必须支付足够的税，来补偿工厂处理废物从而减少对鱼类损害的成本。两种情况，外部成本都显现并反映到产品的价格上，都实现了外部成本内部化。外部性内部化并不意味着污染会停止，只是保持在一个"最优"水平上，鱼类损失的边际成本恰好等于采用更廉价的废物处理方法所获得的边际收益，最优水平只是污染达到利润最大化的水平。污染仍在继续，产生生态环境成本。同时，外部性应该被区分为局部外部性和普遍外部性，局部外部性可以通过内部化处理，而普遍外部性涉及范围很广，难以有效解决。比如，煤炭行业的尘肺病是局部外部性，与采煤有关，影响到的是矿工及其家庭。而燃煤引起的二氧化碳的排放，产生温室效应和酸雨则属于普遍外部性。不只是区域范围内的一个群体要付出代价，整个生物圈和生态系统都需要付出巨大的生态环境代价，必须转向生态成本的系统评价与考量。

（四）评价指标由单纯的 GDP/GNP 转向综合绩效指标

经济学通常用 GDP/GNP 及其人均值衡量经济成效，反映经济是否健康，并且被经济学家、政治家、国际金融机构、人道主义者以及普通民众广泛接受。某种程度上，GDP 能够衡量经济的重要层面，但人类福祉不仅仅包含经济，GDP 不能作为衡量一个国家总体福利的指标。除了反映经济增长的指标外，应更多地展示物质生活质量的指标，比如识字率、婴儿死亡率、预期寿命等，还应该展示生态健康指标、环境容量指标。传统经济学用 GDP 衡量经济增长让人类在生态、社会、心理层面付出了沉重的代价。GDP 衡量的市场活动忽略了社会成本，且用于抵消这些社会成本的市场活动也被计入了 GDP。即使在经济层面，GDP 也没有充当一个纯粹衡量市场活动的方法，很多时候他关心财富，更具体地说是关心资本，衡量的是生产而不是消费，而经济福利是收入和消费的问题。如学者研究所指出的，主流经济学置经济于社会和自然系统之上，崇尚竞争行为得到超级回报的经济推理。单纯以线性的经济产出来衡量社会和自然资本是失之偏颇的，这样的观点扭曲了目的和手段，忽视了经济、自然、社会三者至关重要的系统性联系。绿色发展则是把经济视为嵌入社会和自然系统之中的子系统，形成经济、社会和自然生态系统由内至外三层环形嵌套，社会和自然是经济活动的起源和目标，而非相反，评价方法必将随之转型。

（五）自然资源从模型的外生变量转为内生变量

西方经济学是典型的物质主义和人类中心主义。从亚当·斯密到现代经济学家的经济理论均是典型的二元论，一方面是人，满足人的需要是经济活动的唯一目标，另一方面是人类之外的其他事物，只是作为工具满足人的需要时才会被考虑，均是为人类而存在的。土地等自然资源的生产完全依赖于人的劳动和需要。作为经济学三大要素：劳动、资本和土地。农业社会主要依靠劳动和土地，两者的关系上，威廉·配第提出劳动是财富的主动要素，土地是被动要素。之后，约翰·洛克继续强调这一观点，认为价值是所耗费的劳动的函数。尽管配第赋予土地是财富之母的角色，但洛克认为就经济秩序而言，土地可以被忽略，自然的馈赠对所有人而言都是一样的，劳动的凝结却不同。李嘉图发展了洛克的劳动价值论，否认土地在交换价值或价格决定中的作用。李嘉图区分土地和资本的过程中提出土地具有不易损害的特征，之后的经济学家将土地的肥沃程度作为资本，但保留了土地仍然具有不易损坏的特征。尽管存在不同意见，经济学这一学科始终将土地视为可消耗的、容易替代的资本，计量模型估算了资本、劳动的作用，土地等自然资源被降低到"残值"的地位，作为外生变量，绿色发展建立的模型应该将自然资源作为内生变量。如 Tim Jackson 和 Peter Victor 认为，生产力价值标准化、规范性评估依赖适当的度量，新古典经济学忽视了生态要素的引入。[①] 绿色发展对应的绿色经济学的内在规定性要求将生态环境作为内生变量引入经济学模型以反映真实世界现实的复杂性。

绿色发展将转变经济学的研究范式，破除经济学的错置具体性谬误[②]，并不是让经济学理论另起炉灶，而是延伸、补充、扩展、重建的新范式，使其既能解释经济学、经济发展所带来的卓越成绩，又能把经济学、经济发展问题放置于更大的背景中。

---

① Tim Jackson, Peter Victor, "Productivity and Work in the 'Green Economy' Some Theoretical Reflections and Empirical Tests", *Environmental Innovation and Societal Transitions*, 2011（1）.

② 错置具体性谬误是把实际上抽象的东西作为具体的东西来对待。研究离不开抽象，然而当忘记它们是抽象的东西时就存在严重的危险。

二 绿色发展：哲学研究范式的转变

近代欧洲哲学"并没有克服那种自古以来就有并和历史一同发展起来的巨大对立，即实体和主体、自然和精神、必然性和自由的对立；而是使这两个对立面发展到顶点并达到十分尖锐的程度，以致消灭这种对立成为必不可免的事"。① 绿色发展是哲学研究范式的转变。

（一）机械论转向有机整体论

机械论是现代二元论哲学的主要特征，强调主—客二分，以笛卡尔为代表人物，300 年以来，作为主导地位的哲学，指导现代科学和工业化的发展，取得了伟大的成就，但其片面性也表露无遗，用力学定律解释一切自然和社会现象，将心—物、人—自然、主—客二元分离和对立，只承认人的价值，不承认自然界的价值，给人类带来生态危机，必须转向有机整体世界观，或者也称为生态世界观，将地球视为活的系统，具有自组织、自调控、自发展的性质，以一种参与式的、综合的、整体的方法认识自然和人，自然和人之间不是孤立的，人化自然和自然化的人是统一的过程。科利考特将这种世界观称为"后生态学"，具有"统一、和谐、相互联系、创造性、生命支持、辩证冲突与互补、稳定、丰富、共同体"等特征②，是绿色发展、人与自然和谐的哲学新范式。

（二）个人主义转向整体主义的自我实现

现代精神和现代社会以个人主义为中心，格里芬指出："几乎所有现代性的解释者都强调个人主义的中心地位。"作为一种哲学，个人主义包含一种价值体系、人性理论，一种对于政治、经济、社会和宗教行为的总的态度、倾向和信念。强调个人具有最高价值，鼓励人对自然的掠夺。费希特进一步把人与自然的关系抽象成"自我"与"非我"的对立。他认为，"自我"不依赖于任何别的东西，它不是自然的产物；相反，"非我"即自然乃是由"自我"建立的，并异化成"自我"的限制和障碍，能动的自我可以依靠认识和实践，去克服"非我"的制约。绿色发展必须立足"人—自然—社会"复合生态系统，从个体主

---

① 中共中央马克思恩格斯列宁斯大林著作编译局编译：《马克思恩格斯全集》（第一卷），人民出版社 1956 年版，第 658 页。

② J. B. 科利考特：《罗尔斯顿论内在价值：一种解构》，《世界哲学》1999 年第 2 期。

义转向整体主义，从个人主义的"小我""本我"，扩展到家庭、朋友、全人类，乃至超越整个人类，达到非人类世界的整体认同，也就是经历自我实现的三个阶段，从本我（ego）到社会的自我（self）；从社会的自我到形而上的自我（self），即"大我"；从"大我"到"生态自我（ecological self）"，最终在所有存在物中看到自我，在自我中看到所有存在物。

（三）从人类中心主义转向生态中心主义

古希腊普罗塔戈拉所提出的"人是万物的尺度"的口号，是典型的人类中心主义命题，通常被视为人类中心主义的开端，人类中心主义经历古代的人类中心主义、中世纪的人类中心主义、文艺复兴时期的人类中心主义、现代的人类中心主义等发展阶段，有不同的代表人物，但都秉持同样的立论基础：人的价值论和人的主体性。肯定人的本质力量。鼓励人发挥主观能动性。人类中心主义成为近代欧洲哲学的主要特征[①]，英国实验科学的始祖培根提出人类要"对万物建立自己的帝国"，表达了"力图面对宇宙来建立并扩张人类本身的权力和领域"的"野心"。[②] 法国唯理论哲学家笛卡尔从理性的角度论证人统治自然的力量和地位，认为人可以认识火、水、气、星球、天体以及包括人自身在内的所有物体的力量和作用，并可以在一切适合的地方利用这些力量，使自己成为自然的主人和统治者。德国古典哲学的创始人康德认为，人是"绝对价值"和"客观目的"。人拿着自己的"原理"，"非如学生之受教于教师，一切唯垂听教师之所欲言者，乃如受任之法官，强迫证人答复彼自身所构成之问题"。这也就是康德所谓"人为自然立法"的理论。[③] 其积极作用在于大大地提升了人类征服自然和控制自然的能力，其负面作用是过分强调对自然的统治和索取，忽视对自然的依赖和培育，导致自然界的失衡，产生严重的生态危机。绿色发展是对人类中心主义的反思和批判，转向生态中心主义。比如罗尔斯顿在《哲学走向荒野》中深刻论述了自然价值理论，指出"荒野是价值的王国，荒野

---

① 罗文东、张曼：《绿色发展：开创社会主义生态文明新时代》，《当代世界与社会主义（双月刊）》2016年第2期。

② ［英］培根：《新工具》，商务印书馆1984年版，第104页。

③ ［德］康德：《纯粹理性批判》，商务印书馆1960年版，第11页。

自然界具有完整性，完整性是荒野的功能"。它无时无刻不再"积极地创造"，它是生命的温床。利奥波德在《沙乡年鉴》中提出了"大地伦理学"，从哲学的角度分析了土地对人的价值："我不能想象，在没有对土地的热爱、尊敬和赞美，以及高度认识它的价值的情况下，能有一种对土地的伦理关系。所谓价值，我的意思是远比经济价值高的某种涵义，我指的是哲学意义上的价值。"① 这一著作成为生态哲学、生态伦理的经典之作，大地伦理把现代人类的角色，从大地共同体的征服者，变成了普通成员和平民。体现了生态中心主义将道德关怀的视野投向所有动物和植物，将道德关怀的范围从人类扩展到生态系统，更加注重物种和生态系统的整体性。

（四）浅层生态学走向深层生态学

深层生态学（Deep Ecology）是相较于浅层生态学的思想，是 20 世纪中后期针对日益严重的全球性生态环境问题提出的生态哲学思想，最早由挪威哲学家阿恩·奈斯（Arne Naess）提出，将传统的环境保护理论和生态理论延伸到哲学与伦理学领域。有学者指出深层生态学是当代西方环境主义思潮中最具革命性和挑战性的生态哲学，深层生态学是相对于浅层生态学而言的，更加强调人与自然的平等位置、自然界的内在价值、主张人与自然的和谐相处，与浅层生态学主张靠技术来解决生态危机不同，深层生态学坚持从社会政治、经济、消费方式、生活方式和社会运行机制等方面寻求解决生态危机的途径，把人类自我实现作为深层意义上的目标，并明确提出八大原则：一是地球上的人类和其他生命的福利和繁荣都有其自身的价值。二是生命形式的丰富和多样性有助于实现这些价值，而且他们本身也是价值。三是人类无权减少这种丰富性和多样性，除非是为了满足维持生命所必需的需要。四是人类生活和文化的繁荣与人口数量的大量减少是相容的。其他生命的繁荣需要人口数量的减少。五是人类现在对非人类世界的干预是过度的，而且这一状况正在迅速恶化。六是政策因而必须改变。这些政策影响基本的经济结构、技术结构和思想结构。政策改变导致的事态将会极大地不同于现

① ［美］奥尔多·利奥波德：《沙乡年鉴》，侯文蕙译，吉林人民出版社 1997 年版，第 212 页。

在。七是思想的改变主要是重视生活质量（活在具有内在价值的状态下），而不是坚持生活标准的不断提高。人们将会深深意识到大和伟大之间的区别。八是那些赞成前面观点的人有责任直接或间接尝试做出必要的转变。绿色发展贯穿于经济、政治、社会、文化等各方面，涉及生产方式、生活方式、体制机制等多个方面，更需要深层生态学和深层生态的运动。

三 绿色发展：人类文明形态的转变

（一）历史上的生态破坏与文明消亡

习近平总书记强调，生态兴则文明兴，生态衰则文明衰。[①] 生态可载文明之舟，亦可覆舟。在人类文明的历史长河中，四大文明都源于森林茂密、水肥草美、生态良好之地；反之，许多古代文明之所以灰飞烟灭也是因为生态文明遭到破坏，青山变成秃岭、沃野变成荒漠。比如在埃及古老而神秘的土地上，曾经孕育出漫长而辉煌的古埃及文明，巨大的金字塔和生动的象形文字让人们对古埃及文明产生太多遐想，然而4500年前，古埃及文明在这片土地上神秘地消失了，消失于人类砍伐森林、放牧和垦荒之中。灿烂的两河流域的巴比伦文明，原本拥有沃野千里的天然环境优势，然而随着两河上游森林的砍伐破坏，促使美索不达米亚平原洪水泛滥，河渠淤塞，气候失调，土地沙化，严重破坏了生态环境，使得这个曾以"空中花园"为荣的古代文明终成"空中楼阁"。印度河文明的瓦解、玛雅文明的衰落，以及昔日"丝绸之路"上有"塞上江南"之称的中国的楼兰古国的消亡都是如此。恩格斯也曾论述道："阿尔卑斯山的意大利人，当他们在山南坡把在山北坡得到精心保护的那同一种枞树林砍光用尽时，没有预料到，这样一来，他们就把本地区的高山畜牧业的根基毁掉了；他们更没有预料到，他们这样做，竟使山泉在一年中的大部分时间内枯竭了。"生态环境的变迁对人类文明的起落有着重大影响。著名历史学家汤因比在其代表作《历史研究》中向世人公布了他的统计研究成果：古往今来，世界共有26个文明，5个发育不全，13个已经消亡，7个明显衰弱。在其著作《人类与大地母亲》中，汤因比

---

① 2019年4月28日习近平总书记在中国北京世界园艺博览会开幕式上的讲话。

进一步论述了文明形成和发展的地理、气候、水利、交通条件等外部生态因素，发现在 26 个文明中，衰落的特别是消亡的文明，都直接或间接地和人与自然的关系不协调、生态文明遭到破坏有关，人口膨胀、盲目开垦、过度砍伐森林等造成对资源的破坏性使用是其中的主要原因。诸如玛雅文明、苏美尔文明和复活节岛上的文明的消失都再一次有力地证明了这个判断的正确性。

（二）走向文明新形态

从文明进化史上，人类社会经历了原始文明、农业文明、工业文明等文明形态，每一种文明形态都为人类进步添加了丰富的营养和倍增式动力，同时也遗留下不少的遗憾。原始文明距今 1 万年以前，以采食和渔猎追求自我生存和繁衍，是淳朴的自然拜物主义，人类生活是自然而然的，与自然融为一体的，人的生活与动物一样服从生态规律，受自然的制约，缺憾是具有盲目性。农业文明发生于 1 万年前，从事简单的自然再生产，具有勤勉的特质，缺憾是具有对自然的强依赖性；300 年前，工业文明代替农业文明，工业文明依靠科学技术，体现了科技对经济、社会、人类生活的影响，具有较强的开发能力和进取精神，缺憾是具有掠夺性。工业文明的进程中人类非但没有从农业文明发展史的悲剧中吸取教训，反而自我中心主义膨胀，片面追求经济增长，过度追求物质财富的增加，无视环境的约束。20 世纪出现的马斯河谷、伦敦烟雾、多诺拉、光化学等"八大公害事件"再一次向人类以自我为中心的发展思想敲响了警钟，环境问题已成为全球问题。工业文明正处在十字路，化石能源正日趋枯竭，靠化石燃料驱动的技术已陈旧落后，以化石燃料为基础的整个产业结构运转乏力。[①] 工业文明难以为继，人类必须改变攫取和依赖不可再生资源的疯狂行为，寻求一种新的发展模式和生存方式，自觉地走向生态文明，推动绿色发展。21 世纪，生态文明代替工业文明，生态文明追求人与自然的协调发展，强调"自然、经济、社会"全面发展的绿色建构，要求从经济增长、社会进步、环境安全等层面，从数量增长、质量协调、时间持续三个维度实现理性的发展，

---

① ［美］杰里米·里夫金：《第三次工业革命——新经济模式如何改变世界》，张体伟、孙豫宁译，中信出版社 2012 年版。

从精神层面营造和谐、有序、理性的人文环境。绿色发展要求传承不同文明形态的优良特质，弥补其缺憾，以生态文明为主形态，体现"绿色"特质，实现人与人、人与自然、人与社会的和谐。

历史已经证明，每一次巨大的历史灾难，无不以巨大的历史进步为补偿。人类文明的每一次巨大危机都蕴含着下一个文明的巨大生机。当今世界正处在一个绿色大变革、大转型、大崛起的新的历史起点上。绿色发展是 21 世纪不可阻挡的必然趋势，是相对于狩猎文明、农耕文明、工业文明以来的传统经济发展模式的根本转型，是人类社会迈向生态文明的历史性变革。必须抓住历史机遇，走在时代前列，筑牢中华民族复兴的伟大梦想——这里是罗陀斯岛，就在这里跳跃吧！这里有玫瑰花，就在这里跳舞吧！①

四　绿色发展：全社会文化业态的转变

文化在与经济、政治、社会水乳交融中，已经升华为一国和某一区域软实力的终极竞争力。文化的作用无可替代，文化的功能超越历史。一个民族、一个国家和地区的发展史，都是一部文化史。一句话总结，文化是凝聚力、文化是战斗力、文化是创造力、文化是竞争力，文化是全面建成小康社会和实现中国式现代化总目标的重要组成部分。文化有广义与狭义之分。从狭义文化论者的观点出发，文化是一个群体的精神层面的文明化过程及其水平，是一个群体的精神气质与精神素质。文化的内容包括由传统、习惯、风俗、道德、法律等要素承载的价值观、伦理观等精神层面的要素。② 本书所指的文化是人类为追求越来越好的生存、发展与完善而进行的一切设想、设计、创造及其成果。绿色发展范式要求绿色文化上升为社会主流文化，以绿色文化引领绿色发展，以绿色文化拯救生态危机。

正如学者所指出的，社会价值观是经济活动的根本力量和经济力量的根源。企业文化的来源是该企业的价值观；国家文化的来源则是该社会深层的信念结构，这些信念结构是规范一个社会经济活动的根本力

①　胡岳眠、刘甲库：《绿色发展转型：文献检视与理论辨析》，《当代经济研究》2013 年第 6 期。

②　中国大百科全书总编辑委员会《社会学》编辑委员会、中国大百科全书出版社编辑部编：《中国大百科全书（社会学）》，中国大百科全书出版社 1991 年版，第 409—411 页。

量。社会的文化偏好或价值观，是国家认同的基石，也是一个国家经济力量或弱点的根源。

（一）黄灰黑绿——转向绿色文化

人类历史上曾先后经历了农业社会的黄色文化、工业社会的灰色、黑色文化，时下的绿色发展依托绿色文化，确认自然价值，走的是"人与自然和谐"的绿色发展道路，形成有生命、有思维、有精神、活的"人—社会—自然"的复合生态系统。人类文化递进过程中几种文化的区别在于，人与自然的关系上，黄色文化使人倾向于听天命，灰色文化使人倾向于征服自然。人对自身的要求上，黄色文化使人安分守己，灰色文化、黑色文化倾向于使人功利性地奋斗。就人与人之间的关系来说，黄色文化使人倾向于克己复礼，灰色文化、黑色文化使人倾向于恶性竞争。[①] 绿色文化将吸纳黄色文化、灰色文化和黑色文化的积极因素，绿色文化是先进的生产力，重视自然资源与生态环境的保护、人际关系的改善、人的整体素质的提高，努力追求并递进实现人与自然、人与人、人与自身三大动态和谐。

中国最早提出绿色文化概念的是著名美学家郭因先生。郭先生在20 世纪 80 年代就前瞻性地明确了绿色文化的概念，阐释了绿色文化的功能，指出绿色文化是总结了人类数千年，特别是近百年工业社会经验教训，博采了各种文化之长基础上进行崭新创造的人类未来文化，将指引全人类实现人与自然、人与人、人与自身三大动态和谐，实现客观世界和主观世界两大动态美化，使人类越来越好地生存、发展、完善与完美。进入 21 世纪，铁铮将绿色文化定义为人类为适应环境而创造的以绿色植物为主体、以绿色理念为内涵、以绿色行为为表象的所有文化现象的总和。绿色文化分为以绿色植物为主体的文化现象、绿色植物文化衍生出来的相关文化、以可持续发展为内核的科学发展观文化。[②] 相对于已研究的绿色文化[③]，笔者所研究的绿色文化在人与自然的关系上追求人与自然的和谐；在人与自身的关系上绿色文化追求自身客观世界和

---

① 郭因：《黄灰红绿——文化的递进》，《当代建设》2003 年第 6 期。

② 铁铮、孙晓东：《绿色文化的概念、构建与发展》，《绿色中国》2011 年第 4 期。

③ ［英］查尔斯·汉普登-特纳、［荷兰］阿尔方斯·特龙佩纳斯：《国家竞争力——创造财富的价值体系》，徐联恩译，海南出版社 1997 年版，第 6 页。

主观世界的和谐,倡导人需要有奋斗精神,但同时要做到身心协调;在人与人的关系上,绿色文化倡导人与人之间的协调、协作和双赢,指人们在创建与自然和谐共处的各种活动中所产生的、能为人们所感知与接受的、影响人的可持续发展行为的精神现象的总和。包括所有顺应、促进绿色发展的各种文化的内容与形式。绿色文化体系包括绿色观念体系、绿色制度体系、绿色行为体系。

(二)绿色文化的内在属性

绿色文化具有时间、空间、主体的超越性。其时间的超越性意味着能够世代相传、生生不息。一方面源于相当长历史时间内精英人物超越自身,体悟人与自然、人与社会、人的物质世界与精神世界的过程中形成,又经过世世代代的互动进一步为全社会、全国甚至全人类共享,超越时间和空间,没有代际的偏见,没有区域壁垒。另一方面能够修正政府和市场的短视,具有超越政府和市场等主体的性质。

绿色文化的和谐性,"和"是中国传统文化的精髓,所谓"和实生物""和为贵""和而不同"均强调了和谐的重要性。绿色发展要求实现人与自然的和谐,"和谐"被置于十分重要的地位,绿色文化是人与自然、人与人、人与社会和谐的真、善、美的文化。

绿色文化的包容性,绿色文化是一种广泛包容的文化,关注人、自然、社会及其之间的关系,关注生态、经济、政治等各个方面以及过去、现在、未来发展的各个环节,涉及生态学、绿色美学、绿色文学艺术等多个学科,既不同于社会科学范畴内的人文文化,也不同于传统的自然科学的自然文化,而是运用系统思维融合社会科学、自然科学于一体的视野开阔、内容丰富的新型文化形态。

绿色文化的传承性和时代性,东西方传统文化中均包含绿色文化的元素,因此必须传承优秀的传统文化形成绿色发展理念和绿色生产、生活、生态理念。绿色文化也是适应生态文明的新型文化,具有鲜明的时代性,是人类当代及未来的文化形态,在相当长时期内将对历史发展起着主导作用,必须立足时代,面向未来。立足时代要求绿色文化烙上全球化、信息化、城市化、后工业化的印记,针对当代人们的思想和行为特点构建绿色文化体系,使其富有鲜明的时代特征,兼顾传承性与时代性。

绿色文化的高效性,绿色文化旨在实现绿色发展,发展必然讲究高效益，这种高效益不仅仅指经济效益，而是经济效益、社会效益、生态效益的兼顾和协调。绿色文化追求高效益的特征意味着崇尚尽可能少的人财物投入，以尽可能少的负面影响获得相对较多的产出。通过绿色文化体系构建和建设达到保护自然生产力，提高社会生产力，实现人的全面发展，提高自然、经济、社会系统的生态、经济、社会效益，实现综合发展的高效性。

（三）以绿色文化拯救生态危机

"我们今天所面临的全球性生态危机，起因不在于生态系统本身，而在于我们的文化系统。要度过这一危机，必须尽可能清楚地理解我们的文化对自然的影响。"世界著名生态和社会学家唐纳德·沃斯特说，观念是行动的先导，落后的观念诱导着错误的行为，大自然的生态危机首先是"人类意识的污染"，是绿色文化的缺位。[1] 中国传统文化博大精深，食文化、酒文化、茶文化、服饰文化、福文化……恐怕连学识渊博的专家也未必说得清、道得明。国人热衷于形形色色的文化，却忽略了绿色文化。就个人而言，如罗马俱乐部研究报告《增长的极限》所说："一个人看到的时间和空间的范围，决定于他的文化，以往的经历和在各个水平上他面临的各种问题的迫切性。大多数人在他们转而关心较大的问题以前一定已经成功地解决了一个较小范围内的问题。一般说来，和一个问题有关的空间越大、时间越长，真正关心这个问题如何解决的人数就越少。"越容易出现"吉登斯悖论"。[2] 可持续发展理论实施结果是"20 多年来的可持续发展，并没有有效遏制全球范围的环境与生态危机，危机反而越来越严重，越来越危及人类安全"。[3] 可持续发展理论没有实现其预期效果，学者将其归因为其遵循的仍旧是人类中心主义的发展观，是对传统发展观、发展模式的修正，这种环境经济学范

---

① 杨发庭：《绿色发展的哲学意蕴与时代价值》，《理论与改革》2016 年第 5 期。

② 所谓"吉登斯悖论"（Giddens Paradox）是指气候变化等环境问题尽管是一个结果非常严重的问题，但对于大多数公民来说，由于它们在日常生活中不可见、不直接，因此，在人们的日常生活计划中很少被纳入短期考虑的范围。详可参阅［英］英安东·吉登斯《气候变化的政治》，曹荣湘译，社会科学文献出版社 2009 年版，第 307 页。

③ 胡鞍钢：《中国：创新绿色发展》，中国人民大学出版社 2012 年版。

畴内的调整仍不能适应人类新危机，难以从根本上扭转危机趋势。① 除此之外，本书认为可持续发展难以达到预期效果的重要原因还在于其建构时，并没有克服罗马俱乐部所提的困难，没有形成面向个人、企业等微观主体，面向全社会的文化体系。因此，绿色发展要替代可持续发展，就必须进行针对性变革，形成绿色发展新的范式，关键一环就是在绿色发展战略指导下将绿色文化提升到主流文化的高度。

（四）以绿色文化引领绿色发展

新发展理念被提出之后，绿色文化的研究大多置于绿色发展视角下，一种观点认为绿色文化是绿色发展的重要组成部分，谷树忠等提出绿色发展由绿色经济、绿色社会、绿色政治、绿色文化等构成。另一种观点认为绿色文化是绿色发展的源头、引导和保障，辜胜阻认为绿色文化、绿色金融、绿色技术是绿色发展的三大驱动轮。坚持绿色发展，需要由倡导人与自然和谐的绿色文化引领，绿色标准约束、绿色政策激励、绿色科技支撑、绿色产业推动以及绿色法律保障，辜先生文中提到的绿色标准、绿色政策、绿色法律均可视为绿色文化的范畴。柴剑峰建构了绿色文化、绿色技术、绿色制度外维度以及绿色个人、绿色企业与绿色政府内维度的绿色发展管理的交互作用模型，将绿色文化作为绿色发展的源头，绿色制度作为绿色发展的保障②；闫泽涛认为绿色发展以绿色技术为基础、绿色治理和产业绿色化为支撑、绿色文化为引导、绿色制度为保障、绿色文明为目标。③ 罗文东和张曼指出绿色发展需要理念上的转变、实践上的贯彻和制度上的保障④；杨发庭论证了绿色发展需要以新理念催生新制度，以新制度保障新措施，以新措施带动新发展。⑤ 郑又贤提出，实现绿色发展需要绿色理念先导先行，绿色生产奠定基础，绿色生活常态保持，绿色救治紧随推进，绿色规范保驾护

---

① 刘思华：《正确把握生态文明的绿色发展道路与模式的时代特征》，《毛泽东邓小平理论研究》2015 年第 8 期。

② 柴剑峰：《绿色发展管理的中印比较》，《经济体制改革》2016 年第 5 期。

③ 闫泽涛：《推进中国经济绿色发展的体系构建》，《华东经济管理》2016 年第 12 期。

④ 罗文东、张曼：《绿色发展：开创社会主义生态文明新时代》，《当代世界与社会主义（双月刊）》2016 年第 2 期。

⑤ 杨发庭：《绿色发展的哲学意蕴与时代价值》，《理论与改革》2016 年第 5 期。

航①；以上几则文献，柴剑峰将绿色文化与绿色制度并提，实质上也可以将绿色制度列入绿色文化；闫泽涛将绿色文化、绿色制度、绿色文明并列，其实绿色制度和绿色文明可以囊括到绿色文化中，罗文东和杨发庭所提的绿色发展制度，郑又贤所指的绿色规范均可列入绿色文化范畴，都阐述了绿色文化对绿色发展的引导、源头作用。

因此，绿色文化必须上升到主流意识形态地位，全面推进囊括绿色观念、绿色制度、绿色行为的立体化的、全方位的绿色文化体系，使社会各界深刻认识文化建设在绿色发展理念、范式中的重要意义，以绿色文化体系填补绿色发展理念到绿色发展行动之间存在的鸿沟，充分把握绿色文化在衡量民生改善，全面提升百姓获得感、幸福感中的重要指标作用，充分发挥绿色文化在建设美丽中国、实现中华民族永续发展中的蓬勃活力和巨大能量。

第四节　习近平同志的"绿水青山就是金山银山"理念与绿色发展

"绿水青山就是金山银山"是习近平生态文明思想的重要组成部分，研究"绿水青山就是金山银山"的理论内涵、理论渊源、时代价值与践行路径有利于深刻理解习近平生态文明思想，就是践行河南省第十一次党代会提出的"高举伟大旗帜牢记领袖嘱托"，有利于实现河南省"两个确保"的奋斗目标。与生态文明建设的关系上，"绿水青山就是金山银山论"三个层次中，"既要绿水青山，也要金山银山"是生态文明建设的目标，"宁要绿水青山，不要金山银山"是生态文明建设的基本原则，"绿水青山就是金山银山"是生态文明建设手段、路径和指导思想。理论内涵上，"绿水青山就是金山银山"理念是内在逻辑递进的整体论，是经济发展与环境保护的辩证论，是人与自然关系调整的和谐论，是人类自身价值观与环境自然价值观的统一论，是人民日益增长的美好生活的需求论。理论渊源上，"绿水青山就是金山银山"理念是儒学、道学等中国传统智慧的新发展，是马克思主义中国化的理论继承

---

① 郑又贤：《关于绿色发展的内在逻辑透视》，《东南学术》2016 年第 4 期。

与发展，是中国学者对绿色经济研究的升华，是以习近平同志为核心的党中央的实践智慧。践行层面，应树立以人民为中心的实践导向，进行"绿水青山就是金山银山"理念的空间布局，完善"绿水青山就是金山银山"理念制度体系，积极践行契合"绿水青山就是金山银山"理念的生产方式和生活方式，河南省还需立足区域特点探寻具体的路径与举措。

一 习近平同志的"绿水青山就是金山银山"理念的提出背景

习近平同志高度重视生态文明建设，并提出了"绿水青山就是金山银山"理念等一系列的重要论断，逐渐形成了习近平生态文明思想这一重要的理论成果。2020 年 10 月，党的十九届五中全会表示将持续坚持"绿水青山就是金山银山"理念，进一步提出要"促进经济社会发展全面绿色转型，建设人与自然和谐共生的发展观"，并表示在"十四五"时期必将开辟绿色发展的新境界。2021 年 11 月，党的十九届六中全会指出，党的十八大以来，党中央以前所未有的力度抓生态文明建设，美丽中国建设迈出重大步伐。① 这一重大步伐也是在习近平生态文明思想的指引下实现的，"绿水青山就是金山银山"理念是核心指导思想。2021 年河南省第十一次党代会提出锚定"两个确保"、全面实施"十大战略"，提出实施绿色低碳转型战略，这一战略思想也是对"绿水青山就是金山银山"理念的践行。② "既要绿水青山，也要金山银山。宁要绿水青山，不要金山银山。绿水青山就是金山银山"——这一绿色发展观也是习近平生态文明思想的重要内涵和主体内容。当今，深入学习贯彻习近平生态文明思想，河南省第十一次党代会提出的"高举伟大旗帜牢记领袖嘱托 为确保高质量建设现代化河南确保高水平实现现代化河南而努力奋斗"的总目标的实现，都必须深刻研究、领悟"绿水青山就是金山银山"理念的内涵，理顺"绿水青山就是金山银山"理念与绿色发展的内在关系。

自党的十八大以来，尤其是"习近平生态文明思想"这一重大理

---

① 《中国共产党第十九届中央委员会第六次全体会议公报》，《中国日报》2021 年 11 月 11 日。

② 楼阳生：《高举伟大旗帜牢记领袖嘱托 为确保高质量建设现代化河南确保高水平实现现代化河南而努力奋斗》，在中国共产党河南省第十一次代表大会上的报告，2021 年 10 月 26 日。

论成果确立以来，围绕习近平生态文明思想，国内学术界的专家开展了较为广泛且深入的研究，总体上，解析了习近平生态文明思想诞生的时代背景、理论渊源、形成脉络、主要内容、理论价值和实践路径。[①] 具体上，针对习近平生命共同体、生态环境生产力、绿色发展、绿水青山就是金山银山论断进行了专题研究[②]，也具体探究了习近平生态文明思想在某一实践领域中的指导作用和政策启示。[③] 但"绿水青山就是金山银山"理念作为绿色发展的核心思想，当前研究主要停留在阐释"绿水青山就是金山银山"理念蕴含的习近平生态文明思想，"绿水青山"和"金山银山"之间、环境保护和经济发展之间的辩证统一关系上，尚有深入研究的空间。理论研究上还需进一步从"绿水青山就是金山银山"理念形成的理论渊源、历史脉络、覆盖的学科体系、理论和实践的系统性上进行深入分析，并剖析在习近平生态文明思想中"绿水青山就是金山银山"理念绿色发展观的地位，唯有如此才能科学理解"绿水青山就是金山银山"理念、绿色发展和习近平生态文明思想，更好地在实践中践行。

二 习近平同志的"绿水青山就是金山银山"理念的理论内涵

习近平总书记首次系统阐述"绿水青山就是金山银山"理念是2013年9月在访问哈萨克斯坦纳扎尔巴耶夫大学时，他指出"我们既要绿水青山，也要金山银山。宁要绿水青山，不要金山银山，而且绿水青山就是金山银山"。其阐述蕴含着"绿水青山就是金山银山"理念绿

① 周杨：《党的十八大以来习近平生态文明思想研究述评》，《毛泽东邓小平理论研究》2018年第12期；郝栋：《习近平生态文明建设思想的理论解读与时代发展》，《科学社会主义》2019年第1期；张森年：《习近平生态文明思想的哲学基础与逻辑体系》，《南京大学学报》（哲学社会科学版）2018年第6期；周宏春、江晓军：《习近平生态文明思想的主要来源、组成部分与实践指引》，《中国人口·资源与环境》2019年第1期。

② 何爱平：《习近平新时代绿色发展的理论创新研究》，《经济学家》2018年第6期；耿步健、仇竹妮：《习近平生命共同体思想的科学内涵及现实意义》，《财经问题研究》2018年第7期；华章琳：《论习近平"生态环境生产力"——当代中国马克思主义生产力观》，《学术论坛》2015年第9期；卢宁：《从"两山理论"到绿色发展：马克思主义生产力理论的创新成果》，《浙江社会科学》2016年第1期。

③ 柯水发：《"两山"理论的经济学阐释及政策启示——以全面停止天然林商业性采伐为例》，《中国农村经济》2018第12期；唐承财等：《基于两山理论的传统村落旅游业绿色发展模式探讨》，《干旱区资源与环境》2019年第2期；马勇、郭田田：《践行"两山理论"：生态旅游发展的核心价值与实施路径》，《旅游学刊》2018年第8期。

色发展观的深刻内涵。

（一）"绿水青山就是金山银山"理念是三个层面、逐层递进的整体论

"绿水青山就是金山银山"理念包括三个层次。第一层次，"既要绿水青山，也要金山银山"是生态文明建设的前进方向，是迈向生态文明建设新时代的重要表现，实现的是习近平总书记在党的十九大报告中强调的"我们要建设的现代化是人与自然和谐共生的现代化"。[①] 第二层次，"宁要绿水青山，不要金山银山"是生态文明建设的基本原则和建设过程中金山银山和绿水青山存在矛盾时的取舍标准。自然界是人类无机存在的躯体，绿水青山是经济发展的基底，是人类生存的基石。第三层次，"绿水青山就是金山银山"是"绿水青山就是金山银山"理念的核心和精髓，是生态文明建设手段、路径、成果的最终评价标准。金山银山和绿水青山之间是能够相互依存、互相转化的，基于"环境生产力"理论"绿水青山"和"金山银山"之间存在内在统一性。但是绿水青山并非天然就是金山银山，绿水青山变成金山银山以绿色发展作为转换途径，需要实事求是地分析、因地制宜地规划、脚踏实地地实施。

（二）"绿水青山就是金山银山"理念是经济发展与环境保护的辩证论

"绿水青山就是金山银山"理念是对经济发展与环境保护二者间关系认知的一种生动形象而辩证统一的概括，体现了经济发展和环境保护的统一。"绿水青山"是人们熟悉但却相对较少能感知到其公益性价值和公共物品特征的自然性需求，"金山银山"描绘的是人们对更快的经济发展速度、更高的收入水准、更丰裕的物质生活的追求，分别代表了需求的两个目标。在具体实践中，这两种需求不能完全一致，但也并非一定存在天生的、不可调和的矛盾。"绿水青山就是金山银山"是从实践出发、被历史检验的两者间辩证统一关系的科学认知和概括。两者之间的辩证统一要求目标上必须坚持"双山"，而绝非"单山"。发展中要动

---

① 习近平：《决胜全面建成小康社会 夺取新时代中国特色社会主义伟大胜利——在中国共产党第十九次全国代表大会上的报告》，人民出版社 2017 年版，第 50 页。

态调整生态可持续和经济发展速度，使得二者保持在合理和适度范围，不能以一方的发展建立在另一方损害的基础上，不能以绿水青山换取金山银山①，要动态地、发展地追求二者之间在更高水平上实现均衡发展。

（三）"绿水青山就是金山银山"理念是人与自然关系动态调整的和谐论

"绿水青山就是金山银山"理念彰显了人与自然不断相融、迈向和谐的趋势，揭示了人与自然关系在不同时期下的进化阶段。习近平同志在《之江新语》的第三篇《从"两座山"看生态环境》中指出，在处理生态环境与经济发展的关系上我们经过了三个阶段：第一个阶段是用绿水青山去换金山银山；第二个阶段是既要金山银山，但是也要保住绿水青山；第三个阶段是认识到绿水青山可以源源不断地带来金山银山，生态优势能够变成经济优势。显而易见，第三个阶段站在一个更广阔的视角，不但表现出科学发展观的条件，而且表现出发展循环经济、建设资源节约型和环境友好型社会的理念，表现出绿色发展新理念，表现出高质量发展的内涵。上述发展阶段反映了人类的发展观念的变化，从仅仅只重视经济发展，演变至生态保护和经济发展同等重要、并驾齐驱，再至凸显生态保护的重要性和首要地位，经济发展成为生态保护的内在、耦合变量这样的变化轨迹，标志着发展模式的本质置换、发展理念的深度更迭。

（四）"绿水青山就是金山银山"理念是满足人民日益增长的美好生活的需求论

"绿水青山就是金山银山"理念体现了中国经济从高速增长转而向高质量发展的阶段性变化。当前中国社会现阶段的主要矛盾已经发生了转变，社会主要矛盾的转变体现了人民需要的内涵扩展了，从物质文化生活需要扩展为环境、法治、正义等需要，从物质文明扩展到精神文明、生态文明需要；主要矛盾的转变体现了人民需要层次的改变，告别了短缺经济，转向追求更舒适的居住条件、更优美的环境，即人民从追求"金山银山"的物质需求转向"绿水青山"的生态需求，伴随中国人民需求层次的转变，以及经济发展进入高质量发展新时代。高质量发

---

① 2013 年 5 月 24 日习近平在中央政治局第六次集体学习时的讲话。

展的首要动力是创新、根本目的是共享、内生特征是协调、必然路径是开放、常态是绿色发展。"绿水青山就是金山银山"理念自然成为高质量发展阶段下人民的需求论。

三　习近平同志的"绿水青山就是金山银山"理念的理论渊源与时代价值

"绿水青山就是金山银山"理念是当代学界和政界的时代智慧、中国特色政治经济学理论智慧与新一代领导集体的实践智慧叠加形成的"中国智慧"。

（一）"绿水青山就是金山银山"理念是马克思主义中国化的理论继承与发展

"绿水青山就是金山银山"理念以及对经济发展与环境保护的认识是对马克思主义的继承和发展。马克思基于对生态环境与资本主义的逐利性之间的矛盾关系，并在强调人与自然的协调性和适应性时运用到历史唯物主义的方法，首先，在人与自然的关系上，马克思认为，人是自然界的直接存在物，"人们决不是首先'处在这种对外界物的理论关系中'"，而是"通过活动来取得一定的外界物，从而满足自己的需要"①，这就是人类的生产活动，人类在适应环境的过程中通过生产改造环境。其次，如何实现人与自然和谐统一上，马克思认为，人与自然的和谐统一以物质交换为纽带，以社会为载体，从自然界中取得生产资料和生活资料，通过劳动实现物质交换。"劳动……是制造使用价值的有目的的活动，是为了人类需要而对自然物的占有，是人和自然之间的物质变换的一般条件"②，这一论述进一步将人、自然、人类劳动和价值创造联系起来，意味着绿水青山能够实现金山银山之间的转换，转换的重要工具是人类劳动和对自然界的改造。再次，马克思在对资本主义生态环境问题产生原因的分析上指出，资本主义私有制对利润的过度追求和对资源使用的无节制攫取，不以伟大的自然规律为依据的人类计划，带来了灾难。最后，马克思提出了"使任何自然矛盾真正解决"

---

① 中共中央马克思恩格斯列宁斯大林著作编译局编译：《马克思恩格斯全集》（第十九卷），人民出版社1963年版，第405页。

② 中共中央马克思恩格斯列宁斯大林著作编译局编译：《马克思恩格斯全集》（第四十四卷），人民出版社2001年版，第215页。

"使自然界真正复活"具体可以通过技术手段和制度变革来实现和解目标和历史使命。人、自然、社会的和解就是真正实现经济发展、生态环境的协调、兼容和统一，就是习近平同志的"绿水青山就是金山银山"理念的核心思想，就是环境的生产力。

在继承马克思关于人与自然、社会关系的基础上，习近平同志还立足人民对美好生活的需求，立足社会发展阶段，坚持强调以人为本的发展内涵。"绿水青山就是金山银山"理念中绿色化、全面化、持续化、协调化、健康化的理念要求在转变经济发展方式和经济结构优化升级中体现，追求更加全面、更加可持续的发展，是马克思主义中国化的理论智慧。①

（二）"绿水青山就是金山银山"理念是中国学者对绿色经济研究的新升华

有学者认为绿色经济、绿色发展源于西方经济学界对增长模式的反思，将美国学者博尔丁于 20 世纪中叶提出的宇宙飞船理论，或是 20 世纪下半叶英国经济学家大卫·皮尔斯发表的小册子《绿色经济的蓝图》作为绿色经济、绿色发展的渊源，但实际上皮尔斯仅用了绿色经济这一概念，并未对此作出深刻的解析，西方世界整个 20 世纪 90 年代至 2008 年爆发国际金融危机这一时期都是将绿色经济置于环境经济学的视角进行阐述，并没有从生态经济协调的视角来观察绿色经济，仅仅在环境经济学理论框架下研究和践行绿色经济，只能暂时缓解生态环境危机，不能从源头上解决生态环境问题，也不能前瞻性地克服和预防生态环境危机，也不能真正推进生态与经济的良性、可持续发展②；也有学者直接指出绿色发展首次出现是在《2002 年中国人类发展报告》中，联合国开发计划署提出绿色发展应该成为一种选择，中国当前只是选择了绿色发展道路，这种认识在学术界是误传，不符合绿色发展思想理论发展的历史，绿色发展应该是中国智慧③，1994 年刘思华同志发表《当代中国的绿色道路》，以生态经济协调发展的新理论及生态经济学新范

---

① 杨卫军：《习近平绿色发展观的价值考量》，《现代经济探讨》2016 年第 8 期。
② 方时姣：《绿色经济思想的历史与现实纵深论》，《马克思主义研究》2010 年第 6 期。
③ 刘思华：《迈向生态文明绿色经济发展新时代》，载杨文进《绿色生产》，中国环境出版社 2015 年版。

式回应绿色发展道路议题，阐述了绿色发展的主要理论和实践，明确提出"经济发展生态化之路"是中国绿色发展路程的核心问题，"改善生态环境而发展是当今社会应当重视的主题，在积极发展市场经济的同时充分考虑生态环境的承载力，从而实现对生态环境有益的经济社会发展"。20世纪末戴星翼同志的《走向绿色的发展》一书中首次明确使用"绿色发展"这一词汇，诠释可持续发展的一系列主要理论与实践问题，认为"通往绿色发展之路"的根本途径在于"可持续性的不断增加"。在这里，绿色发展成为可持续发展的新概括。2012年学者胡鞍钢出版《中国：创新绿色发展》，首次提出绿色发展，并系统阐述了绿色发展理论体系，总结了中国绿色发展的具体措施，设计了中国绿色现代化的光辉前景，进一步丰富、创新、发展了中国绿色发展学说的理论内涵与实际价值，提出了一条符合生态文明时代特征的新发展道路——绿色发展之路。从中国学者探索绿色发展的理念、理论与道路的历史轨迹表明，在此领域凝聚的是"中国智慧"而非"西方智慧"，在此领域"中国智慧"比"西方智慧"高明，使得绿色发展突破了可持续发展的局限性，使其成为21世纪的又一项伟大创新。[1]

党的十八大首次在党代会报告中将绿色发展写入，党的十九大提出加快推动绿色低碳发展，在重要领域、重点行业进行绿色化改造。党的二十大提出人与自然和谐共生是中国式现代化的五个特征之一。党的重要会议文件使得绿色发展成为中国特色社会主义道路的合法的政治表述。当下中国绿色发展已不仅仅视绿色经济、绿色发展为新的思想理论，习近平总书记在实践中进一步提出"绿水青山就是金山银山"理念，是绿色发展治国理政理念、发展战略、发展道路的具体化和新升华。"绿水青山就是金山银山"理念的绿色发展理念和实践既适应世界文明发展进步，更是适应中国特色社会主义发展进步的需要而产生的科学发展学说，是一种划时代的全新科学发展学说，是中国的马克思主义学人潜心研究、自主探究、创立的科学发展新学说。习近平总书记在治国理政实践中明确提出"绿水青山就是金山银山"理念是立足中国、

---

① 习近平：《携手推进亚洲绿色发展和可持续发展——在博鳌亚洲论坛2010年年会开幕式上的演讲（2010年4月10日）》，《光明日报》2010年4月11日第1版。

44

面向世界、通向未来的马克思主义发展学说，必将指引中国特色社会主义沿着绿色发展与绿色崛起的科学道路不断前进。

（三）"绿水青山就是金山银山"理念是以习近平同志为核心的党中央的实践智慧

习近平同志具有浓厚的绿色情结，从村支书到总书记，几乎每一个岗位，都成为他探索绿色发展的舞台。习近平同志在陕北梁家河期间，修建沼气池，建设沼气村。20世纪70年代，习近平同志在陕北插队，担任梁家河村支书期间，为解决梁家河缺煤少柴的问题，在《人民日报》看到有关沼气的消息后赴四川考察取经，回村后建造陕北第一口沼气池，全省第一个沼气化村就是在他的带领下建成的，显示了习近平同志对能源领域新生事物的高度敏感度。成为他践行绿水青山就是金山银山理念的早期成功尝试。20世纪80年代，习近平同志担任河北省正定县委书记时，制定了《正定县经济、技术、社会发展总体规划》（以下简称《规划》），《规划》特别强调：保护环境、消除污染，治理开发利用资源，保持生态平衡，是现代化建设的重要任务。《规划》尤其强调：宁肯不要钱，也不要污染。这一理念体现了习近平同志"宁要绿水青山、不要金山银山"的"绿水青山就是金山银山"理念发展观。习近平同志在任福建省省长时期，积极推进福建生态省建设。2001年，习近平同志时任福建省省长，并针对福建生态保护方面进行了超大规模的工程。2002年，福建省政府工作报告中生态省的战略构想由习近平同志正式提出。2002年8月，全国首批生态省建设试点省就有福建。习近平同志在浙江任职时期，提出打造社会文明、山川秀美、经济繁荣的"绿色浙江"的战略。2005年，习近平在浙江省安吉县荒坪镇余村调研时，针对当地干部下决心关掉矿山，但对依靠生态发展经济信心不足的疑虑，第一次正式提出"绿水青山就是金山银山"的论断。数日后，他专门撰文解释了生态环境优势如何通过生态工业、生态旅游业、生态农业等顺利转化形成生态经济优势，也即阐释了绿水青山到金山银山的实现路径。[①] 此后，习近平同志在地方工作及中央工作期间，进一步深化实践"绿水青山就是金山银山"理念的思想。2013年9月7日，

---

① 习近平：《之江新语》，浙江人民出版社2007年版，第153页。

在纳扎尔巴耶夫大学演讲时，习近平主席对"绿水青山就是金山银山"理念做了三个层次的完整表述。2015年3月24日，树立和践行"绿水青山就是金山银山"理念正式进入了中央文件《关于加快推进生态文明建设的意见》中，使这一来源于实践智慧的重要理论成果和战略思想成为指导中国生态文明建设的重要原则。

第二章

绿色发展研究综述

本章从绿色发展的研究进行综述，进一步对城镇化与绿色发展、工业绿色发展、绿色发展与经济高质量发展、绿色发展与黄河流域高质量发展几个研究领域的文献进行综述。

第一节 绿色发展的研究述评

当前绿色发展的研究可分为绿色发展的定位、内在逻辑及内容、效率、影响因素、实践路径和国外关于绿色发展的研究综述六大方面。

一 绿色发展的定位

当前中国绿色发展的研究中，有学者认为绿色发展源于西方经济学界对增长模式的反思，将 20 世纪 60 年代美国学者博尔丁的宇宙飞船理论或英国学者皮尔斯出版的《绿色经济的蓝图》作为绿色发展的渊源。[①] 中国著名的生态经济学家刘思华先生、方时姣则认为绿色发展是中国学界的智慧，皮尔斯提出的绿色经济和博尔丁的宇宙飞船理论没有将绿色经济放置于生态经济协调、可持续发展的视角，仅仅"把绿色经济纳入环境经济学理论框架来指导实践"，不能作为绿色发展的起源。绿色发展应依托生态经济学新范式及生态经济协调发展的新理论平台。[②] 国内存在两种不同的对绿色发展与可持续发展关系认定的诠释，

---

① 郑德风等：《绿色经济、绿色发展及绿色转型研究综述》，《生态经济》2015 年第 2 期。

② 刘思华：《正确把握生态文明的绿色发展道路与模式的时代特征》，《毛泽东邓小平理论研究》2015 年第 8 期；方时姣：《绿色经济思想的历史与现实纵深论》，《马克思主义研究》2010 年第 6 期。

第一种，以李晓西、刘燕华等为代表认为，绿色发展是实现可持续发展的一种途径，是可持续发展的重要组成部分，可持续发展是理念指导，绿色发展推动可持续发展变成现实，可持续发展立足长远，绿色发展针对当前。[1][2] 第二种，以胡鞍钢为代表，认为绿色发展是新一代的发展观，是新型的发展道路，是可持续发展的升华，胡鞍钢指出"绿色发展既是对当代世界已有的可持续发展的超越，更是对中国已经开始的绿色发展实践的集大成"。[3]

绿色发展与科学发展的关系界定，学界的认识也不完全一致，有学者提出绿色发展观与科学发展观有着密切的联系，并认为前者是后者的重要组成部分[4]，也有学者认为绿色发展与科学发展观是辩证统一的关系，绿色发展的本质是科学发展观[5]，如胡鞍钢指出绿色发展本质上就是科学发展，以绿色发展为主题就是以科学发展为主题，一脉相承。[6]

二 绿色发展的内在逻辑及内容

胡鞍钢基于经济系统、自然系统、社会系统的共生性，构建了涵盖绿色增长、绿色财富、绿色福利在内的绿色发展"三圈模型"，并认为能否实现绿色发展主要取决于绿色发展能力和绿色发展战略。[7] 谷树忠等认为绿色社会、绿色文化、绿色经济、绿色政治各方面构成绿色发展。[8] 柴剑峰构筑了绿色制度、绿色文化、绿色技术、绿色企业、绿色个人与绿色政府间交互影响的绿色发展模型。[9] 郑又贤提出，实现绿色发展需要绿色理念先导先行，绿色生产奠定基础，绿色生活常态保持，绿色救治紧随推进，绿色规范保驾护航。[10] 闫泽涛主张绿色发展应以绿

① 李晓西、潘建成：《2011 中国绿色发展指数报告摘编（上）总论》，《经济研究参考》2012 年第 13 期。

② 刘燕华、冯之浚：《走中国特色的低碳经济发展道路》，《科学学与科学技术管理》2010 年第 6 期。

③ 胡鞍钢：《中国：创新绿色发展》，中国人民大学出版社 2012 年版。

④ 张哲强：《绿色经济与绿色发展》，《金融管理与研究》2012 年第 11 期。

⑤ 赵建军、杨发庭：《推进中国绿色发展的必要性及路径》，《城市》2011 年第 11 期。

⑥ 胡鞍钢：《中国：创新绿色发展》，中国人民大学出版社 2012 年版。

⑦ 胡鞍钢：《绿色发展：功能界定、机制分析与发展战略》，《中国人口·资源与环境》2014 年第 1 期。

⑧ 谷树忠等：《绿色发展：新理念与新措施》，《环境保护》2016 年第 12 期。

⑨ 柴剑峰：《绿色发展管理的中印比较》，《经济体制改革》2016 年第 5 期。

⑩ 郑又贤：《关于绿色发展的内在逻辑透视》，《东南学术》2016 年第 4 期。

色文化为引导、绿色文明为目标、绿色制度为保障。[①]

三 绿色发展的效率

绿色发展效率研究是对经济发展研究进行更深的拓展，梳理文献发现，绿色国民经济核算方法，主要有联合国统计局提出的环境经济账户（SEEA），之后经各国实践不断完善，推出了 SEEA2000 和 SEEA2003。[②] 国内绿色国民经济核算研究相对较晚，代表性成果是国家环保总局和世界银行联合启动的中国绿色国民核算体系，利用 31 个省份的各项数据计算出"经环境污染调整的绿色 GDP 核算结果"。[③] 绿色发展多指标测度体系主要有经济合作与发展组织（OECD）构建的涵盖经济、环境和人类福祉等方面的绿色增长指标体系和联合国环境规划署（UNEP）绿色经济测度指标体系。此外还有联合国亚太经济与社会理事会（UNESCAP）的生态效率指标体系，囊括了资源消耗强度和环境影响强度指标，反映了经济活动和资源环境相互作用关系。

国内外学者通常是以投入产出效率为切入点，选取适当的模型。尹传斌和蒋奇杰选取 SBM 和 CCR 模型对 2000—2014 年中国西部地区环境效率进行测评，得出环境污染是发展无效率的重要原因。[④] 岳书敬等采取 SBM-DDF 模型，从绿色发展效率的角度测算了主要城市的绿色效率，研究结果显示，不同地区的绿色发展效率趋向一致，并得出产业集聚对绿色效率的影响呈现倒"U"形的结论。[⑤] 张虎和宫舒文从工业绿色全要素生产率角度，以湖北省为例，使用 DEA 测算法，得出绿色全要素生产率与传统全要素生产率相比较低的结论。[⑥] 张江雪和王溪薇以环境污染和资源消耗对工业绿色产业增长的作用，创建了"工业绿色增长指数"测度了中国 31 个省份工业绿色指数，并根据指数的数值大

① 闫泽涛：《推进中国经济绿色发展的体系构建》，《华东经济管理》2016 年第 12 期。

② 高敏雪：《从联合国有关手册看环境经济核算的国际研究进程》，《当代经济管理》2005 年第 3 期。

③ 郑红霞等：《绿色发展评价指标体系研究综述》，《工业技术经济》2013 年第 2 期。

④ 尹传斌、蒋奇杰：《绿色全要素生产率分析框架下的西部地区绿色发展研究》，《经济问题探索》2017 年第 3 期。

⑤ 岳书敬等：《产业集聚对中国城市绿色发展效率的影响》，《城市问题》2015 年第 10 期。

⑥ 张虎、宫舒文：《基于 DEA-Malmquist 的工业绿色全要素生产率测算及分析——以湖北省为例》，《江西师范大学学报》（自然科学版）2017 年第 5 期。

小将其分为三类：高指数地区、中指数地区和低指数地区。① 杨志江和文超祥采取融合 DEA 方法和 SBM 模型，度量了中国 29 个省份在 1999—2012 年的绿色发展效率，数据显示全国范围内绿色发展效率呈上升趋势，部分年份存在略微波动，中西部地区的绿色发展效率低于东部地区。②

四 绿色发展效率的影响因素

杨俊等测度了中国省际环境效率，随之利用受限因变量模型探究对环境效率的影响因素，结果显示工业占比、外贸依存度以及财政支出对环境效率具有显著的负效应，并得出人均 GDP 对于环境效率的提高具有正效应。③ 曾贤刚探究了不同指标对环境效率的影响作用，结果显示人口密度、外贸依存度和经济发展水平对环境效率具有显著的正效应。④ 辜子寅和俞逸帆对江苏省 13 个市的环境效率进行测算，结果显示财政支出对环境效率具有显著正效应，工业占比、对外贸易对环境效率显著为负。⑤ 邓晓兰等对 106 个城市的环境和市场效率进行了测度，数据显示当地经济水平、环境规制、城市开放程度和企业环境管理水平等因素对环境效率具有不同程度的影响。⑥ 张子龙等运用 Super-DEA 方法，对中国工业环境效率进行测度，利用面板数据估计模型，对全国环境效率的影响因素做了实证分析，发现三个区域的因素影响程度差距较大。⑦

---

① 张江雪、王溪薇：《中国区域工业绿色增长指数及其影响因素研究》，《软科学》2013 年第 10 期。

② 杨志江、文超祥：《中国绿色发展效率的评价与区域差异》，《经济地理》2017 年第 3 期。

③ 杨俊等：《中国环境效率评价及其影响因素实证研究》，《中国人口·资源与环境》2010 年第 2 期。

④ 曾贤刚：《中国区域环境效率及其影响因素》，《经济理论与经济管理》2011 年第 10 期。

⑤ 辜子寅、俞逸帆：《江苏省环境效率的测度及其影响因素实证分析》，《常熟理工学院学报》2013 年第 2 期。

⑥ 邓晓兰等：《中国城市环境与市场效率的区域差异及影响因素》，《城市问题》2013 年第 8 期。

⑦ 张子龙等：《中国工业环境效率及其空间差异的收敛性》，《中国人口·资源与环境》2015 年第 2 期。

五 绿色发展的实践路径

秦雪征和章政提出转变生产方式、绿化产业结构；普及绿色消费观念，推广绿色消费；开展绿色核算，优化政府绿色治理等实践措施。[①] 王珂等认为绿色发展需要满足三个充要条件：绿色消费体系、绿色产业格局、绿色政府形态。[②] 国家发展和改革委员会提出绿色发展的5个产业着力点：一是依托绿色技术改造升级传统产业；二是发展节能产业；三是发展资源综合利用产业；四是发展新能源产业；五是发展环保产业。[③] 王永芹提出中国城市绿色发展的重点是经济发展方式的转型升级、积极发挥政府引领作用、实行绿色科技、完善发展制度、培养绿色发展理念。[④] 黄茂兴和叶琪认为应当掌控好政策定位、力度、配置、投入等环节，建立中国特色的绿色发展道路自信。[⑤] 乔晓楠分别从战略选择：以高端制造业支撑绿色发展；主要抓手：加速推进生态文明体制改革；短期策略：深化结构调整，赢得转型时间；长期策略：坚持创新驱动，破解"环境悖论"四个方面给出了中国绿色发展的战略选择与策略建议。[⑥]

六 国外关于绿色发展的研究综述

国际上对于绿色发展的概念一直没有明确确定。绿色发展一直以"绿色经济""可持续发展""低碳经济""绿色增长"等形式存在。2000—2017年 Web of Science 数据库共收录33334篇主题为"sustainable development"的文献，并且呈现出数目随年份递增趋势。

西方学者早年关于发展和生态的关系研究主要是对环境状况和影响环境状况因素的研究。17世纪末18世纪初，生态意识开始在西方世界萌芽，威廉·配第认为人类劳动所创造财富的能力受到自然环境的约

① 秦雪征、章政：《浅析绿色发展模式在我国的实现路径》，《北京大学学报》（哲学社会科学版）2016年第2期。

② 王珂、秦成逊：《西部地区实现绿色发展的路径探析》，《经济问题探索》2013年第1期。

③ 张晓强：《中国绿色发展战略路径》，《政策瞭望》2010年第7期。

④ 王永芹：《中国城市绿色发展的路径选择》，《河北经贸大学学报》2014年第3期。

⑤ 黄茂兴、叶琪：《马克思主义绿色发展观与当代中国的绿色发展——兼评环境与发展不相容论》，《经济研究》2017年第6期。

⑥ 乔晓楠：《中国绿色发展面临问题与产业升级策略探讨》，《中国特色社会主义研究》2018年第2期。

束，而不是人们所认为的可以无限制、自由地创造人类财富①；在《人口原理》中马尔萨斯首次提出了"资源绝对稀缺论"的理念②；英国经济学家穆勒在1848年发表了"静态经济"的观点，认为人对自然生态的管理应该怀有伦理的态度。③丹尼斯·米都斯等著的《增长的极限——罗马俱乐部关于人类困境的报告》，创造性地主张"均衡发展"和"持续增长"的理念。④1987年世界环境与发展委员会（WECD）提出"可持续发展"的战略。⑤Pearce出版《绿色经济蓝图》，阐述了"绿色经济"概念，主张在经济社会发展的过程中，人类应评量自然生态环境的承受能力，倡导将经济发展所带来的资源环境危害纳入经济发展的衡量之中。⑥Ekins主张降低环境成本是人类经济社会发展必须要考虑的因素。⑦Brujin认为，可持续发展是一个社会系统进行全面改革的历史进程，这种改革的成效受制度、结构、技术、组织、文化价值等方面的影响和制约。⑧Reardon将资源作为研究视角，将"绿色经济"定义为在现有的资源环境约束下人类最大幸福的实现。⑨Nataraja认为，相较于发达国家的发展模式，发展中国家可以依据自身特点，摒弃低效率、高污染的能源转向和生产技术，采取低碳高效发展的经济增长方式。⑩Makower认为，人类在面临着气候与新能源危机的背景下，需要

① ［英］威廉·配第：《赋税论》，邱霞、原磊译，华夏出版社2006年版。
② ［英］马尔萨斯：《人口原理》，朱泱译，商务印书馆1992年版。
③ ［英］约翰·斯图亚特·穆勒：《政治经济学原理》（上下册），金镝、金熠译，华夏出版社2017年版。
④ ［英］丹尼斯·米都斯等：《增长的极限——罗马俱乐部关于人类困境的报告》，李宝恒译，吉林人民出版社1997年版。
⑤ Word Commission on Environment and Development, *Our Common Future*, Oxford：Oxford University Press，1987.
⑥ Pearce，et al.，*Blueprint for a Green Economy：A Report*，London：Earthscan Publications Ltd，1989.
⑦ Ekins P.，*Economic Growth and Environmental Sustainability*，London：Routledge，2000.
⑧ De Brujn H.，*Creating System Innovation*，London：Taylor & Francis，2004.
⑨ Jack Reardon，"Comments on Green Economics：Setting the Scene. Aims，Context，and Philosophical Underpinnings of the Distinctive New Solutions Offered By Green Economics"，*Green Economics*，2007（3）：103-107.
⑩ Nataraja，Gujjab，"Green Economy：Policy Framework for Sustainable Development"，*Current Science*，2011，100（7）：961-962.

进行"绿色前景"的变革。①

第二节 城镇化与绿色发展

一 国外的城镇化地区绿色发展研究

Ebenezer Howard 在其出版的《明日的田园城市》（*Garden Cities of Tomorrow*）中提出田园城市的设想②，按照他的设想城市分层设计，中心为大公园和配套的公共设施，向外依次为花园住宅、绿化带、工业区、农业区，这标志着城镇化地区绿色发展的开端；Patrick Geddes 在《进化中的城市：城市规划运动与市民学研究导论》（*Cities in Evolution—An In-troduction to the Town Planning Movement and to the Study of Civics*）一书中提出应依照生态原理规划和建设城市，使城市化进程和自然环境相协调③；R. E. Park 出版的《城市》（*The City*）一书，呼吁生态城市建设，关注城市环境问题，使城镇和人类生态学的理论体系得以完善；④ B. J. L. Berry 对生态城市的起源、发展和理论研究进行了系统阐释，全面论述了城市的空间人口结构、动态变化和形成机制；⑤ 20世纪 80 年代后，绿色发展成为主流，城镇化地区绿色发展的理念得以全方面推进，O. Yanitsky 指出生态城市应最大限度地发挥人的生产力和创造力，最大限度地保护居民的身心健康，实际上是把以人为本的理念引入了城镇化建设；⑥ Richard Register 进一步指出生态城市是紧凑节能、充满生机与活力、人与自然和谐共存的聚居地，体现着城镇化进程中爱护环境、人与自然和谐共存的理念⑦；T. Domnski 提出城

---

① Joel Makower, *Strategies for the Green Economy*, *Opportunities and Challenges in the New World of Business*, The McGraw Hill Companies, 2009.

② Ebenezer Howard：*Garden Cities of Tomorrow*, Dodo Press, 2009, pp. 25-56.

③ Patrick Geddes：Cities in Evolution—An In-troduction to the Town Planning Movement and to the Study of Civics, General Books 2010, pp. 30-61.

④ Park R. E., *The City*, University of Chicago Press, 1984, pp. 80-98.

⑤ Brian J. L. Berry：*Contempoary Urban Ecology*, MacMillan Publishing Company, 1977.

⑥ Yanitsky O., Cities and Human Ecology, Moscow Progress Publishes, 1981, pp. 8-10.

⑦ ［美］理查德·瑞杰斯特：《生态城市伯克利：为一个健康的未来建设城市》，沈清基、沈贻译，中国建筑工业出版社 2005 年版，第 83~98 页。

市发展的"3R"原则即消费物质减少（reduce）①、资源的重新利用（reuse）、物质的循环回收（recycle），该原则实际上将绿色思想引进了生产、流通、消费领域。

二　国内的城镇化地区绿色发展研究

（一）国内有关城镇化地区绿色发展的理论

姚震寰指出粗放的城镇化模式阻碍了城市的绿色发展，随着区域经济的发展，城镇化水平的提高，城镇化产生的环境污染、生态破坏等负面效应不可避免②；"摊大饼"式粗放的城市发展模式，导致城市环境危机出现，要解决这些问题，需要把生态文明的理念与生态文明原则融入城镇化过程中，将绿色低碳的观念嵌入城市规划中，促进城镇化绿色转型③；刘肇军则认为城镇化地区的绿色发展是生态文明建设的重要组成部分，是对原有城镇化的扬弃和创新的过程，可以实现污染物处理的空间集中，降低治污成本④；在资源环境压力不断加大的情况下，把绿色发展的国家战略嵌入新型城镇化建设具有极大的迫切性⑤；高红贵和汪成认为生态文明城市实际上就是城镇化地区的绿色发展，生态文明城市既要求城镇的绿色发展，也要求农村地区的绿色发展，既要坚持以人为本，也要坚持以生态为本⑥；从长远来看人与自然和谐相处，合理利用资源和保护环境的绿色发展路径在高度城镇化的前提下才能实现⑦；城镇化与绿色发展是并行不悖的，规模效应和集约效应是城镇化的最大优势，城镇化地区可以快速便利地发现环境污染和生态破坏的情况并加

① 转引自杨伟、宗跃光《生态城市理论研究述评》，《生态经济》2008 年第 5 期。

② 姚震寰：《努力实现城镇化发展中的"绿色发展"》，《合作经济与科技》2014 年第 22 期。

③ 魏澄荣：《贯彻生态文明理念　推进城镇绿色发展》，《福建论坛》（人文社会科学版）2014 年第 2 期。

④ 刘肇军：《贵州生态文明建设中的绿色城镇化问题研究》，《城市发展研究》2008 年第 3 期。

⑤ 郑古蕊：《两型社会背景下城镇化绿色转型的路径选择——以辽宁省为例》，《农业经济》2014 年第 6 期。

⑥ 高红贵、汪成：《略论生态文明的绿色城镇化》，《中国人口·资源与环境 2013 年专刊——2013 中国可持续发展论坛（一）》，2013 年。

⑦ 赵俊超：《推进城镇化，土地到底够不够?》，《中国经济周刊》2015 年第 18 期。

以遏制。①

（二）国内城镇化地区绿色发展的具体实现路径

城镇化地区绿色发展的具体推进方式是资源节约型和环境友好型，预期效果是经济高效和环境友好，具体思路是发展资源节约型和环境友好型产业，加快污染治理和生态修复，培养绿色生活方式②；新型城镇化是河南实现绿色发展、低碳发展、循环发展的基本路径，与河南生态文明建设存在正的相关关系，有利于自然空间、生产要素的集约节约利用和绿色技术的推广应用③；河南的城市空间利用结构和交通体系未完全定型，需提前下手做好规划，技术创新是系统工程，需要把分散、零碎的创新合并起来实现系统的创新，制度创新是城镇化地区绿色发展的外在保障，也是河南低碳发展的瓶颈，完善制度体系，更新制度工具是河南当前城镇化地区绿色发展建设的重要环节④；李佐军和盛三化研究指出健全以资源节约和环境保护为代表的生态文明制度体系，为城镇化地区绿色发展奠定制度基础，推进以户籍制度、土地制度以及财税与投融资制度为代表的城镇化制度配套改革，消除城镇化地区绿色发展的制度障碍，用制度保护环境，推进河南的城镇化地区绿色发展进程⑤。

三 中部城镇化地区绿色发展研究现状

李伟认为首先得到发展的地区存在"路径依赖困局"，绿色发展需要付出巨大的代价，处在发展中的中部地区在工业化和城市化方面还有巨大的发展空间，具有后发优势⑥；曲婷和张黎通过对中部六省的实证研究指出，在中部六省的绿色生产中，湖南居于首位，江西居于末

① 魏后凯、张燕：《全面推进中国城镇化绿色转型的思路与举措》，《经济纵横》2011年第9期。
② 魏后凯、张燕：《全面推进中国城镇化绿色转型的思路与举措》，《经济纵横》2011年第9期。
③ 田文富：《新型城镇化与生态文明建设的互动机理及保障机制研究》，《中州学刊》2015年第3期。
④ 张坤民：《探索中国新型城镇化地区的绿色发展之路》，《中华环境》2014年第2期。
⑤ 李佐军、盛三化：《建立生态文明制度体系 推进绿色城镇化进程》，《经济纵横》2014年第1期。
⑥ 李伟：《绿色发展与中部崛起》，《新经济导刊》2012年第7期。

位[①]；在绿色消费方面，湖南、湖北最好，河南最差。此外，中部地区还面临环境污染加剧、产业结构调整困难、绿色发展理念单薄等问题；湖北两山地区（大别山区和武陵山区）经济较落后，应充分发挥自身的比较优势和后发优势，走绿色发展道路。[②] 鄱阳湖生态经济区建设，顺应了世界潮流，是中部地区绿色发展的有益探索。[③] 河南应依靠低碳农业和经济方式转变，保护生态环境，推动河南省的全方位发展。[④][⑤] 安徽淮南深化绿色理念，明确"五彩"淮南的目标，坚持绿色规划和城乡环保一体，探索资源型城市的绿色发展可行之道。[⑥]

闫能能通过对中部地区城镇化进程的研究指出中部六省份在2006—2010年，城镇化水平总体呈上升趋势，河南增速最快，年均4.87%，但城镇化水平最低。[⑦] 从城镇化总体效益上看湖北最好，河南居中，从城市化生态效益上看湖北依然最好，山西次之，湖南、江西居中。池州、晋城被确定为国家低碳试点城市；南昌、南阳分别获得了低碳经济试点城市、中英低碳城市建设试点城市，但中部地区仍然存在高碳路径依赖和低碳城市规划缺乏的问题，需要在能源结构、交通运输体系和节能建筑方面大力推进低碳技术；杨刚强和江洪认为推进中部地区新型城镇化需要开拓新思路，工农业应处在同一市场系统，以统一配置生产要素，城乡应处在同一生态系统以优化国土资源开发，大城市与小城镇应处在同一空间系统以实现合理规划，农民与市民应处在同一公共权利系统以实现公共服务均等化，市场与政府应处在同一改革体系以实

---

① 曲婷、张黎：《中部六省绿色发展成效的差异性比较及问题剖析》，《市场经济与价格》2015年第12期。

② 朱春燕、董晶：《湖北"两山"地区"绿色发展"道路的经济学思考——基于后发优势和比较优势理论》，《理论月刊》2011年第12期。

③ 彭迪云、许涵：《鄱阳湖生态经济区：建设生态文明的探索和创新》，《求实》2010年第10期。

④ 岁有生：《低碳农业与中原经济区发展》，《前沿》2011年第7期。

⑤ 张曙光：《转变发展方式视野下的绿色经济发展——河南省信阳发展绿色经济路径探析》，《前沿》2011年第8期。

⑥ 曹勇：《坚持绿色发展建设生态淮南》，《环境保护》2012年第15期。

⑦ 闫能能：《中部六省城镇化进程比较研究——基于建设河南省新型城镇化的思考》，硕士学位论文，郑州大学，2012年。

现城乡一体化发展①；杨剩富等通过构建中部地区城镇化协调度指标评价体系发现，从 2001 年开始，中部地区在城镇化综合水平不断提高的同时，城镇化协调度整体降低，且表现出先增大后减小的趋势，武汉、长株潭城市群的一体化趋势明显，京九线城市带虽有协作但城市协同发展未有明显规律，重大战略经济体的形成、产业转移和集聚创新是影响中部地区城镇化协调度的主要因素。②

四 河南省城镇化地区的绿色发展研究现状

河南省实现绿色转型发展要依托丰富的人力资源、巨大的工业化与城镇化发展潜力和总体滞后的农业现代化发展水平，将绿色发展渗入工业化、城镇化和农业现代化中，以绿色发展理念指导"美丽河南"的建设③；南水北调工程中线贯通河南全境，107 国道两侧规划的绿色走廊，都为郑州航空港建设奠定了良好的生态环境基础④；白华莉主张以工业绿色化发展、现代服务业发展和生态旅游业发展为依托，构建郑州航空港绿色产业链，助力郑州航空港实现产业的绿色发展⑤；侯刘勇进一步指出郑州航空港绿地生态系统建设应坚持"理水、引风、布园、赋意"的策略，建成"一环、两带、两轴、三心、多园分布"的绿地生态系统⑥；田丽在标杆管理理念的指导下，运用 DEA 模型和灰色关联度模型分析河南省的工业绿色发展，发现由于偏重重工业和缺乏环境规制，河南省的工业绿色发展效率缓慢上升⑦；吴旭晓和田丽在对郑州市国家中心城市建设绩效的评价中认识到，经济实力、创新能力、绿色发展、开放水平、商业中心及交通枢纽是阻碍郑州市建成国家级中心城

---

① 杨刚强、江洪：《中部地区新型城镇化建设思路创新》，《宏观经济管理》2015 年第 1 期。

② 杨剩富等：《中部地区新型城镇化发展协调度时空变化及形成机制》，《经济地理》2014 年第 11 期。

③ 田文富：《新型城镇化与生态文明建设的互动机理及保障机制研究》，《中州学刊》2015 年第 3 期。

④ 曹莉：《郑州航空港临空经济发展的 swot 分析》，《现代经济信息》2015 年第 24 期。

⑤ 白华莉：《河南生态型航空经济综合实验区建设问题探讨》，《郑州航空工业管理学院学报》2016 年第 2 期。

⑥ 侯刘勇：《生态城市建设实践以郑州航空港经济综合实验区绿地生态系统建设为例》，《中华建设》2016 年第 5 期。

⑦ 田丽：《基于 DEA 模型的河南省物流产业效率评价》，《物流技术》2015 年第 1 期。

市的主要因素，且信息沟通、人文环境和绿色发展的影响呈波动式下降[1]；颜文华通过构建洛阳市乡村旅游景区的绿色发展评价指标体系，认为重渡沟风景区的绿色发展指数评价为良好级别，接近人民幸福、旅游业发展和资源环境保护相统一的绿色发展状态。[2]

五 文献综述评价

城镇化地区绿色发展的研究对象或是经济发达、城镇化水平较高的东部城市群，或是工业发达、城市化水平较高的省域、市区和县域，或是城镇化水平较高、已基本实现了城镇化的地区，但对处在快速城镇化阶段、人口不断增加、城市规模迅速膨胀的地区和处在城镇化规模数量型阶段向结构内涵型阶段转化的地区研究较少，以致快速城镇化地区和转型阶段的地区在进一步发展中缺乏经验借鉴和理论指导。

绿色发展理念是近年来提出的，绿色发展理念由理论转化为实践，由中央下沉到地方都需要时间，因此当前对城镇化地区的绿色发展研究并不完善，从报告的研究对象上看，大致可以分为两类，一类是从河南城镇化地区的绿色发展全局出发，倡导用制度保护城镇化地区的绿色发展，用规划推进城镇化地区的绿色发展；另一类是从省域、市域的角度出发，提出发展低碳交通、绿色建筑，改变能源消费结构，依托低碳产业的发展实现城市的绿色发展，涉及区域发展和城市协作的城镇化地区绿色发展研究较少。

河南当前有关城镇化区域的绿色发展研究多停留在理论分析层面，实证研究通常把城镇化和绿色发展割裂为新型城镇化和城市绿色发展两个方面，将城镇化和绿色发展结合起来进行实证分析的研究不多，且大部分研究关注重点是城镇化快速发展的主要影响因素，忽略了城镇化快速发展中城市质量不断提升的主要影响因素，这对后续河南省快速城镇化地区绿色发展的实证研究具有一定的理论意义和实践价值。

---

① 吴旭晓、田丽：《郑州国家中心城市建设绩效动态评价与障碍因素诊断》，《河南机电高等专科学校学报》2016 年第 2 期。

② 颜文华：《休闲农业旅游产品开发模式创新研究》，《中国农业资源与区划》2015 年第 7 期。

第三节 工业绿色发展

一 工业绿色发展的内涵研究

绿色发展这一概念最早源于皮尔斯等人。1989 年皮尔斯第一次提出"绿色经济"这一概念，简单地把其解释为在经济发展的同时注重环境保护。[①] 宇宙飞船理论则是认为地球只是浩瀚宇宙中的一艘宇宙飞船，飞船内的资源是一定的，但目前人口无序增长和经济发展模式的不合理总有一日会将飞船内的所有资源消耗殆尽，为了避免资源的枯竭以保证飞船的正常运行，必须寻求一种方式来使生态资源可循环，也就第一次将环境保护引入了经济体系之内。[②] OECD 认为绿色发展的理念是寻找经济增长、减少贫穷与实现环境协调发展的方案。

工业绿色发展就是绿色发展延伸扩展到了工业领域。联合国工业发展组织（UNIDO）从发展中国家的角度来重新定义工业绿色发展，他们认为工业绿色发展是一种可持续的发展模式，在此模式中，不仅可以实现工业的发展，推动工业规模的扩大，也能够实现资源、能源利用效率的提高，减少对环境的污染，更为重要的是能够为发展中国家创造更多的就业机会，消除一些国家和地区的贫困。卢福财和徐斌把中国工业的发展分为四个阶段，而工业绿色发展则处于第四阶段，是一种创新引领的高质量、内涵式发展。[③] 黄聪英和林宸彧在界定工业绿色发展时，认为工业绿色发展包括两个方面，一个是绿色，另一个是发展，想要实现资源节约和环境友好需要实现生产过程、消费过程的绿色化和产业的绿色化，另外还需要通过绿色政策助推工业绿色发展。[④]

二 工业绿色发展状况的评估研究

对工业绿色发展状况的评估，国内外仍然没有统一的标准来进行。

---

① Pearce, et al., *Blueprint for a Green Economy: A Report*, London: Earthscan Publications Ltd, 1989.

② Word Commission on Environment and Development, *Our Common Future*, Oxford: Oxford University Press, 1987.

③ 卢福财、徐斌：《中国工业发展演进与前瞻（1978—2018 年）》，《经济纵横》2018 年第 11 期。

④ 黄聪英、林宸彧：《福建工业绿色发展的制约因素与路径选择研究》，《福建师范大学学报》（哲学社会科学版）2018 年第 1 期。

目前的研究主要是从以下两个方面进行的：

第一个是基于全要素生产率，对工业绿色发展效率进行评估。杨恺钧和闵崇智通过建立环境 RAM 模型来对中国"一带一路"沿线城市的工业绿色能源效率进行测算，选取了能源、劳动力、资本、技术四个投入指标，把工业产值作为期望产出指标，把二氧化碳、二氧化硫、氮氧化物、烟粉尘排放量四个指标作为非期望产出，发现总体上效率值较低且呈下降趋势。[①] 王丽霞等把环境规制作为影响工业绿色发展状况的切入点，以中国 30 个省份，2005—2015 年的数据为观测值，运用了面板门限回归模型，分析了环境规制与工业企业绿色发展绩效之间的关系，实证结果表明这二者之间为倒"U"形曲线关系。[②] 涂正革和王秋皓以 2003—2014 年中国 280 个地级市的工业产值与二氧化硫排放量作为指标，运用门限回归模型对这 280 个地级市绿色发展水平进行评价，发现不同地区绿色发展的动力也不尽相同。[③] 陈瑶基于 R&D 驱动理论，选取的期望产出指标为工业总产值，选取的非期望产出指标为综合工业污染指数，运用 DEA—DFF 模型和 Malmquist 模型对 2005—2016 年中国不同区域的工业绿色全要素生产率进行测算。[④] 尚云云在对福建省的工业绿色全要素生产率测算时，选取的投入指标分别为资本存量、年末从业人员数量和工业能源消费总量，选取的产出指标中期望产出指标是工业总产值，非期望产出指标包括工业废水、工业废气和工业烟（粉），运用了 DEA 模型中的 Malmquist-Luenberger 指数对福建省的工业绿色全要素生产率进行测算。[⑤]

第二种测算方法是绿色发展水平评估，即通过构建绿色发展评价指标体系进行评估。耶鲁大学和哥伦比亚大学联合发布的环境绩效指数

① 杨恺钧、闵崇智：《高质量发展要求下工业绿色全要素能源效率——基于中国"一带一路"沿线省份的实证》，《管理现代化》2019 年第 4 期。

② 王丽霞等：《环境规制政策对工业企业绿色发展绩效影响的门限效应研究》，《经济问题》2018 年第 1 期。

③ 涂正革、王秋皓：《中国工业绿色发展的评价及动力研究——基于地级以上城市数据门限回归的证据》，《中国地质大学学报》（社会科学版）2018 年第 1 期。

④ 陈瑶：《中国区域工业绿色发展效率评估——基于 R&D 投入视角》，《经济问题》2018 年第 12 期。

⑤ 尚云云：《福建省工业绿色全要素生产率测度与影响因素研究》，《福建商学院学报》2018 年第 3 期。

（EPI）通过选取一系列核心污染指标和自然资源指标对全球各个国家的环境绩效指数进行测算，能够为政府制定政策提供一定的依据。国家发改委 2016 年发布了涵盖 56 个指标的中国 31 个省份评估的绿色发展指数，这是截至目前，中国已经公布的相对权威和全面的绿色发展评价指标体系；黄跃和李琳认为大多数指标体系的构建都是从东、中、西部来进行研究的，很少有人注重从层级的角度进行研究，因此二人从中国大大小小共 20 个城市群的角度构建了经济发展维度、社会进步维度、生态文明维度三个一级指标，下设 8 个二级指标以及 30 个三级指标的指标体系，运用数理统计中的投影寻踪模型来对各个城市群的绿色指数进行测算。① 徐成龙选取工业绿色发展能力、工业绿色增长度和工业资源环境压力作为评价体系的一级指标，选取了 21 个二级指标，运用熵值法和 GMM 模型，对 2000—2015 年的数据进行回归分析，从时间维度和空间维度对中国工业绿色发展水平进行分析，得出中国工业绿色发展水平不断提高，且自西向东呈现递增的趋势。② 张永凯和崔佳新构建的评价指标体系包括工业资源与环境消耗、政府工业绿色政策支持和工业绿色增长 3 个一级指标，6 个二级指标和 12 个三级指标，运用熵值法对山东省 17 个市的绿色发展水平进行了评估，选取了构成评价指标体系，研究结果显示山东省工业绿色发展水平地区不平衡且增长缓慢。③ 吴传清和黄磊在研究长江经济带的工业绿色发展水平时，运用了熵值—TOPSIS 法，以工业环境治理强度、工业增长质量、工业创新驱动力和工业资源利用效率为指标构建评价体系；对于绿色效率的测算，选取的投入指标分别为规模以上工业企业的平均用工人数、工业固定资本存量、工业能源消耗总量，产出指标中期望产出指标为工业增加值，非期望产出指标为温室气体、环境污染物，并运用 DEA-SBM 模型对长江经济带的工业绿色效率进行测算，最后运用耦合协调度模型对二者进

① 黄跃、李琳：《中国城市群绿色发展水平综合测度与时空演化》，《地理研究》2017 年第 7 期。

② 徐成龙：《欠发达地区工业绿色发展水平及影响因素分析——以山东省临沂市为例》，《经济论坛》2017 年第 8 期。

③ 张永凯、崔佳新：《山东省城市工业绿色发展水平评价》，《兰州财经大学学报》2019 年第 1 期。

行协同效应分析。①

三 工业绿色发展效率影响因素的研究

学者在对工业绿色发展效率影响因素的分析时主要是从产业结构、城镇化水平、环境规制、经济发展水平、科技创新水平、教育水平、对外开放程度等方面来进行实证分析的。

Grover 研究结果表明在环保方面的技术进步对印度绿色发展具有极大的影响。② Lee 和 Kim 在研究影响韩国绿色发展的因素中得出政府政策以及公众参与度对韩国环境效率的提高有至关重要的作用。③ 马晓君等在对黑龙江、吉林、辽宁三个省的全要素生产效率进行研究时选取了3个内部影响因素和4个外部影响因素，分别是技术进步、规模效率变动、纯技术效率变动，以及工业和产业结构、政府干预程度、科研投入和对外开放程度。④ 石风光在对河南省工业绿色发展绩效进行评估时选取了六个影响河南省工业绿色增长源泉的指标，分别是产业结构、外资利用水平、科技创新水平、基础设施建设、污染治理水平以及对外开放水平，实证结果显示对河南省工业绿色发展影响最为突出的因素是科技创新水平和产业结构。⑤ 张虎和宫舒文基于动态 VAR 模型分析了影响湖北省工业绿色全要素生产率的因素，共选取了3个影响因素，分别是技术创新水平、产业结构以及城镇化水平，结果表明城市化率对工业绿色全要素生产率的短期促进作用明显，而产业结构和科技创新短期效果不显著，但在长期对其有促进作用。⑥

---

① 吴传清、黄磊：《长江经济带工业绿色发展效率及其影响因素研究》，《江西师范大学学报》（哲学社会科学版）2018 年第 3 期。

② Grover R. B., "Green Growth and Nuclear Power: A Perspective from India", *Energy Strategy Reviews*, 2013（4）.

③ Lee, J., Kim S. J. W., "South Korea's Urban Green Energy Strategeis: Policy Framework and Local Responses under the Green Growth", *Cities*, 2016, p. 54.

④ 马晓君等：《东北三省全要素能源效率测算及影响因素分析》，《中国环境科学》2017 年第 2 期。

⑤ 石风光：《工业绿色化发展绩效测评——以河南省为例》，《生态经济》2018 年第 2 期。

⑥ 张虎、宫舒文：《基于 DEA-Malmquist 的工业绿色全要素生产率测算及分析——以湖北省为例》，《江西师范大学学报》（自然科学版）2017 年第 5 期。

四 工业绿色发展路径选择的研究

黄磊和吴传清认为近些年长江沿线城市的工业发展正在逐步由资源驱动型转向绿色生态型，但地区间绿色发展不平衡，想要进一步从整体上提升沿线城市的工业绿色发展效率则需要发挥环境规制对污染的防护作用，进一步对外开放，学习先进的绿色技术，但在引进外资时要注重提高门槛，同时要走新型城镇化道路，提高土地资源的利用水平，建立产业园区集中进行管理。① 宋晓娜和张峰认为要推动工业的高质量发展需要提升工业的信息化水平，特别是掌握一些关键领域如人工智能、芯片的先进技术，更为重要的是应该加强科技、科研等领域的最新技术成果在企业实际生产中的应用，通过技术来指引工业的生产，同时面对污染也要加强环境规制，根据每一地区不同的经济水平和污染程度制定合理的环境规制评估机制。② 丁显有等认为需要多方面共同努力来推动工业的绿色创新发展，包括政府的良好政策支持、优秀的人才、足够的资金和产业之间的协调配合。③ 李小玉和邱信丰认为想要建设生态文明就必须实现工业绿色发展，对此应该建立从工业生产到工业消费这一生命周期的全程绿色化协作机制，从工业的选择、生产、消费、污染物的处理共同入手，实现生产过程中的绿色选择、绿色技术研发，消费过程中的绿色市场体系和污染物的绿色处理。④ 刘建翠和郑世林认为中国工业绿色效率还有很大的提升空间，应通过提高政府的管理水平特别是实行严格的环境规制来提高工业绿色发展程度，要根据不同行业的特点制定适合本行业的环境规制政策，保证政策的灵活性。⑤ 杨莉等认为想要实现工业绿色发展应加大科技创新投入，用技术引领工业绿色发展，调整能源结构、加大新型能源的开发和利用，优化产业结构，尤其是要推动

① 黄磊、吴传清：《长江经济带城市工业绿色发展效率及其空间驱动机制研究》，《中国人口·资源与环境》2019 年第 8 期。

② 宋晓娜、张峰：《高质量发展下工业发展质量测度及趋势研究》，《软科学》2019 年第 12 期。

③ 丁显有等：《长三角城市群工业绿色创新发展效率及其协同效应研究》，《工业技术经济》2019 年第 7 期。

④ 李小玉、邱信丰：《长江中游城市群工业绿色发展协作机制研究》，《经济纵横》2017 年第 10 期。

⑤ 刘建翠、郑世林：《中国工业绿色发展技术效率及其影响因素研究——基于投入产出表的分析》，《城市与环境研究》2019 年第 3 期。

高新技术产业的发展。[①]

五　文献评述

综上所述，国内外学者对于工业绿色发展的研究还处于探索阶段，文献尚不丰富，对于工业绿色发展的内涵界定不一，并且对于工业绿色水平的评估也没有统一的标准，主要是从绿色效率和绿色指标两个方面进行研究，且研究层面多集中于国家，对河南省的工业绿色效率研究尚少，缺乏对河南省地区工业绿色发展的针对性建议，鉴于指标体系构建时所选取的指标有很大的不同性，且中国已经建立了相对完善的指标评价体系，所以本书拟从绿色效率方面对河南省工业绿色发展水平进行测算，并根据理论假说通过实证分析影响其发展的一些因素，有针对性地对河南省地区的工业绿色发展提出对策和建议。

第四节　绿色发展与经济高质量发展

绿色发展属于经济高质量发展的重要内容，研究绿色发展需要对经济高质量发展的内容加以综述。

一　关于经济高质量发展的研究

早期学术界有关经济增长的研究不是关注经济增长质量，而是主要关注经济数量的扩张。直到一味注重经济数量扩张导致的一系列问题开始凸显，20世纪末学术界开始格外关注经济增长质量。高质量发展的概念可以追溯到绿色经济[②]和生态经济[③]等一系列论述。随着中国经济发展进入新时代，学术界也围绕经济高质量发展进行了颇多探索。

第一类视角，从经济增长到经济发展。张军扩等认为，经济高质量发展是高效率的发展方式，是要探索更加公平、绿色、可持续的经济增长路径。[④] 李金昌等紧紧依托"人民美好生活需求"与"不平衡不充分

①　杨莉等：《江苏沿江城市工业绿色发展评价与转型升级路径研究》，《江苏社会科学》2019年第6期。

②　Pearced, et al., *Blueprint for a Green Economy*, London：Earthscan Publications Limited, 1989.

③　Costanza R., "What is Ecological Economics?", *Ecological Economics*, 1989（1）：1-7.

④　张军扩等：《高质量发展的目标要求和战略路径》，《管理世界》2019年第7期。

发展"，建构了经济活力、创新效率、绿色发展、人民生活、社会和谐五个层面的高质量发展评价指标体系。[1] 任保平和文丰安认为资源配置与资源环境成本、生产要素投入和经济效益几个方面能较好体现经济高质量发展的内涵及战略规划。[2] 钞小静和任保平以经济增长质量的内涵为切入点构建经济增长质量指数，并采取主成分分析法测度了我国 1978—2007 年经济增长质量。[3] 受相关政策因素影响，针对经济高质量发展的相关文献集中在 2017 年出现。经济高质量发展的实现路径是文献关注的焦点问题。任保平等认为，科技创新、产业创新、战略创新、制度创新及人的全面发展是提高经济高质量发展的可行路径。[4] 徐辉等运用熵权法测度黄河流域 9 省份 2008—2017 年的高质量发展水平，并进一步指出经济高质量发展就是经济社会发展和生态安全的高质量发展。[5]

第二类视角，产品与社会再生产的高质量发展。李伟认为，经济高质量发展要着力处理好高质量的供给与需求、高质量的投入与产出的关系。[6] 朱启贵认为，坚持质量第一、效率优先，加快产业结构和供给体系的升级换代，是经济高质量发展必须贯彻的新发展理念。[7] 林兆木认为，经济高质量发展的根本目的是共享，要提高创新发展和绿色发展水平以增强投入产出效率和经济效益，满足人民群众对商品和服务质量的需求。[8] 韩军辉等以社会再生产的四个环节为出发点，认为经济高质量发展意味着经济循环的高质量，经济发展要更加注重经济结构的优化和

---

① 李金昌等：《高质量发展评价指标体系探讨》，《统计研究》2019 年第 1 期。
② 任保平、文丰安：《新时代中国高质量发展的判断标准、决定因素与实现途径》，《改革》2018 年第 4 期。
③ 钞小静、任保平：《中国经济增长质量的时序变化与地区差异分析》，《经济研究》2011 年第 4 期。
④ 任保平、文丰安：《新时代中国高质量发展的判断标准、决定因素与实现途径》，《改革》2018 年第 4 期。
⑤ 徐辉等：《黄河流域高质量发展水平测度及其时空演变》，《资源科学》2020 年第 1 期。
⑥ 李伟：《中国经济迈向高质量发展新时代》，《中国发展观察》2018 年第 21 期。
⑦ 朱启贵：《建立推动高质量发展的指标体系》，《文汇报》2018 年 2 月 6 日。
⑧ 林兆木：《关于我国经济高质量发展的几点认识》，《冶金企业文化》2018 年第 1 期。

社会生产环节的高效率。[①] 王喜成进一步指出，要实现经济的持续健康发展，需依托新发展理念努力实现供给、需求、配置、投入产出、收入分配和经济循环的高质量。[②] 王一鸣认为，经济的发展质量可以从产品和服务质量、产业和区域发展质量来衡量。[③]

第三类视角，经济高质量发展的基本实现路径。景维民和王瑶认为，经济高质量发展必须以经济稳定增长为基础，离开稳定增长就没有高质量发展。[④] 付千卉认为，产业链、创新型科技、数字化产业等新动力是经济持续向好发展至关重要的动力，以推动制造业和服务业向高端产业演变。[⑤] 侯为民认为，经济发展的质量要通过大力发展国有企业来保障。[⑥] 陈昌兵认为，经济高质量发展的实现要大力发展创新驱动，大力发挥企业的主体地位来促进服务业升级和高端制造业发展。[⑦] 李辉认为，大数据是一种新的资源，从效率提升、产业结构升级、商业模式创新等方面阐述了大数据与实体经济的融合可有效推动经济高质量发展。[⑧] 苗勃然和周文认为，经济高质量发展应主要着力于产业结构不断优化的发展、速度与质量并重的发展、更为重视实体经济的发展、高层次开放型的经济发展。[⑨] 任保平和豆渊博认为，依托创新链与产业链的结合，加快产业的转型升级，推动构建新发展格局下经济的高质量

---

① 韩军辉等：《基于熵值法的高质量发展综合评价研究》，《科技和产业》2019 年第 6 期。

② 王喜成：《试论推动高质量发展的路径和着力点》，《河南社会科学》2018 年第 9 期。

③ 王一鸣：《向高质量发展转型要突破哪些关口》，《联合时报》2018 年 4 月 13 日。

④ 景维民、王瑶：《改革开放 40 年来中国经济增长轨迹研究：稳增长、高质量发展与混合经济结构优化》，《现代财经（天津财经大学学报）》2018 年第 12 期。

⑤ 付千卉：《新时代我国经济高质量发展动力转换简析》，《现代经济信息》2020 年第 8 期。

⑥ 侯为民：《正确认识中国经济高质量发展阶段的微观基础》，《当代经济研究》2018 年第 12 期。

⑦ 陈昌兵：《新时代我国经济高质量发展动力转换研究》，《上海经济研究》2018 年第 5 期。

⑧ 李辉：《大数据推动我国经济高质量发展的理论机理、实践基础与政策选择》，《经济学家》2019 年第 3 期。

⑨ 苗勃然、周文：《经济高质量发展：理论内涵与实践路径》，《改革与战略》2021 年第 1 期。

发展。①

二 关于经济空间演化研究

近年来，经济空间成为空间经济学的重点研究对象，受到学者的广泛关注。关于经济空间的研究可分为两个方面，一方面是对马克思主义经济空间思想的继承与发展，主要研究马克思主义相关空间政治经济学、经济思想；另一方面是西方空间经济思想的继承与发展，主要研究空间经济学、经济新地理学。

资本主义社会的生产方式与生产关系，是马克思经济学的主要研究对象。马克思在讨论流通的费用问题时提及，资本流通及剩余价值的实现要求"用时间去消灭空间"②，改善交通工具，打破贸易地区限制，加速资本循环。马克思在其经典著作中提出城市的资本、要素集聚促进城市经济空间发展，降低了产品的交易成本。马克思、恩格斯曾预言，人类文明的空间结构也将由孤立分散趋向演化与整体发展，促使形成一个崭新的"世界历史"时代，这是由于资本积累的空间维度拓展了人类的实践活动空间。关于马克思主义经济空间演化思想的研究主要体现在两个方面，第一个方面，对马克思主义经济空间理论的继续深化。③张凤超认为，资本空间演化进程的关键驱动力是劳动的空间分工与时空压缩体验的积累；经济空间的非均衡发展是资本积累的前提与结果。④第二个方面，利用马克思主义经济空间思想对中国经济社会发展实践的研究。李秀玲和秦龙通过梳理研究马克思到列斐伏尔再到哈维的空间生产思想，分析了其对当代社会经济空间发展的理论价值与现实意义。⑤武剑和林金忠通过对马克思主义空间政治经济学中空间集体、消费冲突、空间产品生产同质化、空间产品分配两极化四个方

---

① 任保平、豆渊博：《"十四五"时期构建新发展格局推动经济高质量发展的路径与政策》，《人文杂志》2021年第1期。

② 中共中央马克思恩格斯列宁斯大林著作编译局编译：《马克思恩格斯全集》（第四十六卷·下册），人民出版社1980年版，第16页。

③ 李春敏：《马克思恩格斯论资本主义空间生产的三重变革》，《南京社会科学》2011年第11期。

④ 张凤超：《资本逻辑与空间化秩序——新马克思主义空间理论解析》，《马克思主义研究》2010年第7期。

⑤ 李秀玲、秦龙：《"空间生产"思想：从马克思经列斐伏尔到哈维》，《福建论坛》（人文社会科学版）2011年第5期。

面的分析，揭示了马克思主义空间政治经济学对中国发展的重要性。[1] 周立斌等立足于空间政治经济学理论，提出城市在发展过程中要警惕空间拜物教、资本霸权、权力与资本的联合等问题，以人民群众为中心是城市规划建设的必然要求。[2]

西方空间经济学中关于经济空间的研究，大致分为三个阶段：第一个阶段，起始于 19 世纪初至 20 世纪 40 年代形成的经典区位理论，研究对象主要是不同企业、产业的区位选择及劳动力、资本、交通等影响因素的规律性分析。第二个阶段，20 世纪 40—80 年代形成的区域空间结构理论，关注重心是区域总体空间架构与形态，从主要考虑经济因素转变为环境、社会、信息、行为等因素并重，着力探索各空间主体的优化组合。第三个阶段，20 世纪 90 年代至今，揭示经济活动的空间分布与地理结构关系的经济新地理学，探讨影响经济活动聚集或分散的聚集力、扩散力的驱动因素。逐步发展至今形成了新空间经济学，研究方法引入数学模型和计算机模拟实证研究，分析的重点是空间、集聚、贸易。国内学者对西方空间经济学的研究起始于 20 世纪 90 年代。1993 年卢嘉瑞界定了空间经济的内涵，提出空间生产力的概念，并阐述人类发展过程中经济空间的必要性与必然性，初步建立了空间经济学的学科基础。[3] 1999 年杨秋宝把区域经济增长划分为低水平高分散增长、区域中心集中聚集增长、扩散增长、整体稳定增长四个空间推移时期。[4] 21 世纪以来，空间经济学与经济新地理学在国内进一步发展与完善，学术界对经济空间的理论与实践研究不断深入，集中体现在以下两个领域。一方面是经济空间演化理论的进展与发展。禚振坤等定义了空间均衡概念，并基于社会、经济、环境、资源的研究，赋予了经济空间新的内涵，研究了异质空间均衡模式。[5] 郝寿义等认为经济空间分为均

---

① 武剑、林金忠：《马克思主义空间政治经济学：研究进展及中国启示》，《江苏社会科学》2013 年第 4 期。

② 周立斌等编著：《空间政治经济学——区域经济学研究的一个批判视角》，经济科学出版社 2014 年版。

③ 卢嘉瑞：《论空间经济》，《河北学刊》1993 年第 5 期。

④ 杨秋宝：《区域经济与发展战略》，党建读物出版社 1999 年版，第 20—23 页。

⑤ 禚振坤等：《基于空间均衡理念的生产力布局研究——以无锡市为例》，《地域研究与开发》2008 年第 1 期。

质空间和非均质空间，并做了相关对比分析。① 贺灿飞认为中国区域产业演化依靠技术关联推动且具有路径依赖②，孙浩进认为经济空间是非中性的，正是经济空间的内生化、资本化导致了经济空间的非中性。③ 另一方面是经济空间演化理论的运用。李俊和安虎森对空间分析的研究视角，采用引力场、异质性、冰山交易成本、交通运输成本等对比分析方法，探究其历程和发展方向。④ 白雪按照经济重心理论的分析框架，对中国区域性空间演变、经济重心演变等进行了分析研判，并预测了经济空间的转移方向。⑤ 刘莉认为生产力变迁引起的地理反应是城市经济空间演进的原始驱动力，信息技术的发展助力生产活动的地理性发散，从而推动城市空间经济形成"多核""带状""接入性"等趋势。⑥ 金波宏以黄河流域各省份为研究对象，发现黄河流域的空间结构呈现东西方向的"核心—边缘"分布。⑦

第五节　绿色发展与黄河流域高质量发展

一　国外文献梳理

国外学者对"高质量发展"概念的研究重点在于经济发展质量。

（一）关于经济发展质量的概念研究

经济发展质量是对经济增长数量的拔高与延伸。当经济发展到一定程度时，追求经济发展质量就变得更为重要。经济发展过程中，数量和质量都会促进经济增长且二者密不可分，数量主要是通过经济增长速度和规模反映，而质量的内涵更加丰富，涵盖数量的提高和质的提升。苏

---

① 郝寿义等：《企业区位选择与空间集聚的博弈分析》，《南开经济研究》2011 年第 3 期。

② 贺灿飞：《区域产业发展演化：路径依赖还是路径创造？》，《地理研究》2018 年第 7 期。

③ 孙浩进：《论经济空间的非中性——政治经济学视阈下的资本逻辑》，《经济问题》2018 年第 11 期。

④ 李俊、安虎森：《空间的属性与经济学的空间引入》，《西南民族大学学报》（人文社科版）2017 年第 8 期。

⑤ 白雪：《中国经济重心空间演变及产业重心分解》，《经济问题探索》2015 年第 6 期。

⑥ 刘莉：《历史—地理唯物主义视野中城市经济空间的演进路径与地理趋势》，《学术研究》2018 年第 11 期。

⑦ 金波宏：《黄河流域经济高质量发展水平评价及时空分异研究》，《西部金融》2020 年第 5 期。

联学者卡马耶夫首先对"经济增长质量"进行界定，认为经济增长分为增长速度和增长质量，单一追求经济增长速度是不科学的，当经济增长数量达到一定规模，经济发展就更加追求质量的提升，并指出"效率即为经济增长质量"。亚当·斯密认为经济发展是数量增长、经济效率提高带来的质量增长的统一，国民财富增长和经济发展应该同等看待。[1] Barro 进一步丰富了经济发展的内涵，从增长数量和质量两个层面解释经济发展，认为经济发展水平应结合 GDP、教育、医疗、社会制度等方面综合反映。[2] 库兹涅茨定义了经济增长质量的范畴，包括公平有序的市场竞争环境、良好的环境、赤字较少的财政状况、平等受高等教育的机会，这四个方面缺一不可，共同推动经济增长。Hinckley 将经济增长与经济发展的概念分开解释，认为经济发展应包括经济与资源环境的考量，经济质量应包括净化增长、质量增长、适度增长等内容。[3]

（二）关于经济发展质量的评价研究

国外学者关于经济发展质量的评价研究主要集中于单一指标和复合指标。单一指标主要指全要素生产率。如 Garry 采用这一指标衡量中国经济增长质量，结果显示，改革开放以来中国全要素生产率呈现总体上升的趋势。[4] Cerman 等采用全要素生产率衡量，认为全要素生产率在发达国家和欠发达国家存在显著差异，并提出劳动力对经济发展质量具有直接影响。[5] 单一指标难以反映经济发展质量全貌，学者开始追求复合指标。Bai 等建立熵的计算程序测算中国经济增长质量，并采用空间计

---

① ［英］亚当·斯密：《国民财富的性质和原因的研究》（上卷），郭在力、王亚南译，商务印书馆 2002 年版，第 65—68 页。

② Barro R. J. , "Inequality and Growth in a Panel of Countries", *Journal of Economic Growth*, 2000, 5（1）：5-32.

③ Hinckley A. D. , et al. , "A Potomac Associates Book：A Report for the Club of Rome's Project on the Predicament of Mankind", *Universe Books*, 1973, 5（1）：205-212.

④ 罗斯炫等：《改革开放以来中国农业全要素生产率再探讨——基于生产要素质量与基础设施的视角》，《中国农业经济》2022 年第 2 期。

⑤ 刘文革、何斐然：《中国经济高质量发展的指标体系构建及国际比较研究》，《经济问题探索》2023 年第 9 期。

量模型探究空间溢出效应。[①] Frolov 等以人均发展指数和年均增长率为主要指标,构建基于矩阵的经济增长质量评价体系。[②] 此外,还有 Niebel、Zeira、Aisen 等学者以影响因素的视角,采用各种计量模型探讨经济增长,包括教育发展、劳动力、政治稳定程度、现代信息技术、开放程度等驱动因素。[③][④][⑤] 综合来看,国外学者在测量经济发展质量时既有单一指标也有复合指标,复合指标测量的范围更广,可以更加全面地反映经济发展质量。

二 国内文献梳理

(一) 关于高质量发展的内涵研究

党的十九大提出高质量发展,党的二十大进一步提出高质量发展是全面建设社会主义现代化国家的首要任务。高质量发展成为多学科热点讨论话题。学者关于其内涵的见解尚未形成统一,主要形成了以下四个视角。一是以解决"人民日益增长的美好生活需要和不平衡不充分的发展之间的矛盾"为原则理解高质量发展。如李金昌等从人民美好生活需要、不均衡不充分发展两个层面理解高质量发展,包括经济活力、创新、社会和谐、绿色、人民五个方面。[⑥] 二是结合新发展理念来概括高质量发展。例如,韩君和张慧楠提出,创新可以开创动力,绿色是高质量发展关键路径,协调是核心要素,开放可以为高质量发展提供外部推力,共享是最终实现目标。[⑦] 三是从供求关系与投入产出角度阐述高质量发展内涵。张军扩等提出,高质量发展追求高效的资源配置、平稳

① Bai C. E. et al., "Spatial Spillover and Regional Economic Growth in China", *China Economic Review*, 2012, 23 (4): 982-990.

② Frolov S. M. et al., "Scientific Methodical Approaches to Evolution the Quality of Economic Growth", *Actual Problems of Economics*, 173 (11): 393-398.

③ Niebel, Thomas, "ICT and Economic Growth-Comparing Developing, Emerging and Developed Countries", *World Development*, 2018, 104 (4): 197-211.

④ Zeira J., "Why and How Education Affects Economic Growth", *Review of International Economics*, 2009, 17 (3): 602-614.

⑤ Aisen et al., "How does Political Instability Affect Economic Growth?" *European Journal of Political Economy*, 2013, 29 (1): 151-167.

⑥ 李金昌等:《高质量发展评价指标体系探讨》,《统计研究》2019 年第 1 期。

⑦ 韩君、张慧楠:《中国经济高质量发展背景下区域能源消费的测度》,《数量经济技术经济研究》2019 年第 7 期。

可持续的经济运行、相对平衡的供求关系。[①] 刘晓旭认为经济高质量发展绝不是 GDP 的一味增长，而是合理的产业结构、高效的投入产出、高程度的国民分享经济增长成果、高潜力的未来发展等多方面综合的结果。[②] 李伟从供给和需求、投入和产出、资源配置效率和收入分配的平衡性等视角诠释高质量发展。[③] 四是以社会生态视角诠释高质量发展。钞小静和任保平重点关注高质量发展的协调程度，以社会和生态指数与经济指数的平衡程度衡量高质量发展的协调程度。[④] 安树伟和李瑞鹏认为高质量发展是一个多维度概念，高质量发展包括经济高质量、社会高质量、生态高质量发展，应推进区域生态、文化建设。[⑤]

总体而言，学者对高质量发展问题的阐释各有侧重，但具有一定相似性，认为高质量发展是一个相对综合性的概念，高质量的经济增长、良好的生态环境、友好的社会环境是其内涵的重要体现。

（二）关于高质量发展的评价研究

在评价体系方面，高质量发展的衡量并未形成一致意见。梳理后发现主要形成两种视角。第一种是用单一指标衡量，认为高质量发展就是高效率的发展，可以用反映经济发展效率或效益的指标衡量，如全要素生产率、绿色全要素生产率、福利生态强度、增加值率、人均实际 GDP、技术进步对经济增长的贡献率等。但不管是经济发展效率还是发展效益，这两类指标都是以投入产出角度反映经济发展，而劳动效率较低时也可能产出高质量产品。故单一指标并不能全面、综合地反映经济增长质量。第二种视角认为高质量发展具有多维性的特点，衡量时应该使用涵盖多层次、多维度信息的综合评价指标。李金昌等从经济、绿色、创新、社会、人民 5 个维度选取 27 个指标构建高质量发展评价体系[⑥]，但尚未进行测度。马茹等构建的评价体系包含供给及需求、经济运行、发展、

---

① 张军扩等：《高质量发展的目标要求和战略路径》，《管理世界》2019 年第 7 期。

② 刘晓旭：《衡量经济发展质量的六个维度》，《中国党政干部论坛》2017 年第 12 期。

③ 李伟：《中国经济迈向高质量发展新时代》，《中国发展观察》2018 年第 Z1 期。

④ 钞小静、任保平：《中国经济增长质量的时序变化与地区差异分析》《经济研究》2011 年第 4 期。

⑤ 安树伟、李瑞鹏：《黄河流域高质量发展的内涵与推进方略》，《改革》2020 年第 1 期。

⑥ 李金昌等：《高质量发展评价指标体系探讨》，《统计研究》2019 年第 1 期。

开放等层次，并描绘了中国高质量发展的空间分布①，但该文章仅以2016 年数据为基础进行测度，不能反映一段时期内高质量发展的演变趋势。师博和任保平考虑了时间区间，以 1992—2016 年各省份数据为研究样本测度高质量发展，评价体系包括经济增长、社会发展成果层面。② 聂长飞和简新华从良好的经济运行状态，高标准的产品及服务质量，高水平的经济、生态、社会效益视角阐释高质量发展内涵，基于省区数据测度 2001—2017 年高质量发展水平，分析其时空特征及区域差异。③ 史丹根据新发展理念构建了包括 62 个指标的高质量发展评价体系，并进行了中国及其他国家的对比分析。④ 徐志向和丁任重也是以新发展理念为指导，在增加了总量维度后测度各省份高质量发展水平。⑤

在评价方法方面，学者采用不同的方法测算高质量发展指数。魏敏和李书昊采用熵权 TOPSIS 法测度 2016 年各省份高质量发展水平。⑥ 黄敏和任栋采用均等赋权法测度 2017 年各省份的高质量发展水平。⑦ 张震和刘雪梦选取 38 个指标，采用线性加权法评价 2016 年 15 个副省级城市的高质量发展水平。⑧ 也有学者采用 Super-SBM 模型测算经济高质量发展效率，或采用曼奎斯特指数测算全要素生产率。

总体来看，学者对高质量发展的内涵理解不同，构建的评价体系和采用的测算方法也不相同。在进行区域高质量发展评价时，应因地制宜地选择合适的方法。梳理文献后发现，学者围绕高质量发展主题，多以

---

① 马茹等：《中国区域经济高质量发展评价指标体系及测度研究》，《中国软科学》2019 年第 7 期。

② 师博、任保平：《中国省际经济高质量发展的测度与分析》，《经济问题》2018 年第 4 期。

③ 聂长飞、简新华：《中国高质量发展的测度及省际现状的分析比较》，《数量经济技术经济研究》2020 年第 2 期。

④ 史丹：《绿色发展与全球工业化的新阶段：中国的进展与比较》，《中国工业经济》2018 年第 10 期。

⑤ 徐志向、丁任重：《新时代中国省际经济发展质量的测度、预判与路径选择》，《政治经济学评论》2019 年第 1 期。

⑥ 魏敏、李书昊：《新时代中国经济高质量发展水平的测度研究》，《数量经济技术经济研究》2018 年第 11 期。

⑦ 黄敏、任栋：《以人民为中心的高质量发展指标体系构建与测算》，《统计与信息论坛》2019 年第 10 期。

⑧ 张震、刘雪梦：《新时代我国 15 个副省级城市经济高质量发展评价体系构建与测度》，《经济问题探索》2019 年第 6 期。

国家、省域、流域、单独城市为研究对象开展研究，主要集中在国家、省域等大尺度范围，关于黄河流域的高质量发展研究多是以黄河 9 省份为研究对象，跨流域的城市高质量发展研究涉及较少。

（三）黄河流域高质量发展研究

黄河流域作为中国多个重要战略的特殊承载地区，许多学者对这一特殊地理单元进行研究并表达了对其战略地位的肯定。学者关于黄河流域高质量发展的研究大致从以下几个方面展开。一是影响因素研究。影响该区高质量发展的因素是多方面的，具体涉及经济、自然资源、社会文化等，但最主要的还是生态环境的制约，包括环境承载力差、生态脆弱、资源禀赋差异大。梁静波从提高环境承载力的角度提出协同治理，认为高质量发展的关键在于绿色发展。[①] 周清香和何爱平把阻碍高质量发展的关键原因归结为黄河流域脆弱的生态，并提出从源头抓保护的建议。[②] 杨永春等分析了各个区域的资源禀赋，并提出以资源为基础，因地制宜推动流域高质量发展。[③] 二是耦合研究。部分学者探讨了黄河流域生态保护与经济发展的耦合关系，针对二者耦合机理进行分析，基于模型进行耦合协调度的实证分析。总体来看，这类研究都强调生态和经济的协调。三是路径研究。如何实现黄河流域高质量发展，学者基于不同的侧重点提出了不同的优化路径。有学者提出要推动流域内区域协同发展。例如，朱永明等提出，要重点在创新、收入、人才等方面推进协同发展以实现高质量发展。[④] 有学者提出从推动产业优化升级的角度促进高质量发展。韩海燕等评价了黄河流域制造业发展水平，指出制造业对流域高质量发展的推动。[⑤] 还有学者强调完善法治。法治体系为流域高质量发展保驾护航，在经济社会快速转型时期，完善高质量发展的

---

① 梁静波：《协同治理视阈下黄河流域绿色发展的困境与破解》，《青海社会科学》2020年第 4 期。

② 周清香、何爱平：《环境规制能否助推黄河流域高质量发展》，《财经科学》2020 年第 6 期。

③ 杨永春等：《黄河上游生态保护与高质量发展的基本逻辑及关键对策》，《经济地理》2020 年第 6 期。

④ 朱永明等：《黄河流域高质量发展的关键影响因素分析》，《人民黄河》2021 年第 3 期。

⑤ 韩海燕、任保平：《黄河流域高质量发展中制造业发展及竞争力评价研究》，《经济问题》2020 年第 8 期。

法治体系，可以更从容地应对新时期的挑战与机遇。四是时空演化。一些学者以实证分析对黄河流域高质量发展进行测度并分析时空演化规律，如徐辉等构建评价指标体系，运用熵权法测度黄河流域9省份的高质量发展水平，分析高质量发展的时空演进规律。① 也有学者采用曼奎斯特生产率指数测度黄河流域绿色全要素生产率，分析其动态演进趋势。②

三 文献评述

纵观现有文献，学者针对高质量发展及黄河流域高质量发展进行了有益探索。新阶段下，高质量发展在未来会受到越来越多的关注。不同学者对高质量发展的内涵理解虽各有不同，但具有相似性。高质量发展更加关注生态、民生，追求质量的提升，与新发展理念融会贯通。现有文献对本书具有重要指导意义，但仍具有一定局限性。

第一，现有高质量发展研究大多集中于省域层面③，对城市尺度的探究有待进一步挖掘。少有的流域类城市尺度高质量发展研究主要是针对中心城市④或城市群⑤视角，基于跨流域的城市尺度研究稍显不足。城市作为区域发展的核心，在时间推移下地区壁垒逐渐减小，相邻城市间的要素流动更加自由，空间溢出效应在城市尺度的作用更加明显，仅对省域尺度的分析不能满足黄河流域高质量发展实际情况。

第二，区域背景下溢出作用的探究较少。已有学者使用核密度方法刻画黄河流域高质量发展演进趋势，但仅探讨区域自身的发展变化，忽略了区域背景下的俱乐部趋同和溢出效应。⑥ 相邻地区间高或低密度的

---

① 徐辉等：《黄河流域高质量发展水平测度及其时空演变》，《资源科学》2020年第1期。

② 刘华军、曲惠敏：《黄河流域绿色全要素生产率增长的空间格局及动态演进》，《中国人口科学》2019年第6期。

③ 徐辉等：《黄河流域高质量发展水平测度及其时空演变》，《资源科学》2020年第1期。

④ 张国兴、苏钊贤：《黄河流域中心城市高质量发展评价体系构建与测度》，《生态经济》2020年第7期。

⑤ 马海涛、徐楦钫：《黄河流域城市群高质量发展评估与空间格局分异》，《经济地理》2020年第4期。

⑥ Mashisaf et al., "Does Geographical Addlomeration Foster Economic Growth? And Who Gains and Loses from It?" *Japanese Economic Review*, 2003, 54（2）：121-145.

地理分布会形成不同程度的集聚现象和溢出效应，并对经济本身产生影响。因此，有必要建立空间计量模型探究空间集聚现象和溢出效应，分析其对流域高质量发展以及绿色发展的影响。

实证篇之一
——河南绿色发展

第三章

河南省绿色发展评价

本章主要分析河南省绿色发展的效率和影响河南省绿色发展的因素，主要内容包括对河南省经济社会发展进行了叙述，分析了目前河南省资源利用和污染物排放的境况，运用基于非期望产出的全局参比 SBM 模型、基于生态文明规划中的污染排放指标对全省 17 个地级市 2007—2016 年的绿色发展效率进行了测算及分析。以绿色发展效率值为被解释变量，选取财政支出、城市化水平等七个内部影响因素为解释变量，基于面板 Tobit 回归模型，实证分析了河南省绿色发展效率的影响因素。以实证结果及分析为参考，为提升河南省绿色发展水平提出了对策建议。

第一节 河南省绿色发展研究的背景和意义

自 19 世纪 40 年代开始，世界经济在各个产业革命中得到了快速的发展，而经济发展的同时带来的生态环境问题也日益威胁着人类社会的健康有序发展。自全球十大公害以来，世界各国都逐渐认识到低效率、高成本的经济发展模式给自身带来的危害，人类开始在生态环境视角下探索新的经济发展模式。

20 世纪 60 年代以来，全球范围内对高污染、高消耗的经济发展模式开始了反思。人们开始质疑传统经济发展模式的可持续性。21 世纪，人类发展是世界发展的核心，绿色发展是人类发展的主题。绿色发展首先是由联合国开发计划署在《2002 年中国人类发展报告：让绿色发展成为一种选择》中所提出。2005 年，在联合国环境规划署和旧金山联合举办的"世界环境日"活动中，60多座城市的市长们签署了《城市环境协定——绿色城市宣言》。2009年，美国总统奥巴马提出了"绿色新政"，在国际经济危机的环境下，各国都积极推行绿色发展来摆脱经济危机并寻求新的发展机遇。2012年，各国在"里约+20"峰会中对绿色发展进行了广泛的讨论。

就中国而言，自改革开放以来，国内经济持续高速发展，人民生活水平得到不断提高，国内生产总值由1978年的3650亿元人民币增长为2017年的765873亿元人民币。然而，快速的经济发展导致了一系列环境污染和资源枯竭问题，环境与经济之间的矛盾日益突出，想要继续发展就必须转变经济发展模式。按照实现可持续发展的要求，中国政府在战略上先后提出了科学发展观、环境友好型和资源节约型社会、和谐社会、生态文明等发展理念。在具体行动上先后实施了循环经济、节能减排、低碳经济、绿色经济等转变经济发展的方式，这些都是绿色发展的雏形。2017年10月18日，习近平总书记在党的十九大所作的报告全面阐述了加快生态文明体制改革、推进绿色发展、加大生态系统保护力度、建设美丽中国的战略部署。党的十九大报告明确指出，我们要建设的现代化是人与自然和谐相处共生的现代化，既要创造物质财富与精神财富以满足人民日益增长的美好生活需要，也要提供优质生态产品以满足人民日益增长的优美生态环境需要。

在"美丽中国"的背景下，河南省提出了建设"美丽河南"的战略举措。纵观河南省改革开放后的发展历程，自1978年以来，河南省经济发展速度较快，GDP由1978年的162.92亿元增加到2017年的44552.83亿元，增长约272.5倍，人均GDP从232元提高到46674元。截至2017年河南省常住人口9559万人，常住人口城镇化率50.16%。绿色发展上，《中国绿色发展指数统计报告（2016）》显示，2010—2015年中国省际30个省（区、市）的评价中，河南省绿色发展指数排名较为靠后。国家统计局《2016年生态文明建设年度评价结果公报》显示，河南省绿色发展指数在属于中部地区乃至全国绿色发展水平较差的省份。河南省作为中部地区的典型省份，中国经济总量的大省、人口大省和环境污染大省，在"美丽中国"的背景下，河南省面临着绿色发展的艰巨任务，进行河南省的绿色发展效率评价和影响因素分析具有研究意义。

绿色发展理念是中国治国理政的新战略，彰显了中国国情与时代特征。学界亟须形成完善的绿色发展理论体系，在社会各界广泛参与的基础上构建出绿色发展评级指标体系及绿色发展指数，为政界及实业界绿色发展实践提供路径和指导。本章立足河南省，围绕绿色发展理论体系、实证评价及实践路径进行研究。研究旨在理论和现实上实现以下突破。

理论上，探求绿色发展的学源、学理，详细地阐述绿色发展的内涵、概念及其特征体系，构建科学、合理的绿色发展评价指标体系，评价河南省绿色发展现状。利用面板 Tobit 模型，计量分析绿色发展效率的影响因素。

现实上，探索绿色发展的路径，从绿色发展空间布局、治理体系、生产方式和生活方式等层面进行实践探索，指导河南省进行绿色发展的行动，大力推进河南生态省建设，最终实现美丽中国、美丽河南。

第二节 河南省绿色发展现状

一 河南省区域概况

（一）自然地理概况

河南省古称豫州、中原、中州，简称为"豫"，因其地理位置在历史上长期居于黄河以南，故称为河南。在中国地理区位划分中属于中部地区，位于中国中东部，地处黄河中下游。河南省地理面貌的总体特征是：东部平原，西部山区，山脉多数集中在河南省的西部、南部和西北地区：伏牛在西，太行在北，南有大别山、梧桐山。黄淮海平原分布于河南省的中部、北部和东部地区。南阳盆地位于河南省西南部。河南省所处纬度属于大陆性季风气候，年降水量在空间分布呈现出自东南向西北逐渐减少。在生态环境部发布的全国生态区划中，河南省属于东部湿润、半湿润生态大区，暖温带湿润、半湿润落叶阔叶林生态地区和亚热带湿润常绿阔叶林生态地区。河南省的自然地理特征明显呈现出过渡性，使河南省具有生态多样性、生物种群较丰富的特点，同时因气候变化复杂及地貌类型多元使得省内自然环境相对脆弱，生态承载能力相对较低。

（二）自然资源概况

河南省地跨黄河、长江、淮河、海河四大流域，总面积达到16.7万平方千米。其中有黄河流域3.62万平方千米、长江流域2.72万平方千米、淮河流域8.83万平方千米、海河流域1.53万平方千米，分别占河南省流域总面积的21.7%、16.3%、52.9%、9.1%。河南省有1030条流域面积在50平方千米以上的河道，其中213条隶属黄河流域，182条隶属长江流域，527条隶属淮河流域，108条隶属海河流域。

河南省现有林业用地47020.2平方千米，湿地面积11086.6平方千米，林木覆盖率23.77%，森林覆盖率17.32%。省内矿产资源比较丰富，属于矿产资源大省，目前，127种矿产资源在河南省内已被发现，其中，开发利用86种，河南省石油储量在中国排名第12位，天然气排名第17位，煤炭排名第8位。截至2015年年底，河南省拥有煤炭146.58亿吨，铁矿20.7亿吨，铝矿10.7亿吨，钼矿575.85万吨，金矿641.99吨，天然碱13498.67万吨等。

河南省水资源总体概况为西南区较多，东部平原地区较少。全省人均水资源量较低。省内河川径流量多年维持在302.67亿立方米，地下水资源量多年均值为196亿立方米，由于地表水和地下水重复计算的误差值为95.13亿立方米，所以河南省水资源总量多年均值为403.53亿平方米，其中省内地区长江、黄河、海河、淮河流域分别为71.2亿立方米、59.8亿立方米、27.6亿立方米、246.8亿立方米。中国水资源量为28124亿立方米，河南省仅占全国水资源总量的1.43%，在全国排名第19位。人均水资源量河南省为376立方米，亩均水资源量为331立方米，相当于全国人均及亩均水资源量的20%，排名第22位。不仅如此，河南省水资源分布不均衡，西南山区水量偏多，东北平原地区相对较少，造成了水资源分布与生产力布局以及土地资源分布极不均衡。平原地区不但人口密集，更是河南省乃至中国的粮食产量重地，而该区水资源异常匮乏，直接阻碍了该地区国民经济的发展以及人民生活幸福度的提高。其中面积占河南省40%、耕地占43%、人口占54.6%的豫北、豫东平原（安阳、鹤壁、新乡、郑州、商丘、许昌、漯河、开封、濮阳、周口十个市）水资源仅占河南省的30.6%，人均211立方米，亩均233立方米，而西部及南部山区（驻马店、信阳、三门峡、南阳、平顶山、洛阳、焦作、济源八个市）人均水资源量575立方米，亩均406立方米，总水资源量占全省的70%左右。河南省各省辖市水资源量如表3-1所示。

（三）社会经济发展概况

河南省在中国中部地区国民经济和社会发展中地位十分关键，河南省发展质量的优劣对中国整个经济社会发展起着重要的助推作用。自中国实行改革开放以来，河南省根据区位特点，大力发展社会经济、不断进行产业结构升级，经过一代代河南人的努力，经济总量与社会发展都有了令人瞩目的提升。

由于地理位置、政策扶持等优势，河南省农业发展一直优于全国平均水平。2017年河南省粮食生产总产量达到1194.64亿斤，较2016年增加5.38亿斤，连续12年粮食总产量在1000亿斤以上。河南省2016年农林牧渔业生产总值达7799.67亿元，同比增长4.5%，肉类总产量697万吨，牛奶总产量326.8万吨，肉类及牛奶产量继连续几年高速增长之后有较小幅度的下降。

郑州商品交易所是中国四大期货交易所之一，是经国务院批准成立的全国首家期货交易试点单位，全球小麦、棉花等农产品交易的参考价格主要来源于郑州商品交易所。

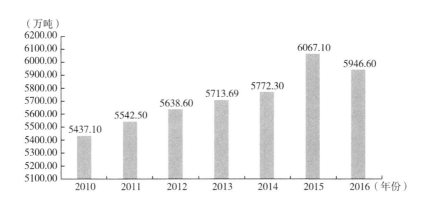

图3-1 2010—2016年河南省粮食产量

表3-1 河南省各省辖市水资源量

省辖市	平均面积（平方千米）	多年平均降水量（毫米）	平均地表水（亿立方米）	地下水（亿立方米）	重复计算量（亿立方米）	水资源总量（亿立方米）	人口（万人，2015年年底）	耕地（万亩，2014年年底）	人均水资源量（立方米）	亩均水资源量（立方米）
郑州	7534	626	8	11	5	13	770	614	171	215
开封	6262	659	4	8	0	11	517	179	222	640
洛阳	15230	675	26	15	12	28	700	424	406	670
平顶山	7909	819	16	8	5	18	544	712	337	258
安阳	7354	595	8	7	2	13	582	293	224	445
鹤壁	2137	629	2	2	1	4	163	69	227	537
新乡	8249	612	8	11	4	15	607	265	245	562
焦作	4001	591	4	5	2	8	371	648	204	117
濮阳	4188	668	2	4	1	6	392	488	145	116
许昌	4978	699	4	6	2	9	490	621	180	142
漯河	2694	772	3	4	1	6	279	1059	229	60
三门峡	9937	676	16	7	6	16	229	506	707	320
南阳	26509	826	62	26	19	68	1183	480	578	1425

续表

省辖市	平均面积（平方千米）	多年平均降水量（毫米）	平均地表水（亿立方米）	地下水（亿立方米）	重复计算量（亿立方米）	水资源总量（亿立方米）	人口（万人，2015年年底）	耕地（万亩，2014年年底）	人均水资源量（立方米）	亩均水资源量（立方米）
商丘	10700	723	8	13	1	20	909	284	218	696
信阳	18908	1105	82	29	23	89	870	1282	1018	691
周口	11958	752	13	17	3	26	1142	1423	232	186
驻马店	15095	897	36	21	8	49	905	1261	547	393
济源	1894	6683	2	2	1	3	70	1580	444	20
河南省	165537	771	303	196	95	404	10723	12189	376	331

资料来源：河南省水利厅。

中华人民共和国成立初期，河南省作为国家重点建设区域，拥有国家重点项目10项，之后又相继增加一大批能源和原材料项目，以此河南省建立了初步的现代工业基本框架，建成了一大批大中型骨干企业，如郑州棉纺厂、平顶山矿务局、洛阳拖拉机厂、焦作矿务局、郑州铁路局等。改革开放以来，随着中原油田、焦作铝电基地、洛阳石化基地等工业的发展以及神马、安钢、新飞等国有企业的日益壮大，同时民营企业的影响力也在逐步扩大，河南省工业布局更趋合理。虽然20世纪河南工业得到长足的发展，但总体实力依然很弱，而21世纪特别是最近几年，河南工业整体实力有了质的提升，工业门类覆盖了39个国民经济行业，形成了以电力、石油、机械、冶金、化工、天然气、煤炭、饮料、食品及烟草等一大批重点产业。工业化进程进入快速推进阶段，有色金属、水泥、平板玻璃、拖拉机、纱、卷烟、速冻食品等工业产品产量在全国位居前列，河南省与浙江、江苏、广东、山东成为全国工业大省。2016年，河南省规模以上工业增加值1.68万亿元，同比增长8%，比全国平均水平高2.0个百分点。全年高技术产业增加值增长15.5%，占规模以上工业的8.7%。高成长性制造业增长10.6%，占规模以上工业的48.4%。六大高载能行业增长6.1%，占规模以上工业的32.3%。

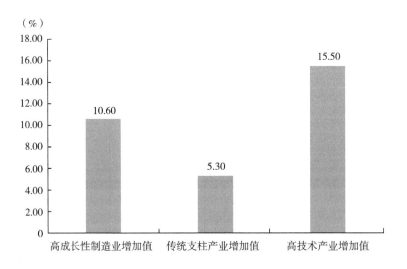

图3-2　2016年河南省三大工业类型增加值

　　河南省第三产业发展也影射着中国第三产业的发展，同第一产业和第二产业相比，第三产业发展起点低，基础薄弱，但速度惊人。特别是近些年来，河南省政府围绕建设服务业大省先后出台并相继实施了"服务业重点领域发展、加快发展生活性服务业促进消费结构升级、交通物流融合发展、中国（郑州）跨境电子商务综合试验区建设"等年度工作方案和专项行动方案，并针对服务业融合创新发展和新兴服务业培育，商讨研究并先后出台了促进融资租赁业、服务外包产业发展和医疗卫生与养老服务相结合的实施意见，目标任务更为明确，责任分工更为细化，服务业得到了全方位、宽领域、多层次提速提质增效发展，且成绩显著。2016 年，在相关政策的出台实施下，河南省的服务业发展态势十分迅猛，服务业增速以及占比持续上升，增长值达到 16818.3 亿元，同比增长 9.9 个百分点，分别高于全国服务业增速、河南省第二产业增速、河南省地区生产总值 3.2 个、2.4 个、1.8 个百分点，河南省地区生产总值中服务业增加值占比 41.8%。当年服务业固定资产投资19298.7 亿元，同比增长 17.1%，比全省第二产业投资增速以及全省固定资产投资增速分别高 8.1 个、4.6 个百分点，占全部投资比例高达48.5%，较第二产业投资高 2.0 个百分点，"三二一"的投资结构格局已经初步形成。

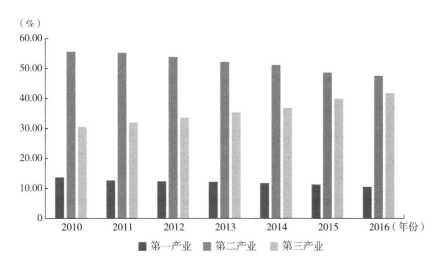

图 3-3　2010—2016 年河南省三次产业增加值占地区生产总值比重

二 河南省资源利用和环境概况

(一) 河南省自然资源利用现状

河南省在中国属于人口大省，资源种类繁多，但人均资源量较少。能源矿产有煤、天然气、石油、油页岩、放射性铀、地热等。大部分煤炭资源分布在豫中、豫北和豫西地区。天然气、石油资源主要分布在南阳盆地和沿黄河下游的冲积平原等地。

河南省是传统的农业大省和工业大省，但水资源量明显匮乏。河南省占全国水资源总量的1.43%。人均水资源量河南省为376立方米，亩均水资源量为331立方米，相当于全国人均及亩均水资源量的20%。并且河南水资源分布特征为山区较多，而对水资源需求量更大的平原地区水资源分布较少，在一定程度上阻碍了河南经济社会的发展。

上面数据选取的是河南省17个地级市2011—2016年单位GDP能耗均值和单位GDP用水量的均值。表3-2中数据显示，河南省17个地级市中只有郑州、新乡、漯河、许昌、商丘、驻马店六个地级市两项均值比较接近，如周口的单位GDP能耗最低，但单位GDP用水量较高，而三门峡市年均单位GDP用水量在较高，但年均单位GDP能耗较高。表中单位GDP用水量前5位的是濮阳、信阳、开封、新乡和周口，除了信阳以外，其余4个城市都属于河南平原地区，人均水资源量较小且用水效率低下，需要改进农业灌溉技术，推进绿色农业并发展高附加值产业。

表3-2 2011—2016年河南省各地级市单位GDP能源消耗及用水量情况

地区	单位GDP能耗（吨/万元）	单位GDP用水量（立方米/万元）
郑州	0.62	19.67
开封	0.60	90.50
洛阳	0.78	37.17
平顶山	1.02	58.33
安阳	1.20	65.83
鹤壁	1.17	62.00
新乡	0.86	87.17
焦作	0.98	67.50

续表

地区	单位 GDP 能耗（吨/万元）	单位 GDP 用水量（立方米/万元）
濮阳	0.92	120.17
许昌	0.67	31.33
漯河	0.77	38.50
三门峡	0.97	30.83
南阳	0.51	72.50
商丘	0.81	75.17
信阳	0.69	94.33
周口	0.47	86.67
驻马店	0.69	59.50

资料来源：《河南省统计年鉴》（2012—2017 年）及《河南省水资源公报》。

从图 3-4 和图 3-5 中我们可以看出：河南省各地级市单位 GDP 能耗和用水量普遍呈现下降趋势，也有部分城市在个别年份有所波动，但整体上表现良好。河南省应该利用自身特点，突破资源禀赋限制，在中国新时代和"美丽河南"建设时期中，大力推进供给侧结构性改革，推进产业优化升级，提升河南省绿色发展水平。

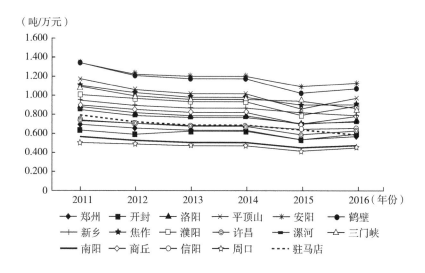

图 3-4 河南省各地级市单位 GDP 能耗

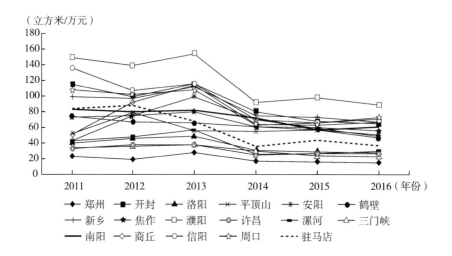

图 3-5　河南省各地级市单位 GDP 用水量

（二）河南省环境污染物排放状况

中国改革开放政策出台之后，河南省在历史机遇面前奋勇前进，大力发展经济，建设中国强省。河南省 GDP 在改革开放开始之初只有162.9 亿元，这一数字在 2017 年上升到 44988.16 亿元，增加了 275 倍。河南省工业增加值 1978 年为 59.2 亿元，2017 年为 21449.99 亿元，增加了 361 倍。河南省能取得这样的成就一方面离不开河南人民对幸福生活的向往，另一方面也需要环境质量某种程度上的牺牲。河南省在1995—1999 年，GDP 增长还比较缓慢，这个时期的环境有害物质排放量的增长也比较缓慢，但是进入 21 世纪之后，河南省各种污染物排放量呈现急剧上升的现象，河南省工业废水、废气、废弃物在"十一五"和"十二五"时期的排放量增长速度惊人，这个时期的河南省经济上升速度也是与污染物排放上升势头相符，污染物的急剧增加很大程度上与河南省产业结构偏重有关联。河南省近些年开始注重环境保护和治理工作，取得了很好的成绩，但环境质量现状仍然不够乐观。

从表 3-3 所统计的 4 种环境污染物排放量数据可以看出，省会郑州市综合排放量最低，而郑州、洛阳、南阳、许昌四个地级市 GDP 水平较高，这可能与这些地级市产业结构、环境治理技术、绿色发展理念等有关，经济水平高更让这些城市有能力和条件去投资绿色市场、加大环境治理尺度、减少污染排放总量。同时可从表3-3看出，鹤壁市四项污染物排放量较高，生产总值不高，可能与鹤壁市产业结构偏重，产业结构升级速度缓慢，环境治理力度较小有关。

表3-3 2011—2016年河南省各地级市单位污染物排放情况

地区	COD排放总量（吨/万元）	氨氮排放总量（吨/万元）	二氧化硫排放量（吨/万元）	氮氧化物排放量（吨/万元）
郑州	0.0017	0.00023	0.0020	0.0035
开封	0.0060	0.00058	0.0045	0.0040
洛阳	0.0023	0.00025	0.0053	0.0053
平顶山	0.0043	0.00050	0.0064	0.0063
安阳	0.0045	0.00051	0.0081	0.0063
鹤壁	0.0077	0.00072	0.0075	0.0099
新乡	0.0048	0.00050	0.0038	0.0055
焦作	0.0035	0.00030	0.0040	0.0063
濮阳	0.0055	0.00051	0.0024	0.0058
许昌	0.0033	0.00035	0.0028	0.0044
漯河	0.0048	0.00056	0.0027	0.0030
三门峡	0.0025	0.00029	0.0111	0.0078
南阳	0.0039	0.00047	0.0031	0.0041
商丘	0.0068	0.00058	0.0019	0.0036
信阳	0.0044	0.00056	0.0024	0.0037
周口	0.0072	0.00081	0.0015	0.0051
驻马店	0.0085	0.00091	0.0029	0.0035
河南省平均值	0.0045	0.00049	0.0042	0.0052

资料来源：《河南省统计年鉴》和《河南省环境统计年报》。

三 绿色发展效率的研究方法与模型选择

（一）绿色发展效率的研究方法

1. 综合指数评测方法

综合指数评测方法能够对于多指标、多单位同时测评，是使用比较规范和系统的评测法。1999年，中国科学院可持续发展小组提出中国可持续发展指标体系，这一指标体系被广泛运用系统理论和方法来构建指标体系。中国学者近些年来根据中国地区差异化的特点，提出了适合不同区域和不同研究尺度的评测体系，针对不同的研究对象进行指标分类，对各地区的绿色发展水平进行了有效评估。2010 年，北京师范大学经济与资源管理研究院联合国家统计局中国经济景气监测中心、西南财经大学发展研究院以经济增长绿化度、政府政策支持度、资源环境承载潜力面为基点，提出了 9 个二级指标、55 个三级指标，这一指标体系是中国第一个用于省际比较的系统的绿色发展指标体系。在《中国绿色发展指数报告（2011）——区域比较》一书中，三所单位又将省际指标体系的三级指标由 55 个扩大到 60 个，2012 年在省际评价指标体系的基础上又增加了中国城市绿色发展指数指标体系，由 3 个一级指标、9 个二级指标、44 个三级指标构成，用于测算全国 100 个主要城市的绿色发展水平。刘西明用资源节约、环境保护、经济增长速度三个维度，选取了人均 GDP、人均二氧化硫排放量、人均烟尘排放量、人均氮氧化物排放量、单位 GDP 能耗 5 个评价指标，对 2000—2011 年中国绿色发展状况进行测度，指出中国随着经济的发展，资源能源消耗逐步减少，并认为环境保护工作不能松弛，需加强对生态的重视。[1]

张焕波通过借鉴国外研究成果，结合中国国内经济形势，以便于操作、可量化原则构建了中国省级绿色经济指标体系，以绿色转型驱动、资源环境可持续、社会经济发展为维度，选取了三级指标 14 个，四级指标 33 个，提出中国各省份绿色经济发展差异性较大。[2] 向书坚和郑瑞坤设定了绿色消费指数、绿色生产指数、生态健康指数 3 个二级指标，又相应地衍生了三级指标 8 个，选取可量化的四级指标 70 个对中国"十一五"时期绿色发展情况进行测度，指出了中国绿色经济发展水平较低，绿色化进程需要政府、社会和人民共同努力来推进。[3]

2. 环境库兹涅茨曲线

库兹涅茨曲线最初是由美国经济学家、诺贝尔经济学奖获得者西蒙·史密斯·库兹涅茨于 20 世纪 50 年代提出。其倒"U"形曲线表示收入不均随着经济的发展呈现先升后降的现象。20 世纪 90 年代初，美国经济学家 Krueger 和 Grossman 对于美国人担心在北美自由贸易区谈判

---

① 刘西明：《绿色经济测度指标及发展对策》，《宏观经济管理》2013 年第 2 期。
② 张焕波：《中国省级绿色经济指标体系》，《经济研究参考》2013 年第 1 期。
③ 向书坚、郑瑞坤编著：《绿色经济核算》，中国环境出版社 2016 年版。

中自由贸易恶化墨西哥环境进而影响本国环境的问题，实证研究了人均收入和环境质量的关系，认为"在低收入阶段时，污染随着人均 GDP 的增加而增加，在高收入阶段，污染随着人均 GDP 的增加而减少"。[1] 1992 年《世界发展报告》以"环境与发展"为主旨，进一步加大了环境质量与收入之间联系的研究。1993 年 Theodore Panayotou 将这种人均收入和环境质量之间的倒"U"形关系称为环境库兹涅茨曲线（Environment Kuzents Curve，EKC）。其内在逻辑是，当一个社会或国家处于发展阶段的初期时，经济总量较小，社会生产活动总量较小，生活垃圾、工业废弃物等对环境有害的物质排放量较少，这时通过生态系统的自循环就可以将污染物净化。[2] 随着社会经济，尤其农业及工业的迅速发展，生态系统的自循环能力低于人类社会生产活动所产生的危及环境的危害能力时，环境状况会在这一阶段严重恶化。随着社会进一步的发展，人们的生态意识普遍加强，环境监理、环境治理、环境修复等方面的工作日趋完善，新技术、新能源以及新的发展模式被广泛采用，这一阶段，生态环境会修复并有益于经济社会的发展。

环境库兹涅茨曲线的提出激起了大量学者对环境质量与经济收入之间联系的讨论，但是学者也逐渐发现，EKC 曲线也存在自身的理论缺陷，如 EKC 的研究只是假定经济对环境的单向作用，而对环境对经济增长的反作用没有重视；数据指标选取客观性不足，因为影响生态环境的因子很多，EKC 只是重视了人均收入而忽视了诸如产业结构、贸易状况、技术水平、国家政策等因素，易造成变量遗漏模型不完善以及计量偏差等问题。

3. 数据包络分析法

数据包络分析法（Data Envelopment Analysis，DEA）属于管理科学、运筹学和数理经济学交叉学科，DEA 是在多投入、多产出要素的条件下，用线性回归法对具有可比性的指标分析决策单元效率的一种数

---

[1] Grossman G. M. , Krueger A. B. , "Environmental Impacts of the North American Free Trade Agreement", NBER Working Paper, No. 3914, 991.

[2] Theodore Panayotou, "Empirical Tests and Policy Analysis of Environmental Degradation at Different Stages of Economic Development", International Labour Office, Technology and Employment Programme, Working Paper, 1993, WP238.

量分析法。DEA 模型由美国运筹学家 Charnes 和 Cooper 在 1978 年提出，最初的 DEA 模型，即 CCR-DEA 模型用于在规模报酬恒定的条件下进行效率的测算，之后经过 1984 年的美国学者班科 R. D. 对规模报酬可变的改进提出 BCC-DEA 模型，1993 年安德森提出了 Super-DEA 模型使 DEA 分析方法进一步得到完善。DEA 模型由于不需要计算关于各变量的参数估计和设定具体的生产函数，具有快速、高效、简便的特征而被各类学者运用到学术研究中。

数据包络分析法基本原理是构筑最优生产的生产可行性区域，此区域是按照 DEA 原理模拟的一个曲面，利用数学中的线性关系对每一个决策单元（Decision Making Unit，DMU）互相比较，进而通过测算各决策单元到可行性区域的距离来评价是否具有效率。后来在大量学者努力下，DEA 方法日臻完善，利用计算公式测算投入与产出的冗余度，对无效的决策单元进行改进、提高效率。下面举简单例子来说明数据包络分析法的基本原理，如图 3-6 所示，共有 5 个 DUM：a、b、c、d、e，每个决策单元需要两种投入，获取产出。图中的等产量曲线由不同线段组成，可以把等产量曲线视为生产可行性区域或者最优生产点。当各个 DUM 的落点位于生产可行性区域之上时，视为有效的决策单元，例如 a、b、c、d 皆为有效的 DUM，而如果 DUM 的落点在生产可行性区域之外，则认为这个决策单元是无效的，如函数图像中的 e 点。

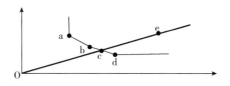

图 3-6　数据包络分析法函数

根据数据包络分析法原理，决策单元 e 的效率可表示为 od/oe，而 oe 大于 od，故 e 点效率比 1 小，相对于决策单元 a、b、c、d 来说，e 点是无效率的，当 e 通过增进产出比时，od=oe，即使决策单元 e 处于生产可行性区域内，决策单元 e 为有效 DUM。由图 2-1 可看出决策单元 a 与 e 有同样的产出，但 e 点比 a 点的投入更多，所以 e 点是无效率的，a、b、c、d 虽处于可行性生产区域的不同位置，但同为有效率，由此可见在可行性生产区域内的投入产出并非固定不变，不同的有效率决策单元有各自的投入与产出关系。

（二）测算模型选择

选择用数据包络法来测算河南省绿色发展效率。非参数 DEA 模型的主要形式有：

1. BCC 模型

该模型的特点是规模报酬不变情况下的效率测算。BCC 模型设定含 n 个决策单元，不同的决策单元包含 m 个投入变量和 k 个产出变量。那么对于第 i 个 DMU，x_i 与 y_i 分别为投入与产出列向量，X 与 Y 分别为 $(m×n)$ 阶投入矩阵与 $(k×n)$ 阶产出矩阵，则由式（3-1）、式（3-2）可知第 i 个 DMU 的综合效率 δ_i 及技术效率 θ_i 为：

$$\max \quad \lambda, \ \delta_i \delta_j \quad \text{s.t.} \ -\delta_i y_j + Y\lambda \geq 0; \ x_i - X\lambda \geq 0; \ \lambda \geq 0 \qquad (3-1)$$

$$\max \quad \lambda, \ \theta_i \theta_j \quad \text{s.t.} \ -\theta_i y_j + Y\lambda \geq 0; \ x_i - X\lambda \geq 0; \ n'_1 \lambda = 1; \ \lambda \geq 0 \qquad (3-2)$$

其中 $n'_1 \lambda = 1$ 为前沿面设定凸性限制，表示可变规模报酬。λ 为 $(n×1)$ 常向量，n_1 为 n 维单位向量。通过"规模效率=综合效率/技术效率"这一关系则得到各 DMU 的规模效率。

2. CCR 模型

CCR 模型指的是规模报酬不变情况下的 DEA 模型。与 BCC 模型相比，CCR 模型去掉了 $n'_1 \lambda = 1$ 的条件设定凸性限制。由式（3-3）、式（3-4）可知第 i 个 DMU 的综合效率 δ_i 及技术效率 θ_i 为：

$$\max \quad \lambda, \ \delta_i \delta_j \quad \text{s.t.} \ -\delta_i y_j + Y\lambda \geq 0; \ x_i - X\lambda \geq 0; \ \lambda \geq 0 \qquad (3-3)$$

$$\max \quad \lambda, \ \theta_i \theta_j \quad \text{s.t.} \ -\theta_i y_j + Y\lambda \geq 0; \ x_i - X\lambda \geq 0; \ \lambda \geq 0 \qquad (3-4)$$

3. SBM 模型

CCR 模型和 BCC 模型两者都是属于径向的和角度的。Tone Kaoru 在两模型的基础上提出了一种非径向和非角度的、基于松弛变量的测度模型 SBM 模型，创新地添加了非期望产出变量，使传统 DEA 模型无法测度环境污染的空白得以填补。

采用改进后 SBM 模型对河南省绿色发展效率进行分析：SBM 模型假定有 n 个决策单元，每个决策单元都有 m 种投入、k 种期望产出和非期望产出，投入、期望产出、非期望产出分别表示为 $x \in R^m$，$y^g \in R^{s_1}$，

$y^b \in R^{s_2}$，其定义矩阵表达如下：

$$X = \left[(x_1, x_2, \cdots, x_n) \right] \in R^{m \times n}$$

$$Y^g = \left[(y_1^g, y_2^g, \cdots, y_n^g) \right] \in R^{s_1 \times n}$$

$$Y^b = \left[(y_1^b, y_2^b, \cdots, y_n^b) \right] \in R^{s_2 \times n}$$

设定 $X>0$，$Y^g>0$，$Y^b>0$，则生产可能集是：

$$P = \{ (x, y^g, y^b) \mid x \geq X\lambda, \ y^g \geq Y^g\lambda, \ y^b \geq Y^b\lambda \} \tag{3-5}$$

式（3-5）中，λ 为权重向量，$\lambda \in R^n$。

由 Tone 提出的基于全局参比的含有非期望产出 SBM 模型结合本章所研究的对象，[①] 设定模型如下：

$$\rho^* = \min \frac{1 - \dfrac{1}{m}\sum_{i=1}^{m}\dfrac{S_i^-}{x_{i0}}}{1 + \dfrac{1}{S_1+S_2}\left(\sum_{r=1}^{S_1}\dfrac{S_r^g}{y_{r0}^g} + \sum_{r=1}^{S_2}\dfrac{S_r^b}{y_{r0}^b}\right)}$$

s. t.

$$\sum_{i=1}^{10}\sum_{j=1}^{17} x_{ij}^t\lambda_j^t + s_i^- = x_{ij0}^0, \ i = 1, 2, \cdots, m$$

$$\sum_{i=1}^{10}\sum_{j=1}^{17} y_{ij}^t\lambda_j^t + s_i^y = y_{ij0}^{t^0}, \ r = 1, 2, \cdots, s_1$$

$$\sum_{i=1}^{10}\sum_{j=1}^{17} b_{ij}^t\lambda_j^t + s_u^b = b_{uj0}^{t^0}, \ u = 1, 2, \cdots, s_2$$

$$s_i^- \geq 0, \ s_i^y \geq 0, \ s_u^b \geq 0, \ \lambda_j^t \geq 0 \tag{3-6}$$

上式中，投入及产出的松弛变量表示为 s，λ_j^t 是权重，非期望产出冗余为 s_u^b，投入冗余为 s_i^-，期望产出的不足表达为 s_r^y，j^0、t^0 分别表示评价城市和年份。ρ^* 是三个松弛变量严格递减的目标函数，仅 $s_i^- = s_u^b = s_r^y = 0$ 时，函数是有效率的，即处于生产可能性前沿面上。反之，则是无效率的，存在改进空间。

（三）数据与指标选取

通过梳理相关文献和查阅国家"十三五""十四五"规划文件，本

---

① Tone K.，"A Slacks-bosed Measure of Efficiency in Data Envelopment Analysis"，*European Journal of Operational Research*，2001. 130（7）：498-509.

章选取了河南省 17 个地级市 2007—2016 年面板数据作为效率测算的样本，需要说明的是，这里之所以选取 17 个地级市为考察对象而没有将济源市纳入其中的主要原因在于，在处理数据时，济源市的各项数据均表现出离群值的特征，综合考虑之后，选取了 17 个地级市为考察目标。数据来源于《中国城市统计年鉴》《河南省环境统计年报》《河南统计年鉴》以及各地市统计部门的官方数据。

法国著名的古典经济学家萨伊提出的生产要素理论包含着劳动、资本和土地。本章在测度河南省绿色发展效率时，不仅包含劳动、资本及土地，还纳入了能源消费量、水资源使用量投入指标。而新经济增长理论忽视了资源环境的约束，造成了经济效率与社会福利的扭曲。因此本章在绿色发展效率测度的指标中选择了"十三五"规划中国家明确规定的四大污染排放物作为非期望产出。

本章运用全局参比含非期望产出的 SBM 模型，以劳动力、资本存量、能源消费量、水资源使用量、土地面积作为投入指标，以生产总值 GDP、COD（化学需氧量）、氨氮排放、二氧化硫和氨氮化物排放分别为期望产出和非期望产出指标。

1. 劳动力

劳动力即人的劳动能力，作用于生产资料而创造出价值，劳动力一直以来都是现代经济学的重点研究对象，是物质资料生产中不可缺少的重要因素。本章用各地级市年末全社会从业人员作为劳动力投入指标。

2. 资本存量

资本有着存量和流量之分，存量是现存的全部资源总和，流量是一段时间内投资所累积变动的量，资本流动活力由二者来衡量。本章以全社会固定资产投资总额表征资本投入。

3. 能源消费量

能源是国民经济的重要物质基础，能源的开发和有效利用程度涉及资源的持续性，能源消费量是生产技术和经济效率的重要标志。本章选取河南各地级市每年规模以上企业能源消费量为投入指标。

4. 水资源使用量

水资源是被人类广泛开发利用的资源，随着生产技术的进步和多目的、综合开发利用水资源的要求，水资源的使用要兼顾经济效益、社会效益和环境效益。本章选取河南各区市每年的用水总量为代理变量，包括农业灌溉、工业用水、生活用水和淡水养殖等。

5. 土地投入

梳理文献发现，土地投入指标多采用城市建成区面积。

6. 期望产出

目前的相关文献研究中，产出有增加值、总产值和净产值三种衡量指标。由于本章的投入指标中能源作为中间投入，所以选取平减之后的各地区生产总值作为期望产出。

7. 非期望产出

COD（化学需氧量）、氨氮排放、二氧化硫和氨氮化物排放量四类污染物是目前学者共识的污染指标，结合污染数据的可得性原则，采取以上4类污染物指标。各指标的描述性统计，如表3-4所示。

表3-4　　　　　　　　2007—2016年各市的投入和产出数据

	最大值	最小值	平均值	标准差
（I）从业人员（万人）	723.01	83.80	370.89	176.39
（I）总固定资产投资（亿元）	6998.64	161.78	1251.86	1029.32
（I）规模以上企业总能耗（万吨标准煤）	2268.31	126.77	833.15	499.75
（I）用水量（亿立方米）	25.20	3.35	13.17	5.40
（I）市辖区建成区面积（平方公里）	437.60	28.00	98.06	78.05
（O）以2006年为基期实际GDP（亿元）	6041.30	264.01	1421.68	953.68
（O）COD排放总量（万吨）	12.98	0.45	5.35	2.95
（O）氨氮排放总量（万吨）	1.49	0.06	0.60	0.31
（O）二氧化硫排放量（万吨）	29.27	0.66	6.82	5.26
（O）氮氧化物排放量（万吨）	21.61	0.77	7.10	3.98

四　河南省各地级市绿色发展效率测评

根据本章所选取的数据、指标以及 Tone 提出的基于全局参比的含有非期望产出 SBM 模型，[①] 利用 MAXDEA 软件对数据进行处理，得到

---

　　① Tone K. , "A Slacks-bosed Measure of Efficiency in Data Envelopment Analysis", *European Journal of Operational Research*, 2001.130（7）：498-509.

表 3-5 的测算结果。

表 3-5 SBM 非期望产出的全局参比测算结果

年份 城市	2007	2008	2009	2010	2011	2012	2013	2014	2015	2016	均值
郑州	1.000	1.000	0.823	1.000	1.000	0.736	1.000	0.799	0.669	1.000	0.903
开封	1.000	1.000	0.546	0.697	0.532	0.440	0.395	0.365	0.373	1.000	0.635
洛阳	1.000	1.000	0.842	1.000	1.000	0.809	0.789	0.744	0.677	1.000	0.886
平顶山	0.609	0.700	0.685	0.644	0.614	0.487	0.465	0.444	0.441	0.685	0.577
安阳	0.389	0.406	0.396	0.416	0.526	0.389	0.402	0.385	0.389	0.480	0.418
鹤壁	0.319	0.331	0.313	0.320	0.427	0.374	0.397	0.388	0.403	0.485	0.376
新乡	0.307	0.299	0.286	0.306	0.450	0.377	0.375	0.391	0.405	0.539	0.373
焦作	0.420	0.427	0.425	0.433	0.745	0.567	0.599	0.575	0.539	0.573	0.573
濮阳	0.806	1.000	1.000	1.000	1.000	0.389	0.481	0.463	0.494	1.000	0.763
许昌	1.000	1.000	1.000	1.000	1.000	0.774	1.000	1.000	1.000	1.000	0.977
漯河	1.000	0.711	0.651	0.692	1.000	0.767	1.000	1.000	1.000	1.000	0.882
三门峡	0.605	0.600	0.522	0.588	1.000	0.880	1.000	1.000	1.000	1.000	0.820
南阳	1.000	0.873	0.714	0.776	1.000	0.589	0.591	0.529	0.547	0.762	0.762
商丘	0.483	0.455	0.441	0.434	1.000	0.526	0.545	0.518	0.566	1.000	0.597
信阳	0.399	0.352	0.311	0.329	0.434	0.358	0.365	0.380	0.399	1.000	0.433
周口	1.000	1.000	0.902	1.000	1.000	0.810	1.000	1.000	0.678	1.000	0.939
驻马店	0.859	0.690	0.670	0.668	0.623	0.468	0.507	0.456	0.446	0.560	0.595

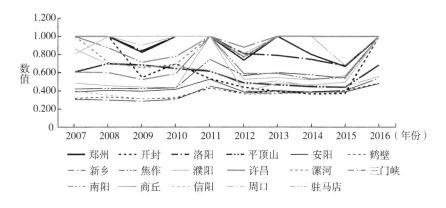

图 3-7 SBM 模型各地级市测算结果趋势

从 SBM 模型测算结果及图 3-7 可以看出，河南省各地级市绿色发展效率 2006—2016 年基本呈稳定缓慢上升趋势，这在一定程度上与河南省整体经济发展以及环境治理政策力度相关。也可以看出，河南省绿色发展效率值出现时间段波动现象，2008—2010 年出现小幅度的下滑，这在一定程度上与全国经济下滑、国际金融危机有联系，2010 年又出现了大幅度上涨趋势，这与中央投资 4 万亿元来刺激市场有很大联系，而 2016 年绿色效率值与党中央环境保护强制政策和河南省政府及各地级市关于环境治理的种种措施有密切关联。整体结果跟预期结果基本吻合，其中新乡市、焦作市、安阳市绿色发展效率值排名落后也从一定程度上反映出这些城市近些年严厉的环境治理政策。另外需要说明的是，开封市绿色发展指数表现异常，2007—2016 年表现出较大的波动，但是通过观察数据可以发现，2009 年之后，开封市的投入指标固定资产投资出现较大幅度变动，而期望产出 GDP 增长的幅度并没有与之相匹配，并且非期望产出中的二氧化硫、二氧化氮的排放量在 2009 年之后出现了爆发式增长，如二氧化硫排放量由 2008 年的 1.55 万吨增加到 2015 年的 6.14 万吨，二氧化氮排放量由 2008 年的 0.77 万吨增加到 2015 年的 4.05 万吨，二氧化氮排放量的峰值更是达到 2011 年的 5.74 万吨，如此的状况也出现在濮阳市，如固定资产投资由 2011 年的 474.22 亿元增加到 2012 年的 761.89 亿元，此后每年几乎保持 200 亿元的增加，濮阳市的四大污染物排放量中的化学需氧量以及二氧化氮的排放量都在 2011 年出现成倍增加。2016 年政府关于环境的严格规制使开封市以及全省的绿色发展指标表现出强有力的回升。

依据河南省绿色发展效率值，可以将河南省 17 个地级市按绿色发展效率值划分为高、中、中低、低四个等级。

（一）投入产出高效率区域

从图 3-7 中可以看出，绿色发展效率值前五名的地级市分别为许昌、周口、郑州、洛阳、漯河，其地理位置集中在河南中部地区，这在一定程度与各地的经济地理特征有关，各个城市虽然发展模式各不相同，但地区生产总值排名均在河南省前半部分，生产要素投入更趋合理，更注重环境保护投资以及污染物的处理。特别是绿色发展效率值排名全省第一的许昌市，近些年来保持着低投入、高期望产出、低非期望产出的特征。周口市各年份投入、期望产出和非期望产出均不突出，但是相较于其他城市，投入产出是有效率的。而郑州市的特点是较高投入、最高的期望产出和较高的非期望产出。这些排名靠前的城市通过增长方式的改变、环境保护投入及环境技术水平提高使其绿色发展效率值较高。

（二）投入产出中效率区域

中效率地区包括南阳市。南阳市的地区生产总值近十年来一直保持在河南省第三位，排在郑州和洛阳之后，但通过数据可以看出，南阳资源投入项中用水量近十年一直居于最高位，COD 排放量与氨氮排放量在 2007—2010 年也是居于河南省 17 个地级市中最高位，工业污染居高不下，能源消费结构不尽合理，使南阳市经济发展和环境承载力不足的矛盾比较突出。需要加快产业转型升级步伐，增加环保投入和基础设施建设，提高资源利用效率，进而提高经济、社会、环境协调系统的稳定性。除南阳市之外，中效率地区还包括三门峡、濮阳和开封等地级市，四个城市的绿色发展效率值均在 0.6 以上。分析三门峡、濮阳和开封三个城市的数据可以发现，三者在生产要素投入、期望产出以及非期望产出三个方面均位于全省排名后半部分，这些城市应注重提高资源利用效率、加快经济发展的同时注重环境保护政策及技术的完善升级。

（三）投入产出中低效率区域

中低效率区域指绿色发展效率值在 0.5—0.6 的地级市，包括商丘市、驻马店市、平顶山市、焦作市四个城市。驻马店、商丘两个城市从业人员数量在全省排名分别为第三和第四，而 COD 排放量与氨氮排放量等污染物排放总量也属于较多城市，特别是 2012 年之后，两城市的污染物排放量排在了河南省的前几位，但地区生产总值排名较为落后，因此绿色发展水平较低。而平顶山、焦作两个城市的能源消耗量，特别是煤炭能源消耗量比重较大，污染气体二氧化硫和氨氮排放量较多，造成了两个城市的绿色发展效率值较低。

（四）投入产出低效率区域

低效率区域指绿色发展效率值在 0.5 以下的区域，包括信阳、安阳、鹤壁、新乡四个城市。四个城市的地区生产总值排名有先有后，但是相较于河南省其他 13 个地级市可以发现，信阳、安阳、鹤壁和新乡都属于生产资料投入较多、期望产出较低、非期望产出较多，属于低效率的绿色发展区域。经济的增长仍是依靠能源消耗和损害生态环境为代价，这些城市应提高能源的利用效率，根据自身特点发展高附加值产业，根据市场调节减少重工业，发展第三产业，河南省政府可以出台相应的区域发展政策去提高这些地区的绿色发展效率。

第三节　河南省绿色发展效率影响因素分析

本部分对河南省绿色发展效率的影响因素进行探索研究，为河南省的绿色发展水平提升提供理论依据。

一　影响因素指标选取

通过梳理相关文献，借鉴前人的研究成果，发现很多学者在研究绿色发展的影响因素时多频率地将城市综合发展水平、三次产业结构、经济发展状况、贸易开放情况以及政策引导等考虑其中。城市综合发展水平代表着该区域的社会状况，包括经济发展情况及社会文明发展态势。三次产业结构可以从一定程度反映一个城市的绿色发展状况，贸易开放情况可以测算区域对外贸易以及国外资金在本地投资对该地生态环境带来的影响。政府政策以及政府规模可以很好地调节生态环境与经济发展的耦合性。考虑到数据的可得性以及统计标准化，本节从财政支出、城市化水平、工业比重、进出口依存度、国外资金投资额、教育投入、人均地区生产总值七个角度进行绿色发展的影响因素分析。

（一）财政支出

经济的外部性特征使政府需要承担环境治理的重大责任，而财政支出状况可以衡量一个政府的综合能力水平，可以考察政府环境治理的能力，同时也是区域经济环境协调发展的综合体现。预期财政支出对绿色发展效率的影响为正。

（二）城市化水平

中国国民经济社会发展状况的质量体现城市化水平，河南省也不例外，城市化水平的高低可以衡量经济体的发展状况和效率水平，而城市化进程中各种问题的凸显也成为不同学科研究的焦点。而河南省正处于快速城镇化进程中，经济、社会、环境等问题已经开始凸显出来。因此，预期城市化水平对绿色发展的影响为负。

（三）工业比重

经济的发展靠三大产业，社会发展的一般规律可以从三次产业比重中考察出来。一般来说，当经济体在初级阶段时，农业比重会高于工业和第三产业的比重，例如工业革命前的世界经济体普遍状况，当经济社会随着时间、科技、人文、政治等的发展不断进化时，工业比重会超过农业、服务业比重，人类社会进入工业革命时代。工业时代是人类社会与自然环境系统最不和谐的阶段，工业的高速发展给环境带来了严重的损害。随着资本的积累、人类思想文明的发展，第三产业的比重成为一个经济体发展质量而不是数量的主要指标。预期工业比重对绿色发展的影响为负。

（四）进出口依存度

改革开放政策的推行使中国经济的大门对世界开放，中国经济特别是沿海城市经济在改革开放的初期得到高速发展，这其中离不开外商在沿海城市的投资以及沿海城市商品的进出口，最近十几年，内陆城市的招商引资和进出口贸易也发展得如火如荼。进出口贸易能够提升生产要素的流动性，同时对经济体的资本积累起到了提升的作用。进出口依存度对绿色发展效率的影响不确定。

（五）国外资金投资额

经济全球化的快速发展使各个分散的经济体日臻凝聚在一起，每个地区不可避免地参与进去，同时又要抓住机遇在全球化的浪潮中发展自身。经济一体化带来了产业的全球化，而产业的地区转移需要考虑成本收益等因素，关于产业承接地变身"污染天堂"的假说一直伴随着产业转移进而被不断研究。但现今已有大量研究显示不支持假说"污染天堂"。本章对国外资金投资额对绿色发展效率的预期影响为不确定。

（六）教育投入

教育可以被视为地区人才储备的定性指标，而教育的投入则是将定性指标可量化。教育是地区长远发展的根本，是经济进步的动力，同时也是提升公众环保意识、绿色发展理念的路径选择。知识的溢出可以促进地区经济生态的协调性发展。因此，本章对教育投入对绿色发展效率的预期影响为正。

（七）人均地区生产总值

地区生产总值是考察区域经济发展的主要指标，而人均地区生产总值则是衡量该地区公民生活水平、社会各个方面发展状况的关键指标。人均地区生产总值影响着该地区的医疗卫生、社会保障、人口寿命、教育状况以及生态环境建设等方面的发展水平。本章对人均 GDP 对绿色发展效率的预期影响为正。

二 模型选取与变量说明

面板数据是现代经济学研究实证分析中最常采用的数据类型，面板数据是截面数据和时间序列数据的融合，相较于后两者更能体现区域状况的动态信息。所以本章采用面板数据作为研究的基础，通过构建计量模型来分析河南省绿色发展效率的影响因素。

（一）模型选取

以基于全局参照非期望产出的河南省绿色发展效率为因变量，自变量选取为财政支出水平、城镇化率、产业结构、外贸依存度、国外资金投资额、教育投入和人均地区生产总值七大指标。由于绿色发展效率在 0—1 取值，是切割截断的被解释变量，当被解释变量为截断切割值时，若采用 OLS 回归分析，则回归系数会产生有偏和不一致，基于此考虑，选取面板 Tobit 模型为实证分析模型，该模型是针对被解释变量是部分连续或分散分布的数据而提出的模型。Tobit 模型的表达式可以用式（3-7）表示：

$$y_i{}^* = \beta_0 + \sum_{j=1}^{k} \beta_j x_{ij} + \varepsilon_i \tag{3-7}$$

当 $y_i \leqslant 0$，$y_i{}^* = 0$；当 $y_i > 0$，$y_i{}^* = y_i$。式（3-7）中，$y_i{}^*$ 为潜变量；y_i 为可观测的因变量；β_0 为常数项；x_{ij} 为自变量向量；β_j 为相关系数向量；ε_i 为随机误差项。本章对影响河南省绿色发展效率的 Tobit 模型设定为：

$$eff_{it}^* = \beta_0 + \beta_1 GOV_{it} + \beta_2 UZ_{it} + \beta_3 STR_{it} + \beta_4 TRA_{it} + \beta_5 FDI_{it} + \beta_6 EDU_{it} + \beta_7 LNGDAP + \varepsilon_{it} \tag{3-8}$$

式（3-8）中，i 表示地区数；t 表示年份；eff_{it}^* 表示地区绿色发展效率，GOV 表示财政支出，UZ 表示城镇化率；STR 表示产业结构；TRA 表示进出口依存度；FDI 表示国外资金投资额；EDU 表示教育投入；*LNGDNP* 表示人均地区生产总值。

（二）数据选取与变量说明

使用数据来源于各年份的《中国城市统计年鉴》《河南统计年鉴》，统计年鉴缺失的数据在各地级市统计网站上查找。选取了河南省 17 个地级市 2007—2016 年数据。

为保证数据的平稳性，对所选取指标进行了平减处理或者对数处理。其中财政支出水平选取各地级市分年度财政支出总额，以 2006 年为基期平减化然后取对数；城市化水平选取各地级市的分年度城镇化率；产业结构选取第二产业从业人员占总从业人员的比重；进出口依存度以 2006 年为基期，用分年份的汇率将进出口总金额换算成人民币，除以当年的平减后的地区生产总值；国外资金投资额选取各年份外商在豫的实际投资额，并对其用汇率转换、平减化，然后除以当年的平减后的地区生产总值；教育投入选取各地级市分年度在教育投入方面的支出数据，然后取对数；人均地区生产总值选取各地区各年份以 2006 年为基期的实际人均 GDP，然后对其对数化处理。

表 3-6　　　　　　　　　　　　变量说明

变量名	简称	变量说明	预期方向
财政支出水平	GOV	政府财政支出/地区生产总值	+
城市化水平	UZ	城镇化率	−
产业结构	STR	第二产业从业人员/从业人员总数	−
进出口依存度	TRA	进出口总额/地区生产总值	+/−
国外资金投资额	FDI	国外资金在豫实际投资/地区生产总值	+/−
教育投入	EDU	政府教育支出总额	+
人均地区生产总值	LNGDNP	人均地区生产总值	+

三　影响因素实证分析

（一）描述性统计

表 3-7　　　　　　　　　　　　统计性描述

Variable	Obs	Mean	Std. Dev	Min	Max
GOV	170	14.40	0.68	12.53	16.40

Variable	Obs	Mean	Std. Dev	Min	Max
UZ	170	42.71	8.90	25.90	71.02
STR	170	29.65	5.55	15.69	41.97
TRA	170	5.31	7.46	0.61	48.58
FDI	170	2.13	1.43	0.12	6.71
EDU	170	12.81	0.68	10.83	14.26
LNGDNP	170	10.11	0.50	8.94	11.34

（二）面板数据回归结果

利用 Stata13 数据处理软件对 Tobit 模型进行回归。面板模型需思考扰动项 $\{\varepsilon\}$ 组内异方差、组间异方差以及组间同期相关是否存在。通常的处理方法有：使用 OLS 回归，若有固定效应存在的可能性，增加个体虚拟变量处理，且对标准差校正处理；或者对异方差进行假设再使用 FGLS 进行估计。固定效应的 Tobit 模型的处理，很多文献在混合 Tobit 回归中增加虚拟变量，利用 LSDV 对面板 Tobit 模型估计，然而 LSDV 因为是无条件固定效应估计方法，得出的估计量会出现不一致。半参数固定效应估计法（Pantob）是 Bo E. Honoré（1992）拓展的一种可用于处理固定效应 Tobit 模型的方法，这种方法的特点是不需要假设误差项分布，在异方差存在的情景下仍然能得到一致估计量。2014 年，Bo E. Honoré 联合 Sule Alan 等在此前的基础上将 Pantob 方法拓展到双受限的面板 Tobit 模型，即双边固定效应（two-side）的 Tobit 模型。

针对河南省绿色发展效率影响因素的分析，第一步，进行了混合 Tobit 模型回归分析，加载聚类稳健性标准误；第二步，进行随机效应的 Tobit 模型回归分析，LR 结果强烈拒绝原假设"$\sigma_u = 0$"，即有个体效应存在；第三步，选择 Sule Alan 等提出的双边固定的 Tobit 回归模型。豪斯曼检验结构在 1%显著性水平下拒绝了原随机效应的假设，应采用固定效应的面板 Tobit 模型。表 3-8 列出了三个不同类型模型的回归结果，分别是面板数据混合 Tobit 模型（Pool_Tobit）、随机效应 Tobit 模型（Re_Tobit）以及双边固定效应 Tobit 模型（Fe_Tobit）的回归结果，比照三种不同类型的回归结果不难看出，固定效应模型的拟合性优于随机效应模型。

表 3-8 Tobit 模型回归结果

main	(1) Pool_Tobit	(2) Re_Tobit	(3) Fe_Tobit
GOV	0.243 (0.442)	0.00395 (0.987)	0.465** (0.042)
UZ	−0.0239*** (0.000)	0.00251 (0.819)	−0.0254** (0.018)
STR	−0.0250*** (0.000)	−0.0285*** (0.000)	−0.0164** (0.032)
TRA	0.0107** (0.028)	−0.00407 (0.329)	0.00822** (0.034)
FDI	0.0512** (0.021)	0.0140 (0.713)	0.0461* (0.082)
EDU	−0.198 (0.471)	−0.0657 (0.754)	−0.403** (0.039)
LNGDNP	0.457*** (0.000)	0.311 (0.176)	0.434*** (0.005)
_cons	−3.256* (0.064)	−0.903 (0.518)	
sigma_cons	0.310*** (0.000)		
sigma_u_cons		0.249*** (0.000)	
sigma_e_cons		0.213*** (0.000)	
N	170	170	170

注：括号中的 p 值 * $p<0.1$，** $p<0.05$，*** $p<0.01$。

四 Tobit 回归结果分析

（一）财政支出对河南省绿色发展效率影响正相关

从表 3-8 可以看出，河南各地级市的财政支出对绿色发展效率的影响显著为正，增加一单位的财政支出，绿色发展效率值将提升

0.465 个百分点，与预期结果一致。这是因为市场的外部性以及自发性，生态环境主要靠政府来治理和保护，财政支出的规模大小直接影响区域社会的各个层面，雄厚的财政支出能够保证生态治理保护工作的有效运作。另外，财政支出额的增加能够有效推动产业转型，为绿色产业的发展提供动力。

（二）城市化水平对河南省绿色发展效率影响负相关

城市化水平，即各地级市城镇化率对绿色发展效率影响为显著负相关，与预期结果相符。城镇化率每升高一个百分点，绿色发展效率将会降低 0.0254 个百分点。河南省近些年来已经进入快速城镇化阶段，快速城镇化阶段是社会问题的突发阶段，包括生态环境问题，土地的快速城镇化和城镇化率的快速增长使得生态环境遭受严重的破坏。同时快速城镇化阶段是城市病问题显现阶段，生活垃圾、生活污水以及生产带来的废弃物使得城镇生活环境质量大幅度下降。

（三）产业结构对河南省绿色发展效率影响负相关

产业结构因素对河南省绿色发展效率显著负相关，与预期方向一致。第二产业从业人员每增加一个百分点，绿色发展效率值将降低 0.0164 个百分点。说明要加快城市绿色发展需调整产业结构比重，发展第三产业，努力推进供给侧结构性改革，同时应合理分配劳动力资源，鼓励、激励企业进行技术创新，走新型绿色化工业道路。

（四）进出口依存度、外商投资对河南省绿色发展效率影响正相关

进出口依存度和国外资金投资额对绿色发展效率影响显著正相关，进出口总额每增加一个百分点，绿色发展效率将提升 0.00822 个百分点。国外资金在豫实际投资每增加一个百分点，绿色发展效率将提升 0.0461 个百分点。这一结论并没有支持"污染天堂"假说。这一结论与河南省地理位置相关，很多文献指出，污染严重的外商投资企业选择多为沿海港口城市，同时也表明河南省在整体上对国外资金的引进注重甄别，对产业的生产注重监管，外资的引进同时会产生知识溢出效应以及技术溢出效应，这些对区域经济的发展都具有正向效应。同时河南省进出口对绿色发展效率影响为正，近些年，河南省大力推进对外贸易广度和深度，郑州航空港的建立对河南省进出口贸易起了很大的推动作用，一定程度上对河南省经济社会起到了推动作用。

（五）教育投入对河南省绿色发展效率影响负相关

教育投入对河南省的绿色发展效率的影响显著负相关，这与预期方向不一致。教育投入可以解释为人才储备，是人才效应对绿色发展的推动，理论上应该是教育投入的增加会使绿色发展效率提升。通过实际分析和调查，教育投入的持续增加并没有带来人才的有效增加。大学毕业生通常选择就业地点并不是河南省区域，而是选择沿海城市、一线城市和经济发达城市，人才的流失使得教育投入的正效应没有显现出来。河南省政府应该加快实施"人才强省"政策，激励高水平人才来河南、对河南经济社会发展献计献力。

（六）人均生产总值对河南省绿色发展效率影响正相关

河南省绿色发展效率值与人均生产总值显著为正，与预期方向一致。人均地区生产总值每增加一单位，绿色发展效率提升 0.434 个百分点，人均生产总值的提升代表着区域医疗卫生、社会保障、生态环境建设等水平的提升，同时对于公众的绿色消费、绿色生活有着正向效应。

第四节　研究结论与政策建议

新常态背景下，绿色发展已经上升到国家战略的制高点，作为中部崛起的中坚力量，河南省的经济发展效率对于全国社会经济发展质量具有十分重要的作用。本章探析了河南省绿色发展效率以及影响绿色发展效率的外部因素。

本章对河南省地区经济发展、资源环境状况、污染物排放情况进行了叙述性描述，选取投入指标、期望产出以及非期望产出指标，利用 SBM 模型对河南省 17 个地级市的绿色发展效率进行测算、排名、分析。继续探讨影响河南省绿色发展效率的因素，选取了七个影响绿色发展效率的指标，利用双边固定效应的面板 Tobit 模型进行回归分析，七个指标的回归结果与预期方向基本保持一致，进而对提升河南省绿色发展效率提出政策建议。

一　研究结论

研究结论分为两个方面，一是关于河南省绿色发展效率值测算结果的总结，二是影响河南省绿色发展因素的归纳。

（一）绿色发展效率结论

基于 SBM 模型带有非期望产出的全局参照方法对河南省 17 个地级市进行绿色发展效率测算。利用 2007—2016 年的面板数据测算出各城市的绿色发展效率值。其中投入产出高效率城市包括许昌、周口、郑州、洛阳、漯河；投入产出中效率城市包括南阳、三门峡、濮阳、开封；投入产出中低效率城市包括商丘、驻马店、平顶山、焦作；投入产出低效率城市包括信阳、安阳、鹤壁、新乡。总体上河南省绿色发展效率呈现缓慢上升趋势。特别是 2016 年，河南省 17 个地级市中有 12 个位于包络前沿面上，这与河南省政府以及各级地方政府在 2015—2016 年出台的强有力的环境保护等政策有关，同时也说明政府在环境保护中的作用十分重要。但河南省总体上的绿色发展状况不容乐观，大多数城市能源消耗量庞大，特别是位于投入产出中低效率、低效率等级的城市，能源消耗以煤炭消耗为主，能源利用效率较低且污染物排放量大。总体上河南应加快推进供给侧结构性改革，关闭僵尸企业和减少高污染低效率企业数量，加快产业转型升级、提高能源利用效率，鼓励发展高附加值创新产业，同时各级政府部门应出台合理完善的绿色发展政策，加强环境保护监管力度，努力提升企业和公民的环保意识，为河南省的绿色发展健康之旅保驾护航。

（二）绿色发展效率影响因素归纳

通过建立双边固定的面板 Tobit 模型，对河南省绿色发展效率的影响因素进行探析，结果显示：政府财政支出水平对绿色发展的影响为显著正相关；城市化水平对绿色发展的影响显著负相关；产业结构对绿色发展的影响显著负相关；进出口依存度和外商投资额对绿色发展的影响显著正相关；教育投入对绿色发展效率的影响显著负相关；人均地区生产总值对绿色发展的影响显著正相关。这些结果除教育投入指标之外均与预期方向一致。人才流失问题是中西部地区面临的共同难题，河南省应大力支持高级知识人才、管理人才和技术人才等高素质人才的培育和引进，各地级市应效仿武汉、郑州等城市制订人才引进计划。从回归结果出发，河南省及各地方政府应加大财政支出力度，合理规划城市化发展，制定城镇化进程中的土地红线、生态红线等政策制度。鼓励进出口贸易，提升高附加值产品的出口，国外资金的引进应进行甄别和监管。

努力提升人均地区生产总值，完善社会基础设施建设，加快医疗制度改革，提升社会发展质量。

二 政策建议

中国共产党第十九次全国代表大会的报告中首次提出建设富强民主文明和谐美丽的社会主义现代化强国的目标。党的十九大报告13部分中的第一部分、第三部分、第九部分详尽论述了生态文明建设的阶段性成就、战略部署和指导思想，要求"必须树立和践行绿水青山就是金山银山"理念。在党的十九大及新常态的背景下，河南省应大力推进绿色发展进程，树立"绿水青山就是金山银山"理念，制定保护生态环境政策，协调好经济与生态环境系统并存关系。根据本章研究成果，提出以下建议。

（一）要提高政府财政支出的使用效率

政府财政支出的高效率是各级政府部门需要关注的焦点。首先要树立完善的财政支出机制，政府在对资金的使用上要做出明确的投入标准和有效的考核机制，确立透明高效的资金使用入口，清除财政支出冗余环节，建设可持续的财政体制。

（二）城市化进程要与生态环境协调推进

河南省正处于快速城镇化阶段，城镇化进程中土地、人口、经济、环境、社会等问题开始凸显。河南省应借鉴欧洲发达国家城镇化快速增长阶段的经验和教训。集约利用土地资源，推动城市空间的"高密度、紧凑型"发展。政府应加强与城市土地开发相关的各类规划、各项政策的调控作用，实现土地利用规划、城市规划、新农村规划及各类建设规划间的相互衔接、有机结合、统筹安排。[1] 政府应通过基础设施建设创造良好的城市生活、生产环境，建立便捷高效的城市交通运输系统，对生活垃圾、生活污水的处理规范化、循环化、高效化，加强城市绿色生态建设。另外，可借鉴丹麦森讷堡城市的零碳项目，推进绿色零碳新城市建设，一方面可实现经济的可持续发展，另一方面创造用工缺口能吸纳剩余劳动力进入绿色产业岗位。

---

[1] 杨玉珍：《城市增长管理理念下的资源环境约束与缓解路径》，《河南师范大学学报》（哲学社会科学版）2013年第2期。

（三）优化产业结构，促进绿色发展

大力推进绿色产业发展，河南省应根据市场优化升级产业结构，扶持高新技术产业的发展，提高高污染产业的市场准入门槛，大力发展环保产业和可再生资源产业，优化从业人员结构比重，提高第三产业比重和质量。生产过程中要提高生产要素的使用效率，其次应加大可再生能源使用比例，提升生产废弃物处理比率。同时对于国外资金的引入要甄别和监管到位，引进国外技术型产业而不是污染密集型产业。

（四）注重人才培养以及实行人才引进战略

河南省绿色发展进程的推进势必会造成大量的人才缺口，然而河南省特别是非省会城市吸纳人才能力有限，这就要求各级政府应努力做好高校毕业生及高级技术型人才的安置工作，建立人才保障制度从而在根本上吸引高素质高技术人才产生凝聚效应。政府应加大对高学历人才的住房补贴，不要让高房价成为人才流失的罪魁祸首，同时各地政府应配合企业制定和贯彻高级人才培养、吸收、储备等战略，根据人才结构类型引进高新技术产业，提升人才专业性与就业性的密切程度。

（五）提高公众在绿色发展建设中的参与度

河南省绿色发展是为了河南省经济社会整体的发展，从根本上为了人的权利利益而发展，而人是社会环境与生态环境的连接者。生态政策制定、城市规划建设、农林山地的开发不应只是政府官员、专家学者、资本家企业家来商讨决定的，更应该把广大人民群众吸纳进来，特别是土地、林地、山地的开发利用，涉及农业生态系统、林业生态系统、山地生态系统以及开发区域社会—环境的稳定性，这更需要当地居民的"土知识"，这些"土知识"的形成可能需要几代人乃至几十代人的经验积累，而这些经验并不能被专家学者、行政人员短期内所能完全掌握。政策的讨论和制定可能只需数百人，但政策的贯彻和落实需要的是千万人，政府、企业、专家论坛应提高开放性和包容度，允许利益相关的普通人参与进来，倾听最普通可能也是最权威的声音，注重非政府组织在生态保护中的作用。

第四章

河南省快速城镇化地区
绿色发展研究

本章提出河南省快速城镇化地区划定具体标准，明确研究对象的基础上，采用理论分析法和频度分析法选取指标，建立河南省快速城镇化地区的绿色发展评价指标体系，引入计量经济学模型，运用2010—2014年的面板数据，对河南省快速城镇化地区绿色发展的主要影响因素进行回归分析。为避免伪回归，确保结果的科学合理，对面板数据进行单位根检验和协方差检验，并依据数据特点将回归设定为变截距固定效应模型。回归结果显示，固定资产投资与人均绿地面积和人均GDP的变动负相关，与河南省当前快速城镇化地区绿色发展水平不相适应；人均二氧化硫排放量、人均烟尘排放量、第三产业就业人员占比、从业人员数、供电量、人均水资源和人均GDP的变动正相关，与河南省快速城镇化地区绿色发展水平基本适应。在此基础上，依据回归结果，从转变经济发展方式、优化产业结构、稳定城市绿色发展倾斜政策、健全生态保护评价指标体系、开发利用新能源等方面，为河南省城镇化地区绿色发展提出政策建议。

第一节　河南省快速城镇化地区绿色发展的研究背景和意义

一　研究背景

美国学者斯蒂格利茨曾预言："美国的高新技术"和"中国的城镇

化"将会是 21 世纪影响人类社会发展进程最深刻的两件事。Northam 指出城镇化的发展遵循"S"形曲线规律即低缓的初始阶段（UR < 30%），急剧的加速阶段（30%<UR<70%）和高水平的最终阶段（UR> 70%），1996 年中国城镇化率达到 30.48%，中国城镇化进入急剧的加速发展阶段，2015 年底中国城镇化率达到 56.1%，在近 20 年间中国的年均城镇化率保持在 1.348% 的高速发展水平，而同期世界城市化的年均增长率仅为 0.43%。经合组织城市政策评论 2015 中国部分显示，2015 年中国超过千万人口的特大城市增加至 15 个，特大城市人均 GDP 贡献接近 5 万元人民币，150 万—500 万元的中等规模城市年均经济增长率高于 13%，显然，城镇化已成为中国经济发展的引擎。在国家中部崛起战略指引下，《河南省新型城镇化规划（2014—2020 年）》中明确指出，河南省的城镇化率将由 2012 年的 42.4% 提高至 2020 年的 56%，并与中部地区的武汉城市圈、长株潭城市群、中原城市群和环鄱阳湖城市群形成优势互补、协调发展的局面。河南省统计局发布的《2016 年河南省国民经济和社会发展统计公报》中，2016 年末，河南省常住人口 9532.42 万人，常住城镇人口 4623.22 万人，城镇化率达到了 48.5%，较上年提高了 1.65%，较 2006 年多出 1434.22 万人，年均人口增加 143.42 万人，年均城镇化增长率为 4.08%，较全国的年均城镇化增长率高出 1.38 个百分点，河南省成为中国快速城镇化地区之一。

2011 年中国的城镇化率超过 50%，从国际经验上看，城镇化率处在 50%—60%，大多数城市会出现贫富差距扩大、住房紧缺、交通堵塞、能源不足和环境污染等问题。中国城镇化具有高耗能、高排放、快扩张的特征，基本上走的是外延式扩张的城市化发展道路。2007 年中国的二氧化碳排放量占全球排放总量的 21%，每单位 GDP 二氧化碳的排放量是世界平均水平的 3.16 倍，是 OECD 国家的 5.37 倍。中部地区在城镇化快速发展的同时环境问题也日益显现，生态环境部发布的《中国环境状况公报（2013）》显示，2013 年全国年均雾霾日数 35.9 天，华北的中南部地区到江南北部大部分地区年均雾霾日数 50—100 天，华北许多城市长期被雾霾笼罩；2013 年全国废水排放总量 495.4 亿吨，其中河南、湖南排放量超过 30 亿吨，安徽、湖北接近 30 亿吨，中部六省排放总量约为 155 亿吨，占全国排放总量的 1/4；全国化学需氧量排放总量 2352.7 万吨，河南、湖南、湖北排放总量均超过 100 万吨，中部地区排放总量约为 600 万吨，占全国排放总量的 24.9%。氨氮排放总量为 245.7 万吨，排放量超过 10 万吨的省份有 11 个，中部地区独占 4 个。2013—2015 年河南省雾霾持续加重，安阳、濮阳、新乡环境污染指数尤为突出，同年 12 月，出现了环境污染指数实时排行榜前五个城市中河南占三个的尴尬局面；在固体废弃物的处理方面，至 2015 年 10 月，河南省保有的固体废弃物设备产量 1290 台，远小于同为中部地区的湖南（12171 台）和安徽（10702 台），2015 年 1—10 月固体废弃物设备产量同比下降 75.48%，2015 年河南省工业固体废弃物 14722.47 万吨，综合利用 11456.11 万吨，较 2014 年下降 7%，河南省城镇化地区在绿色发展方面不容乐观。

河南城镇化进入加速阶段后期，各种城市问题日益凸显，党的十八大报告强调"大力推进生态文明建设"，2012 年，中央经济工作会议上更是鲜明提出城镇化要全面融入生态文明的理念和原则，建设集约、智能、绿色、低碳的新型城镇化。在"十三五"规划中进一步指出"科学合理地构建城市化格局、凭借山水地貌完善城市的形态和功能，实施绿色规划、绿色设计、绿色施工标准"。显然，中国政府已经认识到现有的城镇化发展路径不可持续，未来中国的城镇化需要在经济发展和环境质量方面做好权衡和协调。

二 研究意义

首先，当前中国处在城镇化快速发展和环境资源危机并存的阶段，在河南城镇化快速发展的今天，生态环境问题日渐凸显，城镇化持续发展面临严峻的挑战。部分学者指出生态是当今社会发展的制高点，哪里拥有良好的生态环境，哪里在下一阶段的发展中就抢占了先机。城镇化地区的绿色发展是涉及河南近亿人未来生活水平和生活质量的顶层设计，2011 年河南省部分地区城镇化率达到了 60% 以上，濒临社会矛盾多发的城市化发展阶段，处在矛盾萌芽的初期。在此阶段，若能贯彻绿色发展的理念，按照以人为本的原则，抓住建设智慧城市的契机，河南省或可在城镇化进程中有所建树。

其次，城镇化地区的绿色发展要求把生态文明的理念和原则融入城镇化中，这是对以人为本的可持续发展观的坚持，有助于深化人们对生态文明建设的理解；本章基于绿色发展的视角探究河南快速城镇化地区持续发展的方式，丰富了区域发展的有关研究；并通过对河南省快速城镇化地区的深入了解，提炼出绿色发展的可靠经验，明确河南省绿色发展的不足，丰富河南省的区域经济发展研究；城镇化地区的绿色发展是一个系统和复杂的工程，经过近30年的探索，河南已经初步形成绿色生态城市发展理念，通过对河南省快速城镇化地区绿色发展的研究，深化人们对经济、社会、自然协调发展的认识，强化生态保护与经济增长协调发展的意识，有助于检验并完善已有的绿色发展理论。

最后，河南省在城镇化快速发展阶段引入绿色发展的理念，在城市建设的发展中融入生态文明建设理念，实现城市建设中的绿色规划、绿色选材、绿色施工，可以避免走先污染后治理的老路；河南省主要城市在推进城镇化的进程中，均出现不同程度的环境污染和生态破坏，对河南省快速城镇化地区绿色发展的研究，可以深入了解研究区域的发展现状，引导社会各界在考虑城市发展政策时，重视经济发展和生态环境保护间的协调；本章以河南省快速城镇化地区绿色发展的面板数据模型为基础，经过实证分析，确定了影响河南省快速城镇化地区绿色发展的主要因素，可以为加快建成高质量的中原城市群提供参考。

第二节　河南省快速城镇化地区绿色发展现状

一　河南快速城镇化地区的界定和划分

（一）快速城镇化地区的定义

城镇是和农村相对应的概念，城镇化是农村人口向城镇转移，最终成为城镇人口的过程，城镇化率即某地城镇常住人口与该地总人口的比重，是反映一个地区城镇化水平高低的重要评价指标。国外学者常把城镇化的发展轨迹作为划分城镇化阶段的依据，Northam指出城镇化的发展遵循"S"形曲线规律即低缓的初始阶段（UR<30%）、急剧的加速阶段（30%<UR<70%）和高水平的最终阶段（UR>70%），急剧的加速阶段又可具体分为规模数量型增长（30%<UR<50%）和结构内涵型增长（50%<UR<70%）；国内一部分学者把城镇化的状态作为快速城镇化的依据，认为河南城市化和现代化进程的核心区域是快速城镇化地区，快速

城镇化地区具有带动区域发展的作用，是全区的重点开发对象，对快速城镇化地区的开发应具有实验性、示范性和开拓性；另一部分学者认为，河南城镇化进程快速发展的实质是土地城镇化并非人口的城镇化，他们主张把速度作为衡量城镇化发展阶段的依据，认为快速城镇化地区应是城镇空间迅速扩张、经济超高速发展，区域联系和影响不断加大，城市发展呈区域化态势，衡量的具体标准为城镇化水平年均提高 1.5 个百分点以上，经济增速维持在 10% 及以上，建设用地年均增长 2 个百分点以上。

综上所述，结合河南省的实际情况，本章确定的河南省快速城镇化率需要满足以下三个条件：一是城镇化水平年均提高一点五个百分点及以上。二是建设用地年均增长 3% 以上。三是经济增长速度维持在 10% 及以上。以上定义需要注意两点：一是 2005 年末，河南省城镇化率为 30.7%，整体进入城镇化的快速发展阶段，但仍有驻马店、周口等五个城市，城镇化率低于 30%，河南省的城镇化快速发展阶段处于规模数量型增长。二是改革开放后，河南经济迅速增长，2012 年前，河南经济增长速度维持在 10% 以上，快速城镇化地区作为重点开发的区域，经济增长速度保持在 10% 以上的高位增长。但 2012 年后河南经济进入经济新常态，经济增长速度下降到 7% 左右，相应的快速城镇化地区的经济增长速度调整为 7% 及以上较为合适。此外，2008 年受到美国次贷危机导致的国际金融危机影响，河南省主要城市经济增长下滑较为严重，在考虑快速城镇化地区的经济增长率时应予以适当的考虑。

（二）河南快速城镇化地区的划定

依据上文对快速城镇化地区的定义，结合河南省城镇化发展现状可以大致确定河南省的快速城镇化地区为郑州、洛阳、开封、安阳、鹤壁、新乡、焦作、许昌、漯河、三门峡、信阳、周口和驻马店 13 个城市。具体可以从城镇化发展水平、建设用地增长率、经济发展水平三个方面进行分析。

从城镇化水平上来看，截至 2014 年底河南省城镇人口 4265.072 万人，城镇化率为 45.2%，河南省整体处在城镇化的快速发展阶段，其中，郑州市的城镇化率高达 68%，已接近发达地区的城镇化水平，周口市的城镇化率最低，仅为 36%，两者相差 32 个百分点。自 2005 年河南省进入城镇化快速发展阶段以来，全省整体的城镇化率迅速提高，

2005—2014 年河南省城镇化年增长率均高于 1%，其中 2005—2007 年城镇化年增长率连续三年高达 1.8%，2008 年和 2009 年城镇化年增长率连续两年达到了 1.7%，其他年份的年增长率如图 4-1 所示。同时，结合图 4-2 河南省主要城市城镇人口年均增长率的比较，很容易发现，河南省主要城市城镇人口 2005—2009 年的年均增长率远高于 2005—2014 年的年均增长率，显然，2005—2009 年是河南省主要城市快速城镇化的一个期间，因此，本章在分析河南省快速城镇化地区时主要参考 2005—2009 年的数据。

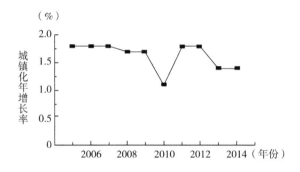

图 4-1　2005—2014 年河南省城镇化年增长率

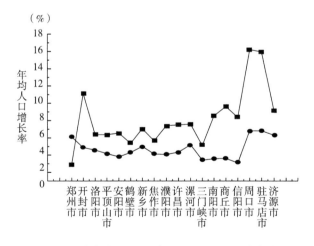

图 4-2　河南省主要城市人口年均增长率

　　本章认为城镇化归根结底是人的城镇化，习惯上城镇化率即为城镇人口与总人口之比，为强调人的城镇化，用上年城镇人口的增加量与上年城镇人口总量之比来表示城镇化的发展速度，可得图4-2中河南省主要城市城镇人口年均增长率，图中数据显示除郑州外，河南省其他主要城市2005—2009年的年均城市发展速度均大于3%。郑州市作为河南省的省会，2005年城镇化率已达到59.2%，2009年城镇化率高达63.7%，长期以来处在结构内涵型增长的城镇化阶段，偏重于人口结构的优化、人口素质的提升，虽然城镇化发展速度小于3%，仍应将其作为快速城镇化地区进行研究。

　　从城市建设用地方面看，截至2014年底，河南省城市建成区1813平方千米，人口密度为每平方千米1445.57人，其中郑州市建成区最大为383平方千米，每平方千米5119.80人，人口密度是全省平均水平的3.54倍，信阳市建成区84平方千米，每平方千米414.82人，人口密度不足全省平均水平的28.7%，建成区的面积和人口密度存在巨大差异。同年，河南省城市建设用地共1667平方千米，郑州市城市建设用地371平方千米，占全省的22.3%，漯河市城市建设用地30平方千米，仅占全省的1.8%。图4-3显示了2005—2009年河南省主要城市建设用地年均增长率，许昌市最高，为16.51%，漯河市最低，为0.38%。符合快速城镇化建设用地标准的城市有13个，分别为郑州、洛阳、开封、安阳、鹤壁、新乡、焦作、许昌、漯河、三门峡、信阳、周口、驻马店。

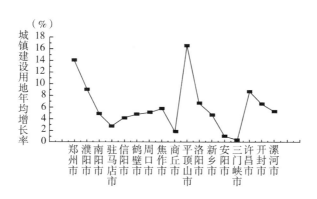

图4-3　河南省主要城市建设用地年均增长率

从经济发展水平上看，2014年末河南省全省生产总值为34938.24亿元，同比增长8.53%，高出全国1.13个百分点，其中郑州市生产总值为6776.99亿元，同比增长9.27%，高出全省0.74个百分点，高出全国1.87个百分点，三门峡市生产总值为河南省最低，同比增长6.86%，较全省平均水平低1.67个百分点。河南省主要城市2004—2009年经济增长率如图4-4所示，2008年前河南省经济保持高位增长，但2008年受美国次贷危机引起的国际金融危机的影响，河南省经济经历了一次明显的下滑，经济增长速度出现了断崖式的回落；其后，由于国家出台有效的宏观调控政策，2009年河南省的经济增长继续保持强劲势头，各主要城市的经济增长率均保持在20%以上，考虑到2008年国际金融危机和河南省经济的恢复能力，在分析河南省快速城镇化地区的经济增长情况时剔除2008年经济增长数据，依照快速城镇化对经济增长的要求，河南省主要城市经济增长速度均保持在10%及以上。

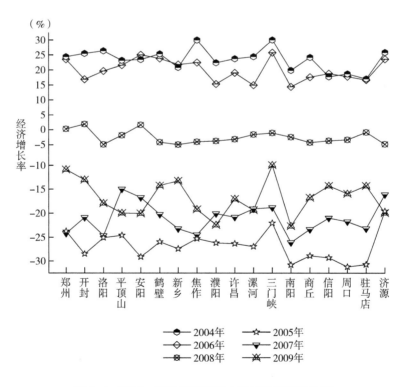

图4-4　2004—2009年河南省主要城市经济增长率

综上所述，河南省快速城镇化地区由 13 个主要城市组成，分别是郑州、洛阳、开封、安阳、鹤壁、新乡、焦作、许昌、漯河、三门峡、信阳、周口和驻马店。值得注意的是南阳市，南阳市作为河南省辖区内面积最大、人口最多的城市，在 2008 年以前城市建设用地增加较少，但在 2008 年以后城市建设用地迅速增加，2005—2009 年南阳市年均城市建设用地增长率为 0.99%，2005—2014 年南阳市年均城市建设用地增长率为 4.01%，大于快速城镇化地区城市建设用地标准 1 个百分点，以此来看南阳市符合河南省快速城镇化地区的所有条件，加之南阳市在河南省城镇化进程中的重要地位和影响力，将南阳划为河南省快速城镇化地区，即河南省的快速城镇化地区共 14 个城市。

二 河南快速城镇化地区的绿色发展现状

2006 年中国实施"中部崛起"战略以来，"中部塌陷"的局面逐渐得到改善，河南省作为中部地区的重要组成部分，在"中部崛起"战略实施期间，经济增长速度和发展质量持续提高，总体经济实力不断增强。同年，河南省实施《中原城市群总体发展规划纲要》，明确中原城市群 9 个主要城市的空间布局。2011 年《国务院关于加快河南省建设中原经济区》的相关文件中进一步提出，加快中原城市群建设，努力将郑州提升为中部地区重要的中心城市，洛阳提升为副中心城市，充分发挥中心城市的带动作用，借助中原城市群建设的东风，河南省的空间布局不断完善，区域经济增长极的角色不断凸显。2013 年习近平主席出访中亚和东南亚各国期间提出"一带一路"倡议，2015 年中央成立"一带一路"建设工作领导小组，同年，郑州和洛阳以其深厚的文化底蕴、四通八达的交通网络、广阔的产业合作空间和产业互补性被确定为国家丝绸之路经济带重要节点城市。河南省在上述经济战略的推进下，经济社会发展表现出良好势头。

截至 2014 年底，河南省固定资产投资 30012.28 亿元，在全国处在第 3 位，生产总值 34938.24 亿元，居全国第 5 位，公共财政预算支出 6028.69 亿元，处于全国第 5 位，公共财政预算收入 2739.26 亿元，居全国第 9 位。2014 年河南省生产总值 34938.24 亿元，较上年增加了 8.5 个百分点，河南省快速城镇化地区的生产总值为 30743.57 亿元，占河南省生产总值的 88%，河南省快速城镇化地区三次产业比重为

11.5%、51.5%和37%，接近于河南省的总产业比重，能反映河南省的经济发展现状。同年，河南省常住人口9436万人，快速城镇化地区常住人口7783万人，占全省的82.5%，其中，河南省科研活动人员232105人，快速城镇化地区的科研活动人员201795人，科研能力较强的郑州、洛阳和焦作等地的科研活动人员共57118人，占全省的57.1%，高出全省1.3个百分点，劳动力资源丰富，且技术能力强、素质高。除此之外，河南省快速城镇化地区具有良好的工业基础，以郑州、洛阳和开封为例，郑州市在纺织、机械、食品、卷烟等10个产业上有显著优势，近年来电子信息、铝及铝精深加工、汽车装备制造、品牌服装和家具制造逐渐成为其主导产业；洛阳市作为老工业城市，工业体系完备，工业经济是全市经济支撑，除装备制造、能源电力和石油化工行业发展较为迅速外，新型能源、生物医药、电子信息等产业也得到了快速发展；焦作市的工业以煤矿为切入点，着重发展煤炭采掘和深加工，非金属矿物制造，电力、蒸汽及热水的生产与供应，化学原料供应，化学制品与专业设备制造，橡胶制品和有色金属冶炼与加工等行业，到2013年，规模以上工业企业三市共有5717家，生产总值增加4810.24亿元。同时，洛阳、焦作、郑州处在太行山脉和秦岭山系交会处，山河众多，矿产资源丰富。郑州市已探明的煤炭储量50亿吨，在河南省处在第一位，耐火黏土储量1.08亿吨，占全省总量的50%；洛阳市已探明甲类矿产26种，钼矿储量居全国第1位，栾川钼矿为世界三大钼矿之一；焦作以高品质的煤矿闻名河南，除煤矿外，焦作的铁矿储量也很可观，如硫铁矿储量3475.5万吨，占全省总储量的41%。

河南省处在第二阶梯和第三阶梯交会处，境内山脉众多，主要由太行山脉、伏牛山山脉和大别山山脉组成，由此形成了众多风景秀丽、巧夺天工的自然景观，如郑州的环翠峪风景区和中岳景区，洛阳的老君山、龙潭大峡谷和白云山，焦作的云台山，信阳的西九华山、南湖湾、濮公山，南阳的宝天曼生态旅游区、老界岭，驻马店的劳乐山、金顶山和铜山，新乡的万仙山、宝泉风景区、八里沟和红石峡，安阳的太行屋脊和天平山，鹤壁的云梦山，三门峡的豫西大峡谷、鼎湖湾和娘娘山，周口的贾鲁河和回龙潭。河南省还有丰富的历史文化遗迹如登封少林寺、塔林、嵩阳书院，洛阳的龙门石窟、白马寺和关林庙，焦作的嘉应观和千佛阁，信阳的灵山寺和茗阳阁，南阳的赊店古城、武侯祠和内乡县衙，驻马店的南海禅寺、北泉寺和梁祝墓，新乡的会盟山，安阳的红旗渠、殷墟博物馆、岳飞庙，三门峡的函谷关、空厢寺、虢国博物馆、黄河大坝，周口的鹿邑太清宫、画卦台、支亭寺、五七干校旧址。郑州、洛阳、信阳、南阳、安阳、开封和焦作均为中国优秀旅游城市。此外，焦作是中国首个世界杰出旅游服务品牌、中国最佳休闲旅游城市和环球旅游精品山水旅游目的地，信阳连续八年入选中国最具幸福感城市，安阳拥有国家园林城市和中国魅力城市的称号。河南省依靠丰富的旅游资源，旅游业发展迅速，2015 年河南省旅游收入 5035 亿元，较上年增加了 15 个百分点，2017 年河南省春节旅游收入 80.32 亿元，同比增长 19.5%，居全国第 18 位。

中华人民共和国成立初期，河南省共有 12 座城市，128 个城镇，人口在 10 万以上的城市仅开封一个，人口在 5 万—10 万的城市 6 个，城镇总人口 265 万人，城镇化率 6.3%；中华人民共和国成立以来河南省城镇化建设如火如荼，至 2015 年底，河南省辖 17 个设区的地级市、17 个县级市，86 个县，1105 个建制镇，703 个乡，总人口超过 1000 万的城市 2 个，总人口超过 500 万的城市 9 个，全省常住人口 9480 万，居全国第 3 位，其中城市人口 4473 万人，城镇化率为 47.18%。总人口超过 1000 万人的两个城市属于河南省快速城镇化地区，总人口超过 500 万人的城市快速城镇化地区占比达到 77.78%。同年，河南省快速城镇化地区常住人口为 7663 万人，其中，城镇人口为 3671 万人，城镇化率达到 47.91%。在城市化速度快速发展的同时，河南省快速城镇化地区的城镇质量也不断提高，2015 年河南省绿化覆盖率达到 21.56%，居全国第 5 位，人均公园绿地面积 1.35 平方米，居全国第 14 位。作为河南省快速城镇化地区各个方位的代表郑州、安阳、信阳、三门峡和开封，在 2015 年底分别拥有 83 个、11 个、5 个、7 个和 14 个公园，人均公园面积分别为 4.98 平方米、1.5 平方米、1.18 平方米、2.62 平方米、2.15 平方米。除南端的信阳的人均公园面积低于河南省平均水平外，其他四个城市的人均公园面积均高于全省平均水平，而信阳的山河湖泊较多，环境优美，植被覆盖率高，虽然人均公园面积较低，但绿地覆盖面积高达 5065 公顷，居河南省第 4 位，人均绿地面积较大。综上所述，河南省在快速推进城镇化进程的同时，也注重城市质量的提高和城市功能的完善，快速城镇化地区已对绿色发展理念融入区域发展做了有益尝试。

三 河南省快速城镇化地区绿色发展"瓶颈"

（一）农业现代化发展滞后，与工业化发展水平不匹配

2010年，河南省第一产业全社会劳动生产率为每人每年11658元，第二产业全社会劳动生产率为每人每年74812元，第二产业的全社会劳动生产率是第一产业的6.42倍，2015年第二产业的年均劳动生产率为11%，较第一产业高出一个百分点，工农业劳动生产率存在巨大差距。河南省快速城镇化地区多数为省内的工业强市，工业基础好，工业体系较为健全，更加偏重工业的发展，两部门的发展关系也符合上述规律。此外，交通、通信、水电等基础设施不健全，滞后的农田水利基础设施，与城市发展不相适应的农业生产观念，导致人口和资金的单向流动，妨碍了城市向农村的扩展，不利于农村产业化和农业现代化的实现。

（二）环境污染、生态破坏不断加剧，治理难度大

环境污染的介质由以前的大气和水逐步转变为大气、水和土壤；污染物来源从以工业废弃物和生活垃圾为主转变为工业污染、生活污染和农村和农业生产污染；污染地域从单片污染、点源污染转变为连片污染和区域污染；污染的危害性从常见的可逆转的污染向罕见的不可逆转的污染转化，如放射性污染物和危险废物、持久性有机物，废旧电子电器引起的不可逆的、大范围的、持久的污染。河南省的生态破坏主要是由于人们在河道附近挖沙、采矿、开发景区等，生态破坏严重的地区集中在黄河及其支流河道两岸、矿产资源丰富和自然景观秀丽的太行山脉与伏牛山脉地区。目前，河南省水环境已无容量，豫西北地区和郑州市部分地区环境容量严重超载，河南省新增4个湿地公园，共29个湿地公园，仅占全省面积的6.6%，其中，郑州1个，洛阳3个，洛阳境内的伊川伊河国家湿地公园因挖沙采矿、围垦基建和水源污染出现了湿地退化，设立伊川伊河国家湿地公园的目的是保护和恢复伊河湿地生态系统。同时，由于河南省环境保护制度不完善，环境治理体制未理顺，民主监督和群众参与机制不健全，导致地方之间、部门之间缺乏协作，环境保护的各项措施难以有效推进。

（三）农民市民化道路不通畅，城镇化质量难以得到保障

农民市民化要求农民转变就业方式和居住环境，在城市落户，享有城市市民的各项权利，但是城乡二元结构的存在，使得持有农村户口的人们难以享受到均等的公共服务。在社会保障方面，农村卫生医疗设施简陋，技术人员水平低，服务网络体系薄弱，严重制约了农村人口提高社会保障水平的实现。调查资料显示，全国农村居民中仅 12.68% 的人得到某种程度的医疗保障，且保障的内容少、水平低、时间短；在教育方面，资源配置时重城市、轻农村，农村义务教育经费普遍不足，师资力量薄弱，教师缺编时有发生，而不完善的教学设备配置更是严重影响了农村教育水平；在农民工权益保护方面，城乡基本公共服务水平失衡突出表现就是农民工权利长期得不到有效保护，由于农民工文化水平低，法律意识淡薄，侵犯农民工权益的事件常有发生。据统计，仅有43.8% 的农民工与单位或雇主签订了劳动合同，建筑业的农民工签订劳动合同的比例更低，低至 26.4%。此外，城市教育资源依据户籍进行配置，农民工子女因户籍不在所在城市，无法享受当地的教育资源，只能就读简易学校或者在家乡就读成为留守儿童，也是农民工权益得不到保护的现实写照。由于城乡二元化引起的上述问题在短时间内难以得到有效解决，即使农民工在城市落户也很难享有市民的各项权利，无法实现人的城镇化，城镇化质量难以得到有效保证。

（四）城镇化建设资金筹资方式单一，资金缺口大

城镇的基础设施与公共服务设施具有公共产品的属性，普遍认为城镇化建设的投资主体应是政府，长期以来河南省城镇化建设也主要依靠政府财政投入，社会投资所占的比例较小。虽然河南省城镇化建设资金主要依靠政府搭建的投融资平台进行筹融资，但诸如 BOT、TOT、BT各种先进的融资手段并没有得到大范围的应用，通过发行政府债券的方式筹集城市建设资金的方式更是鲜见，而政府融资平台由于债务和投资项目期限不匹配，易出现债务集中到期，短期还债压力较大的问题，加之国家对地方投融资平台的整顿，土地制度的制约，民间资本进入门槛较高，使河南省城镇化建设资金的融资平台单一。依照现行的筹资方式和筹资能力，在河南省城镇化水平快速提高的同时，城镇化建设资金也面临着较大的缺口，河南省的快速城镇化地区，正处在规模数量阶段城

镇化向内涵结构城镇化转变的临界点，但城市建设用地可用空间不断减少，审批难度增大，土地财政不可持续，而城市基础设施和公共服务设施的建设和完善上仍需要大量资金投入，出现较大资金缺口的问题很难避免。

第三节　河南省快速城镇化地区绿色发展评价

一　指标选取

分析河南省快速城镇化地区绿色发展水平的影响因素时，关键是建立科学合理的指标评价体系并采用恰当的方法处理数据。评价指标的选取是否全面合理直接影响到实证结果是否准确有效，因此，在指标选取时，本书遵循以下原则。

（一）指标选取遵循的原则

1. 城镇化和绿色发展相结合的原则

城镇化和绿色发展既相辅相成，也存在矛盾，城镇化的良性发展可以解决就业不足、收入低下、生活环境差等问题，促进经济的绿色发展，但片面追求城镇化进程可能导致环境污染、生态破坏、资源错配等问题，影响绿色发展进程。因此，在选择指标时既要考虑到影响城镇化的因素，也要关注到影响绿色发展的其他因素。

2. 独立性原则

这一原则要求选择每个指标应该是相互独立的，彼此之间不能出现交叉，也不能产生重叠。如果选取的指标不独立，在实证分析时会造成自相关，影响模型拟合的优度，导致实证结果不准确，造成后续意见和建议的不合理。

3. 代表性原则

选定的指标须是从众多的指标中挑选出来的，具有代表性的，能突出研究重点的要素。末级指标的选取更应注意代表性原则，确保选定的指标能显示所要评价指标的关键点，反映出指标体系构建的科学严谨和全面系统。

4. 可操作性原则

评价指标数目繁多，在选取指标时应坚持去粗取精、去伪存真的态度，确保数据的真实可靠，除此之外，还需要考虑数据的可操作性，在数据选取时，应尽量选取那些简单易得且具有权威性的数据作为评价指标，在保证实证分析真实可靠性的前提下，适当考虑研究成本和工作强度。

（二）现有可借鉴指标

快速城镇化地区的绿色发展完整评价指标的构建，是分析河南省快速城镇化地区绿色发展影响因素的基础。目前，河南快速城镇化地区绿色发展评价指标的研究还处在摸索阶段，鲜有成熟的快速城镇化地区绿色发展评价指标体系可以借鉴，但是国内外学者对河南新型城镇化的评价指标体系研究日渐深入，而新型城镇化地区和快速城镇化地区较多的重合使得借鉴新型城镇化地区的指标评价体系比较合理。同时，随着绿色发展的渐次推进，国内对绿色发展评价指标体系的建立也逐渐成熟，新型城镇化评价指标和绿色发展评价指标的存在，对河南省快速城镇化地区绿色发展指标评价体系的构建具有重要意义。

曹慧等在海选指标标准化基础上，运用共线性—变异系数的方法筛选指标，发现省级绿色创新能力与万人大专以上学历、高新技术产业产值占工业总产值比重等 94 个指标正相关，与城镇居民家庭恩格尔系数、万元 GDP 能耗等 12 个指标负相关[1]；张丽琴和陈烈在研究河北省新型城镇化影响因素时构建的指标体系包括 6 个一级指标、13 个二级指标，经济指标作为一级指标包括人均 GDP 一个具体指标，产业指标作为一级指标包括第二产业产值比重、第三产业产值比重、第二产业就业占比、第三产业就业占比四个具体指标，人口转移作为一级指标包括城乡居民收入差距、城镇登记失业率两个具体指标，科技教育作为一级指标包括科教文卫事业费占地方财政收入比重、每万人拥有大学生数两个具体指标，基础设施作为二级指标包括人均社会固定资产投资、公路里程数两个具体指标，制度安排作为二级指标包括农产品商品化率一个具体指标[2]；姚志和谢云在人口转移指标的具体指标中加入农业机械化总动

---

① 曹慧等：《我国省级绿色创新能力评价及实证》，《管理学报》2016 年第 8 期。
② 张丽琴、陈烈：《新型城镇化影响因素的实证研究——以河北省为例》，《中央财经大学学报》2013 年第 12 期。

力，作为湖北省新型城镇化影响因素指标体系[①]；吴江和申丽娟则是在产业发展中去掉了第二产业产值占总产值比重这一指标，而在制度环境中加入了非农产业结构和非农产业就业结构偏离度，构建出重庆新型城镇化影响因素的指标体系[②]；较早研究新型城镇化影响因素的王莹莹和吴开，在指标选取上和上述学者有较大出入，用人居环境取代了制度环境，具体指标用城市绿化覆盖面、人均公园绿地面积和污水处理率来表示，基础设施因素新增加了每千人拥有的床位数、供水普及率、每千人拥有的医生数和每万人拥有公共汽车四个具体指标，文化教育则以每百人每天有报纸杂志这一指标代替了科教文卫事业费占财政支出的比重，在产业因素中新加入了第一产业产值比重和第一产业就业比重。[③] 显然，国内学者在研究新型城镇化时较多地考虑了经济、产业、人口转移、科技教育等因素，对环境和资源的考虑较少，较少涉及城镇化地区的绿色发展评价指标的构建。

在绿色发展指标体系的构建方面，王兵和黄人杰用省市实际生产总值平减指数表示"好"的产出，用 COD 的排放量表示"坏"的产出，用从业人员数表示劳动投入量，用永续盘存法确定资本投入量，用折算成万吨标准煤的能源消费数据表示能源投入[④]；郑宏娜的绿色发展评价体系包括环境服务指数、消费指数、绿色福祉指数和绿色政策指数 4 个一级指标，一级指标被分解为 14 个二级指标，最后被具体为 23 个三级指标[⑤]；2010 年河南省际绿色发展指数体系建立，在 2015 年《中国绿色发展指数报告》一书中省际绿色发展指数包括经济增长绿化度、资源环境承载能力和政府政策支持力度在内的 3 个一级指标，绿色增长效率、资源丰裕和生态保护、环境压力和气候变化、绿色投资在内的 9 个

① 姚志、谢云：《新型城镇化发展指标体系构建与影响因素分析——以湖北为例》，《商业经济研究》2016 年第 9 期。

② 吴江、申丽娟：《重庆新型城镇化路径选择影响因素的实证分析》，《西南大学学报》（社会科学版）2012 年第 2 期。

③ 王莹莹、吴开：《浙江省新型城镇化影响因素实证分析》，《农村经济与科技》2014 年第 9 期。

④ 王兵、黄人杰：《中国区域绿色发展效率与绿色全要素生产率（2000—2010）——基于参数共同边界的实证研究》，《产经评论》2014 年第 1 期。

⑤ 郑宏娜：《中国绿色发展系统模型构建与评价研究》，硕士学位论文，大连理工大学，2013 年。

二级指标和人均地区生产总值、第一第二第三产业劳动生产率、人均水资源量、单位二氧化碳排放量、环境保护支出占财政支出比重、城市人均绿地面积和当年人均新增的造林面积在内的 60 个三级指标，同时该书中也提到了拥有 3 个一级评价指标、9 个二级评价指标和 44 个三级评价指标的城市绿色发展指数指标体系。张攀攀将 2009—2015 年中国绿色发展指数报告中武汉市绿色发展评价指标体系中的 48 个三级指标精简到 30 个三级指标，并给每个二级指标分配 3 个三级指标，从而构建出包括第三产业劳动生产率、万元工业的增加值水耗、人均水资源量、人均氮氧化合物的排放量等在内的武汉市绿色发展指标评价体系。[①]

（三）评价指标体系

城市的绿色发展是国家的重大发展战略，系统有效而又简便易行的城镇化地区的绿色发展评价体系的构建对于城镇化地区绿色发展的促进和导向作用不言而喻。为确保评价体系科学有效，在选择指标时，采用定性分析法中的理论分析法和频率分析法，根据绿色发展指标评价体系的构建原则和绿色发展的定义，结合其他学者的研究成果和现有比较成熟的绿色指标评价体系，综合河南省城镇化和绿色发展的实际情况，依据河南历年统计数据，选取那些使用频率高，能体现河南省城镇化地区的绿色发展典型特征的因素，构建河南省快速城镇化地区绿色发展的指标评价体系。综合考虑并注重参考河南的城市绿色发展指数评价指标体系后，本章从经济增长、资源环境、政府政策和人口转移四个方面对河南省的快速城镇化地区绿色发展水平进行综合考察，以保证河南省快速城镇化地区绿色发展状况和时间演变趋势，可以得到科学系统的分析与评价。在这一理念的指导下，初步构建出了包括绿色增长效率、生态承载能力、环境压力和资源丰裕程度 4 个一级指标、8 个二级指标在内的河南省快速城镇化地区绿色发展水平评价指标体系，如表4-1 所示。

---

① 张攀攀：《武汉绿色发展的综合评价与路径研究》，硕士学位论文，湖北工业大学，2016 年。

表 4-1 河南省快速城镇化地区绿色发展评价指标体系

一级指标	二级指标	指标处理方法
环境压力指标	人均二氧化硫排放量	二氧化硫排放量/总人口数
	人均烟尘排放量	烟尘排放量/总人口数
生态承载力指标	人均绿地面积	绿地总面积/总人数
绿色增长效率指标	第三产业就业人员比重	第三产业就业人口/就业总人口
	固定资产投资占比	固定资产总量/投资总量
	从业人员数	从业人员总数
资源丰裕度指标	供电电量（亿千瓦时）	供电总量
	人均水资源（吨/人）	水资源供给/总人口数

二 数据说明与模型构建

本章需要的数据均来自历年的《河南统计年鉴》和《中国城市统计年鉴》，主要选取了 2010—2014 年河南省 14 个快速城镇化地区人均二氧化硫排放量、人均烟尘排放量、人均绿地面积和固定资产投资占比等在内的 8 个指标来研究河南省快速城镇化地区绿色发展水平的主要影响因素，被解释变量为人均 GDP，用 Y 来表示，以各地市 GDP 与常住人口的比值表示，生态承载力指标参照中国的城市绿色发展指数评价指标体系，仅以人均绿地面积来衡量。

在对河南省快速城镇化地区绿色发展水平进行研究时，将人均 GDP 作为被解释变量，把人均二氧化硫排放量、人均烟尘排放量、人均绿地面积和固定资产投资占比等 8 个因素作为解释变量。考虑到人均 GDP 和解释变量间可能存在非线性关系，加之各解释变量取值单位不统一，取值大小存在显著差异，为消除量纲差异，避免异方差的出现，将模型设定为双对数模型，模型公式如下：

$$\ln y_t = \beta_0 + \sum_{j=1}^{8} \beta_j \times \ln x_{it} + \varepsilon_t \quad (j = 1, 2, \cdots, 9) \tag{4-1}$$

其中，$\ln x_{it}$ 表示解释变量 $j = 1$，2，$\cdots$，8 依次代表人均绿地面积、人均二氧化硫排放量……供电电量（亿千瓦时）等 8 个解释变量，$i = 1$，2，3，$\cdots$，14 依次代表郑州、洛阳、开封……驻马店等 14 个快速城镇化地区，$t = 1$，2，$\cdots$，5 依次代表 2010—2014 年等 5 个年度，ε_t 表示模型未考虑的解释变量以外的其他随机扰动项。

三 实证检验及回归分析

（一）单位根检验

为确保估计效果的有效性，避免伪回归，一般回归前需要进行单位根检验。单位根检验分为同质性单位根检验和异质性单位根检验，同质性单位根检验常见的检验方法有 LLC 和 Breintung 两种方法，异质性单位根检验常见的检验方法有 Fisher-ADF、Fisher-PP 和 IPS，为确保检验效果有效，本章采用同质性单位根检验 LLC 方法和异质性单位根检验 Fisher-ADF 方法对面板数据进行单位根检验，若两种检验方法均拒绝存在单位根的假设，则面板数据是平稳的。LLC 检验和 Fisher-ADF 检验显示，报告中的面板数据均未通过 10% 的显著性水平下的显著性检验，即变量为非平稳的，但对面板数据选取的指标采用在一阶差分进行检验时，同质单位根检验 LLC 的 P 值<5%，异质单位根检验 Fisher-ADF 的 P 值为 0，显然也小于 5%，均能通过 5% 显著性水平的检验，这说明选取的指标为一阶单整序列，可以进行后续的回归分析。

表 4-2　　　　　　　　　　单位根检验结果

组单位根检验：汇总				
外生变量：个体效应				
自动选择最大滞后				
基于 SIC：0 的延时自动选择				
使用 Bartlett 内核的新西部选择				
对每个测试的平衡观察				
方法	数据	Prob. **	截面	Obs
Null：单位根（假设公共单位根过程）				
Levin，Lin & Chu t*	−73. 2977	0. 0000	121	363
Null：单位根（假设单个单位根进程）				
Im，Pesaran and Shin W-stat	−1. E+171	0. 0000	118	354
ADF-Fisher 卡方	348. 288	0. 0000	118	354
PP-Fisher 卡方	395. 442	0. 0000	117	351

** Fisher 检验的概率是用渐近 Chi 计算的

－平方分布。所有其他检验均假设渐近正态性。

（二）协整性检验

单位根检验显示，本章所用的面板数据中变量为非平稳序列，为避免虚假回归现象的出现，不能对数据直接进行回归，但是本章选取的指标为一阶单整序列变量，这意味着解释变量和被解释变量间有可能存在协整关系，也就是说尽管单个变量是非平稳序列，但是这些单个非平稳序列组成的线性组合可存在平稳的协整，为验证模型中所涉及的变量是否存在长期稳定关系，需要对报告中用到的面板数据做出协整性分析。

协整检验的方法也较多，常见的方法有 Pedroni 检验、Kao 检验和 Fisher 检验，Pedroni 和 Kao 将 Engle-Granger 的检验框架扩展到了面板数据，Engle-Granger 的协整分析是通过对残差进行检验实现的，如果变量间存在长期稳定的协整性关系，残差将会趋近于 0，如果变量间不存在长期稳定的协整性关系，残差将不趋近于 0，本章采用 Kao 检验对使用的面板数据进行协整分析，协整检验的结果如表 4-3 所示。

表 4-3　　　　　　　　　　　　协整检验结果

Kao 残差协整检验

零假设：无协整

趋势假设：无确定性趋势

延迟选择：固定在 1

使用 Bartlett 内核的新西部带宽选择

	t 统计量	Prob.
ADF	-4.896547	0.0000
残差方差	3.89E-05	
HAC 方差	3.05E-05	

Kao 检验结果显示 P 值为 0 小于 5%，即在 5% 的显著性水平下，本章所用的面板数据拒绝原假设，表明面板数据涉及的变量之间存在稳定的协整性关系，被解释变量与解释变量间存在着长期稳定的线性组合关系，可以对选取的变量进行回归分析。

（三）面板数据模型设定

根据模型的常数项和系数项是否为常数，面板数据模型分为 3 种类型，分别是混合回归模型、变截距模型和变系数模型。确定面板数据是模型需要用到的 F 统计量。

$$F_1 = \frac{(S_2 - S_1)/[(N-1)K]}{S_1/[NT - N(K+1)]} \sim F[(N-1)K, N(T-K-1)] \qquad (4-2)$$

$$F_2 = \frac{(S_3 - S_1)/[(N-1)(K+1)]}{S_1/[NT - N(K+1)]} \sim F[(N-1)(K+1), N(T-K-1)]$$

$$(4-3)$$

其中，S_1 为混合回归模型的残差平方和，S_2 为变截距模型的残差平方和，S_3 为变系数模型残差平方和，N 为截面个体的数量，K 为解释变量的个数，若给定显著水平下相应的 F 临界值大于计算得到的 F_2 的值，则采用混合模型，若给定显著性水平下相应的 F 临界值大于计算得到的 F_1 的值，采用变截距模型，否则采用变系数模型拟合。

本章研究的是河南省快速城镇化地区范围内的绿色发展水平，尽管2005 年河南省整体上已进入快速城镇化阶段，但所研究的部分地市，在 2010 年才刚刚接近快速城镇化阶段，故本章面板模型选取的是河南省各地市 2010—2014 年的数据，面板数据具有维度大、时间短的特征。为了避免漏掉影响城镇化地区的绿色发展的变量，本章用到的面板数据选取了 8 个指标进行回归分析，由于选取的面板数据时间短、维度大，无法得到混合回归模型的残差平方和 S_1，也就无法对面板数据模型的设定进行 F 检验，难以确定哪个模型的回归效果更优，同样，报告也难以对面板数据进行 Hausman 检验，无法确定模型是固定效应还是随机效应。

易丹辉主编的《数据分析与 Eviews 应用》一书中，为了确保回归结果的科学性，对截面单元很多而时序长度又很短的面板数据采用变截距模型的固定效应进行分析，同时，在翻阅其他学者的相关研究文献时也发现，研究城镇化相关问题的面板数据经过 F 检验较多显示采用变截距模型，如有学者利用面板数据模型对陕西省土地和人口城镇化的非均衡性的研究有学者基于面板数据对城镇化、产业结构和环境污染的研究中，经 F 检验均显示需要采用变截距模型，且 Hausman 检验的结果均呈现固定效应。同时，伍德里奇和古扎拉蒂也先后指出截面数据若不是在总体中随机抽取，或者关注的重点是所选样本的规律性特征时，应用回归分析和固定效应。显然，文中涉及的面板数据是快速城镇化地区的，并非随机截取，采用固定效应较为适宜。综上所述，本章中的面板数据模型设定为变截距固定效应模型。

（四）回归结果分析

本章采用的面板数据通过了单位根检验和协整性检验，并依研究经验将面板数据的模型设定为变截距固定效应模型进行回归分析，在做好以上准备工作的基础上，用 Eviews7.2 对面板数据进行回归分析，为防止虚假回归的出现，文中所涉及的变量均做了对数化处理，回归结果如表 4-4 所示。

表 4-4 模型回归结果（a）

影响规范			
横截面固定（虚拟变量）			
可决系数	0.983631	被解释变量的样本均值	2.336857
调整的可决系数	0.976469	被解释变量的标准差	0.037592
回归熵	0.005767	赤池信息准则	−7.222224
残差平方和	0.001596	汉南—奎因准则	−6.941526
对数似然函数值	274.7778	宾沃森统计量	2.082303
F 统计量	137.3505	Prob（F 统计量）	0.000000

表 4-4（a）中的回归结果显示 $R^2 = 0.98$，$\overline{R}^2 = 0.97$ 且 P 的值趋近于 0，由此可知模型拟合得较好。回归结果如表 4-5（b）所示。

表 4-5 模型回归结果（b）

被解释变量：Y_t

方法：混合最小二乘法

变量	系数	标准误	t 统计量	Prob.
C	1.472891	0.172945	8.516538	0.0000
X1	0.001619	0.001646	0.983445	0.3303
X2	0.001095	0.002488	0.440077	0.6619
X3	0.039695	0.015139	2.621963	0.0117

续表

变量	系数	标准误	t统计量	Prob.
X4	−0.016113	0.004579	−3.519032	0.0010
X5	0.087121	0.027006	3.225999	0.0023
X6	−0.001694	0.006030	−0.280878	0.7800
X7	0.055320	0.011560	4.785367	0.0000
X8	0.002488	0.003676	0.676825	0.5018
固定效果（交叉）				
ZZ--C	−0.062620		_XC--C	0.108128
KF--C	0.032651		_LH--C	0.147484
LY--C	−0.061742		_SMX--C	−0.043377
AY--C	−0.019069		_NY--C	−0.072950
HB--C	0.067021		_XY--C	−0.031088
XX--C	0.015678		_ZK--C	−0.050530
JZ--C	0.018776		_ZMD--C	−0.048361

回归结果显示，固定资产投资与人均绿地面积和人均 GDP 的变动负相关，与河南省当前快速城镇化地区绿色发展水平不相适应；人均二氧化硫排放量、人均烟尘排放量、第三产业就业人员占比、从业人员数、用电量、人均水资源和人均 GDP 的变动正相关，与河南省快速城镇化地区的绿色发展水平基本适应。进一步分析回归结果，可得以下结论：

固定资产投资存量较低，经济结构有待调整，河南省快速城镇化地区绿色增长效率仍有提高空间。回归结果显示河南省快速化地区的人均 GDP 与固定资产投资负相关，固定资产投资每变动一单位，人均 GDP 反向变动 0.016 个单位，在河南省作为内陆省份缺少出海口，经济增长较多依靠投资实现的背景下，河南省固定资产投资与人均 GDP 变动负相关，意味着河南省大部分的固定资产投资并未转化为投资存量，经济增长方式粗放，经济增长效率低下。同时，还应注意到第三产业就业人员的增加有利于提高河南省快速城镇化地区的人均 GDP，河南省在转变经济发展方式的过程中也应注意产业结构的调整。

人均绿地面积与人均 GDP 负相关，表明生态承载能力较弱，河南省快速城镇化地区绿色发展政策亟待完善。回归结果显示人均绿地面积每变动一个单位，人均 GDP 反向变动 0.016 个单位。而人均绿地面积涵盖了城市的公园、湿地、自然保护区等绿色生态系统，不仅是城市人居环境的指示器，代表着快速城镇化地区的生态承载能力，一定程度上也反映着城市管理者的执政理念，预示着政府的政策偏向。因此，河南省快速城镇化地区在绿色发展政策的制定、执行和完善方面还需做许多工作。

人均烟尘排放量和人均二氧化硫排放量适中，河南省快速城镇化地区资源环境承载量仍在可控范围内。回归结果中人均烟尘排放量和人均二氧化硫排放量均与人均 GDP 的变动正相关，且人均烟尘排放量每变动一个单位，人均 GDP 将同向变动 0.0016 个单位，人均二氧化碳排放量每变动一个单位，人均 GDP 将同向变动 0.0011 个单位，即河南省快速城镇化地区当前人均烟尘排放量和人均二氧化硫排放量仍在绿色发展要求的范围之内，河南省快速城镇化地区在经济发展和环境保护方面有可取之处。

河南省快速城镇化地区虽人均资源量较小，但尚能满足省内绿色发展的要求。河南省具有较为丰富的能源资源和矿产资源，但人口基数大，人均能源资源拥有量小，回归结果显示，供电量和人均水资源拥有量均与人均 GDP 正相关，且供电量每变动一个单位会引起人均 GDP 变动 0.055 个单位，人均水资源每变动一个单位会引起人均 GDP 变动 0.002 个单位。由两者对人均 GDP 的影响进一步分析可知，快速城镇化地区供电量较为充足，而人均水资源拥有量已处在向绿色发展反面转化的临界点。由此可见，河南省快速城镇化地区当前的能源资源利用状况虽为绿色发展奠定了基础，但也潜藏危机，绿色发展曙光已现，但实现过程仍困难重重。

第四节　研究结论、政策建议、不足与展望

一　研究结论

本书以实证分析的方法，通过建立快速城镇化地区的面板数据模型，以数据为基础，以事实为依据，试图把握河南省城镇化地区绿色发

展的体制机制，掌握河南省快速城镇化地区绿色发展的主导性因素，继而为河南省在下一轮城镇化进程中，坚持绿色发展道路，提出科学合理的政策建议。

从河南城镇化中出现的环境污染和生态破坏问题切入，说明河南省城镇化地区的绿色发展水平亟待提高，同时，在大量阅读参考文献的基础上，从绿色发展、城镇化地区的绿色发展、城镇化国家认知与河南省城镇化地区的绿色发展实践三方面，对国内外城镇化地区的绿色发展的相关文献进行系统整理，又将绿色发展细分为绿色发展的理论研究和绿色发展的实践研究两个方面；将城镇化地区绿色发展的文献细化为国外和国内两个方面，并进一步将国内城镇化地区绿色发展具体为城镇化地区绿色发展的理论研究和城镇化地区绿色发展的具体实现路径；将绿色发展国家认知和中部绿色发展形式分解为国家层面的绿色发展理念不断成熟，中部区域层面绿色发展实践的不断推进和河南省省域内城市绿色发展的优势资源、具体措施与存在的主要问题三部分；在此基础上，经过归纳整理发现，现有参考文献对河南省快速城镇化地区绿色发展研究较少，且当前对河南省快速城镇化的研究多局限在定性分析上，缺乏定量方面的研究，由此，本章对河南省快速城镇化地区的研究既必要可行也具有现实意义。

确定对河南省的城镇化地区绿色发展进行研究后，本章从农业发展现状、工业优势和成就、矿产资源保有情况、交通区位优势和旅游资源开发状况五个方面对研究区域做了整体概述。在确定河南省快速城镇化地区时发现，现有的快速城镇化地区定义太过笼统，缺乏区分度，为此本章参考其他学者的快速城镇化定义的前提下，利用 2005—2009 年《河南统计年鉴》的相关数据，以城镇化率在 30% 以上且年均城镇化水平提高 1.5% 及以上、城市建设用地年均增长 3% 及以上、经济增长速度维持在 10% 及以上三个指标为基准来确定河南省的快速城镇化地区，明确本章的研究对象为郑州、洛阳、开封、安阳、鹤壁、新乡、焦作、许昌、漯河、三门峡、信阳、南阳、周口和驻马店 14 个地级市。随后，本章又从城市发展机遇、城市发展的经济基础、矿产旅游资源和城镇化发展历程等方面梳理了河南省快速城镇化地区城镇化的发展现状，并分析了河南省快速城镇化地区存在的农业现代化水平滞后、农民市民化道路不畅、城市建设资金短缺、环境污染和生态破坏等问题。

在掌握了研究对象的基本情况之后，开始进行指标选取和模型构建。为确保选取的指标科学系统，参考已经较为成熟的新型城镇化指标评价体系和城镇化地区的绿色发展评价体系，运用定性分析法中的理论分析和频度分析法选取指标，并确保选取的指标要符合独立性、代表性和可操作性的原则。经过反复斟酌对比，建立了包含4个一级指标、9个二级指标的河南省快速城镇化地区绿色发展水平评价指标体系。在建立模型时，考虑到变量间可能的非线性关系以及为避免异方差的出现，本章设定的模型为双对数模型。为保证回归结果的准确性，对变量进行了单位根检验和协整性检验，排除了伪回归现象，确认变量间存在长期的稳定关系，为回归分析打好了基础。

由于选用的数据具有截面单元多且时序长度短的特征，无法进行F检验和Hausman检验，本章接受教材的处理方法，依靠经验将模型设定为变截距固定效应模型进行回归分析，回归结果显示，固定资产投资与人均绿地面积和人均GDP的变动负相关，与河南省当前快速城镇化地区绿色发展水平不相适应；人均二氧化硫排放量、人均烟尘排放量、第三产业就业人员占比、从业人员数、用电量、人均水资源和人均GDP的变动正相关，与河南省快速城镇化地区的绿色发展水平基本适应。在此基础上，报告从转变经济发展方式，加快技术革新；重视第三产业发展，优化产业结构；坚持以人为本的执政理念，稳定城市绿色发展倾斜政策；健全生态保护评价指标体系，拓宽生态保护渠道；节约集约利用传统能源，开发利用新能源等几方面为河南省快速城镇化地区的绿色发展建言献策。

二 政策建议

第一，转变经济发展方式，加快技术革新，培养新的经济增长点。回归结果显示单位GDP的能耗和人均水资源消耗量增加会阻碍河南省城镇化地区的绿色发展。现实中，生产要素价格上涨，环境污染和生态破坏的存在，表明粗放型的经济增长方式确实已经影响到了河南省城镇化地区的绿色发展。为确保河南省城镇化的良性发展，在未来的发展中，河南省应贯彻落实"创新、协调、绿色、开放、共享"的发展理念，配合国家的供给侧结构性改革，建立科学合理的地方绿色发展综合评价指标体系，健全利于经济发展方式转变的政绩考核指标，与时俱进，推动实施绿色发展理念的政策措施，积极推动河南省经济发展方式的转变；对河南省工矿业体系进行技术革新，提高河南省第二产业产品质量和生产效率；发挥郑州市交通十字路口和航空港的经济聚力作用，带动周边地市发展出口贸易；依托郑洛新国家自主创新示范区，大力发展科技、金融、物流、旅游、现代交通和商务服务等产业，努力实现现代制造业和现代服务业的有机融合，培养新的经济增长点；充分利用河南省在"一带一路"经济发展倡议中的有利地位，发挥中原地区丰富的人文积累，努力推进文化出口，开辟河南绿色发展新途径。

第二，重视第三产业发展，优化产业结构，培养城镇化地区绿色发展的动力源。回归结果表明第三产业就业占比和第二产业劳动生产率，同时变动一个单位对城镇化相关指标影响高达 0.3 个单位。相关的测算也显示，第三产业每增加一个百分点，可以创造大约 100 万个工作岗位，而第二产业则只能创造 50 万个左右，且河南省服务业的发展水平不高。河南省作为人口大省，在河南省每年未就业人员比例居高不下的情况下，优先发展第三产业不仅有利于河南省摒弃"三高一低"的粗放型经济发展方式，促进经济发展方式的转变，而且有利于改善河南省的就业状况，实现人力资源的合理配置，也是对河南省丰富的自然资源和人文景观保护性开发的有效尝试，更是河南省坚持绿色发展之路，创新城镇化发展模式，下沉绿色发展理念，建设美丽乡村的有意之举。

第三，坚持以人为本的执政理念，稳定城市绿色发展倾斜政策，不断提高城市发展质量。城市的发展需要诸多公共配套，而公共物品因其非排他性和非竞争性很难由私人完全提供，因此，政府对城市的公共支出不可避免，但是，以往城市建设或因缺乏整体规划，或因缺少市场参与，或因无法发挥财政杠杆作用，致使政府在城市的建设支出上难以理顺生产要素关系，无法运用市场规律优化资源配置，造成城市建设存量不足，城市发展质量参差不齐。在未来城市建设中应在尊重市场规律的前提下，充分利用政府的财政杠杆引导私人资金参与城市建设，提高城市建设的质量和存量。同时，稳定加速城市绿色发展的政策，破解阻碍城市发展的制度障碍，为私人资金参与城市建设提供制度上的保证，从政策上为城市的绿色发展提供支持，鼓励各种城镇化地区绿色发展的尝试，引导各个城市从实际出发，依靠当地的优势资源和丰沛文化，建设独具特色的城市景观，形成别具一格的城市文化，在推进城市发展的同时追求绿色发展目标的实现。

第四，节约集约利用传统能源，开发利用新能源，为城镇化地区的绿色发展注入持久动力。回归结果表明供电量和人均水资源均与人均GDP正相关，但需要河南省注意的是人均水资源对人均GDP的变动影响较小，这说明河南省快速城镇化地区能源资源消耗虽处在可控范围但已接近临界值。为改变当前能源资源消耗的现状，保证河南省能源资源的持续利用，可采取下列措施：一是大力发展第三产业，推进产业结构调整。河南省当前的产业结构中第二产业仍占较高比重，而河南省有利的地理区位，丰富的人文资源，得天独厚的自然景观，为当地交通运输业、旅游业、餐饮住宿业等产业的发展奠定了基础。河南省可运用自己的优势资源，大力发展第三产业，通过产业结构的调整，实现节约集约利用资源的目的；二是研发新能源，开辟利用能源新途径。河南省能源资源丰富，但人口众多，人均资源较少，仅靠常规能源很难满足经济社会发展的需要。河南省西部地区地处第一阶梯和第二阶梯交会处，海拔相差大，又有黄河和洛河等大河经过，水资源丰富；东部地区地势平坦，季风气候比较明显，有较多风力资源可开发利用；三是打破区域保护，加速能源资源自由流通，充分利用省外能源资源，河南省地处中原，位置优越，西电东送、西气东输和南水北调均从其腹地穿过，河南省应做好政策配套，深化对内改革，为能源资源的顺利流通和高效利用铺平道路。除此之外，河南省也可与高等院校和科研院所合作，通过技术普及，提高传统能源转化效率，拓宽能源利用的新渠道，为快速城镇化地区的绿色发展奠定基础。

第五，健全生态保护评价指标体系，拓宽生态保护渠道，不断提升河南省快速城镇化地区的生态承载能力。河南省处在二三阶梯交界处，多大山大河，矿产和旅游资源丰富，但生态环境较为脆弱。回归结果显示，快速城镇化地区的人均绿地面积与人均GDP负相关，生态承载能力已不适应绿色发展的需要，但生态文明建设是实现绿色发展的重要一环。为此，快速城镇化地区应健全生态保护评价指标体系，对区域生态承载能力进行全面评价，根据区域生态环境特点，因地制宜采取生态保护措施。焦作、三门峡矿产能源丰富，应重点做好工矿区的生态保护工作，避免工矿区的生态环境恶化；黄河流域的三门峡、洛阳、郑州、开封和淮河流域的南阳、信阳、驻马店应做好河道保护和水源保护工作，严厉打击毁河挖沙和污染水源的生态破坏工作；郑州、洛阳、新乡、焦作和信阳等地风景秀丽，山川秀美，旅游资源丰富，旅游业发展较快，应在生态保护方面加强对旅游目的地的生态保护，坚持保护性开发的原则，有规划、有次序地开发旅游资源。2008 年后，东部地区的部分产业开始向内陆地区转移，河南省快速城镇化地区工业基础好，劳动力丰富，从此次产业转移中受益良多，各地产业集聚区呈现井喷式增长，部分地区的产业集聚区在承接产业转移时缺少区分度，引进许多高污染、高耗能、低产出的产业，虽带动当地经济的增长，但也给生态环境带来了巨大压力。因此，各地在承接产业转移时也应处理好经济发展和生态保护的关系。同时，河南省作为农业大省，也需要在农业机械化普及、土地节约、耕地质量提高等方面努力，处理好农业发展和农村生态保护的关系。

三 不足和展望

本章研究的重心是河南省快速城镇化地区绿色发展的影响因素，在确定影响因素时主要采用了面板模型的回归分析，虽然在选取变量指标时尽量确保指标的科学系统性，但是由于城镇化地区的绿色发展涉及面广，牵涉指标多，加之缺乏成熟的快速城镇化地区绿色发展评价指标体系进行参考，很难确保选取的指标具有典型代表性。同时，河南省部分地区进入快速城镇化阶段较晚，囿于本章笔者水平有限和面板数据的时序长度较短，无法进行 F 检验和 Hausman 检验，具体模型的设定依靠经验，设定缺乏有效数据的支撑，相关研究仍需进一步完善。

综上所述，未来相关研究拟从两方面入手，一方面，从数据入手，学习新的数据处理方法，加长数据的时间序列长度，为进行 F 检验和 Hausman 检验奠定基础，依据实际检验结果设定回归模型；另一方面，考虑采取当前新型城镇化实证分析较多采用的主成分回归分析法，建立更为多元的指标评价体系，在主成分分析法去粗取精的基础上，对分析过的主要成分进行回归分析，以避免漏选指标，造成回归结果不准确。

第五章

河南省工业绿色发展效率评价

本章介绍了国内外学者关于工业绿色发展的相关研究，并介绍了相关的理论基础，选取了经济发展水平、城镇化水平、产业结构、对外开放、政府教育投入、工业企业科技创新能力六个影响因素作为本章的理论假说；接着运用了DEA-SBM模型，选取工业资本投入、工业劳动力投入、工业能耗三个投入指标，工业总产值作为期望产出指标，工业废水、工业二氧化硫排放作为非期望产出指标，对河南省各地市的工业绿色发展效率进行测算，并运用面板TOBIT方法对理论假说进行实证分析，得出结论，并针对性地提出了提高工业绿色发展效率的建议。

第一节　河南省工业绿色发展效率的研究背景和意义

一　研究背景

自改革开放至今，中国走过了40多年的风雨历程，实践证明这一政策是极为正确的，中国的经济得到了腾飞式的发展。2017年，中国国内生产总值达到827121.7亿元，其中工业产值为279996.9亿元，工业对经济发展的贡献率为34%，但能源消费总量为449000万吨，其中煤炭消耗量占能源消耗总量的比例更是高达60%。2016年，工业能源消耗总量为290255万吨，占当年能源消费总量的67%，工业对GDP的贡献率远低于能源消耗占总消耗的比重，且能源消费结构极为不合理。2015年，中国的工业废气排放量达到685190亿立方米，固体废弃物产生量331055万吨，而利用率同比2014年下降了2个百分点，仅为

60%，而近年来工业废水排放量占废水总排放量的比重一直在60%左右，可见工业增长模式依然是以高污染、高能耗为主，这也是为什么我们目前所面临的环境形势如此严峻。面对这一状况，中国正在不断地做出努力。党的十八大报告中提出了"五位一体"，升级了过去以经济建设为中心这一格局，明确指出要更加注重生态环境。而在党的十八届五中全会首次正式提出了绿色发展这一理念。工信部也颁发了《工业绿色发展规划（2016—2020年）》，规划里指出到2020年，中国要基本形成工业绿色发展机制，包括能源、资源利用率、环境保护程度、清洁生产情况等。但就目前的形势来看，中国工业高能耗、高污染情况十分严重，因此推进工业绿色发展刻不容缓。在2017年发布的《政府工作报告》中，关于绿色发展的文字更是占到了1000字以上。"十三五"规划中明确提出了中国经济建设的核心理念就是绿色发展理念，这说明目前中国已经下定决心改变以往的经济发展方式，要把生态环境保护放在国家发展的第一位置。在新的历史时期，进行经济建设的同时必须把关注点放在提高经济发展的质量上来，走出一条经济的绿色发展道路来取代我们过去的传统经济增长模式，以实现经济的持续、绿色发展。

河南省是国家新型工业化的试验地区，作为试验地区需要为其他地区探索出一条新型工业化发展的道路，实现工业与环境二者之间的协调发展。由于河南省地处中原地区，且郑州为全国的铁路交通枢纽，凭借着得天独厚的地理区位优势，再加上近几年国家对于中部地区给予各项政策优惠，河南省的经济发展水平得到了明显提升。2017年全省GDP总值达到了44552.83亿元，其中工业产值为21105.52亿元，对河南省GDP贡献率为47%，工业仍然是支撑河南省经济的主要力量。经济发展中所消耗的能源总量为22944万吨，其中煤炭消费总量占能源消费总量的比例高达73%，高于全国17个百分点，而工业发展中所消耗的能源总量为13857.47万吨，占经济发展中能源消耗总量的60%，而工业废弃物排放量达到15684.71万吨，工业废水排放量为50602.8万吨。工业污染物排放量巨大，虽然经济实现了较大的增长，但很大程度上却对环境造成了极大的破坏，并且工业生产多依赖于资源消耗。比如焦作、平顶山依托于煤炭产业，但近年来粗放型的生产模式导致煤炭资源浪费、不足，因此，想要实现经济的可持续发展，就必须要转变工业发展的路径和模式，在新时代的要求下，绿色发展为河南省工业发展转型提供了合适的路径。

二 研究意义

(一) 理论层面

以绿色发展的相关理念为基础，阐述了关于工业绿色发展的不同定义，而国内学者对于绿色发展的研究很丰富，对于工业绿色发展的研究相对不足。文献大致分为两类，一类集中在工业绿色发展指标体系的构建上；另一类则是对工业绿色发展效率的评估，并且大多是从国家、城市群、经济带层面，针对河南省工业绿色发展效率进行评估且分析其影响因素的文献较为稀缺。本章研究可以丰富关于地区工业绿色发展的理论，也为河南省工业绿色发展奠定了理论基础。

(二) 实践层面

基于绿色发展的理论基础，对河南省各城市工业绿色发展效率进行测算、评价，通过实证分析找出影响河南省各城市工业绿色发展效率的主要制约因素，为河南省各城市实现工业绿色发展、经济转型提供了具有针对性的意见建议，对其他城市探寻工业绿色发展路径也具有一定的借鉴意义。

第二节 工业绿色发展效率相关理论基础

一 工业绿色发展的理论基础

(一) 低碳经济理论

低碳经济这一概念第一次走入人们的视野是在 2003 年公布的《我们能源的未来：创建低碳经济》白皮书中，但当时这一概念相对模糊，没有被具体化和明确化，提出的主要目的是解决全球日益严重的环境问题，随着近些年来国内外学者的不断研究，这一概念内涵也在不断丰富。低碳经济具体来说一方面提倡节能减排，另一方面还提倡资源的高效利用，同时在这一基础上经济也能得以快速发展，实质上是一条经济又好又快发展的道路。学者认为通过先进的技术以及政府制定相应的政策法规，在一定程度上就能够推动能源利用效率的提高，通过开发新能源，如太阳能、风能等来替代传统的煤炭资源的利用，从而推动生产领域的绿色化，推动其转向低耗能、低污染，从源头上减少对环境的污染，促进生产领域的清洁、低碳生产；同时也要通过加大科学理念的宣传教育、普及绿色消费理念，改变公众存在的一些不健康的消费习惯和生活方式，提倡绿色消费和健康、低碳的生活方式，使得整个生产领域和消费领域都处于一种低碳状态，从而使整个社会都处于节能减排和资源高效利用的状态，使得在环境得以保护的前提下经济也能良好发展。

（二）循环经济理论

20世纪60年代，循环经济理论首次被美国经济学家波尔丁提出，他深受宇宙飞船理论的影响，认为我们所赖以生存的地球就是广阔宇宙中的一个飞船，飞船自身的资源是有限的，且终有一天资源、能源都会被消耗殆尽，并且飞船本身是一个孤立的系统，只能通过消耗自身的资源和能源而得以维持，当资源和能源全部被消耗完以后，那么我们所生存的地球也就随之灭亡，因此想要使我们地球这艘宇宙飞船更长久地存在，唯一的办法就是，实现资源的合理利用、循环利用，提高资源的利用效率，唯有如此，才能够让地球和人类存在得更长久。20世纪90年代，这一理论被引入中国，并且得以快速发展，这一理论的本质是一种封闭式的流动型经济，研究的是如何在资源最优配置和资源最大化利用的基础上满足人们的生产生活需要，核心是资源的有效利用。

（三）可持续发展理论

1972年，在全球能源危机爆发、生态环境问题日益严重的背景下，可持续发展这一概念应运而生，直到1987年，在联合国公布的《我们共同的未来》中正式被提出，并且给出了这一概念的明确定义，即"既能满足当代人的物质文化需要，又不损害后代子孙的需要"。这一理论认为资源是有限的，不能被无限地开采，因此所有的人类活动都必须在环境的承载范围之内，如果超出了环境的承受力，那么则会导致环境破坏，资源枯竭，从而影响人类自身发展。资源是经济发展的基础，只有在资源环境友好的基础上才能实现经济的高速度、高质量发展。同时我们要为子孙后代考虑，立足长远，不能损害后代利益需求，促进整个人类生活水平的持续提高和社会持续进步，最终实现生态环境的可持续、经济的可持续和人类社会的可持续。

（四）工业生态学理论

2012 年中国首次提出"生态文明建设"，说明中国也进入了一个全新的文明形态，生态文明注重尊重、保护以及合理利用自然，工业生态学则是生态文明在工业领域的发展与延续。这一概念起源于 20 世纪 80年代，由美国经济学家格特勒在《工业生态学》中第一次阐释，他认为工业生态学是在清洁生产和能源、资源节约的基础上，利用现代科技手段来管理工业，促进工业发展。这一理论把工业经济与自然生态圈联系起来，认为工业经济系统与生态系统具有相似性和共性，二者都具有生态链的性质，各企业之间就像自然界中的生物之间一样，都是相互联系、相互影响的，存在类似生物之间"食物链"的关系，在企业中表现为"上下游"的关系，也就是说一个企业生产过程中产生的废弃物可能是另一个企业生产过程中所需要的原材料。由此，我们只需通过强化各个企业之间的联系就能够实现资源利用效率的提高和污染物的减少，与生态系统中的食物链极为相似，最终是为了减少对环境的破坏，减少对自然界的索取，提高资源能源的利用效率，以达到工业发展与生态环境二者协调发展、共生的目的。为此，需要减少对环境的破坏、污染，促进工业结构合理优化，加强企业间耦合关系，提高工业发展水平，走出一条科技水平高，创新能力强，生态、高效、绿色的新型工业化道路。

（五）工业绿色发展

联合国工业发展组织（United Nations Industrial Development Organization）在定义工业绿色发展时认为其是一种可持续发展，不仅能够实现资源的节约利用，又能够满足人们的消费需求。工业绿色发展一方面要促进工业的发展，另一方面也要在工业发展的过程中减少资源、能源的消费和污染物的排放，在资源、能源消耗最少的情况下实现工业的最大产出，实现工业经济发展与自然生态环境二者之间和谐共存、协调发展，互惠互利。一方面，利用生态环境提供的资源充当工业发展的原材料，改善人们生活；另一方面，也要通过提高技术水平来提高资源、能源的循环利用，通过开发风能、太阳能、潮汐能等这些对环境无污染的清洁能源来替代传统的煤炭资源的使用，从而减少对自然资源的过度开发和掠夺，也能够减少污染物的排放，从而降低对环境的污染，保护生态环境，包括工业生产过程的绿色化和工业产品的绿色化。工业生产过程绿色化是指在生产过程中对资源进行合理配置，提高资源、能源使用率，使用清洁能源进行生产，创新绿色发展的理念，并把这一理念贯穿于工业生产的始终；工业产品绿色化是指利用现代科学技术和先进的管理理念，进行产品的生态化设计，使得产品具有生态性质、节能环保性质，能够对环境起到保护作用，是一种环境友好类型的产品，既能够满足人们对产品功能的需求，也能够满足人们对美好环境的需求。

二 工业绿色发展效率影响因素

工业绿色发展效率对地区经济发展和生态环境有着重大影响，在阅读文献时发现各个学者选取影响工业绿色发展效率的指标大都与经济发展、产业结构、对外开放、政府环境规制有关，所以本章在结合以往学者们的文献资料的基础上，共选取 6 个影响工业绿色发展效率的因素，分别是经济发展水平、城镇化水平、产业结构、对外开放程度、教育投入以及科技创新能力。

（一）经济发展水平

根据环境库兹涅茨曲线，经济发展程度与环境污染程度二者之间存在的关系是一条倒"U"形曲线，也就是说在经济发展初期，随着经济的不断发展，环境污染也会不断变得严重，因为在这一时期的生产过程中需要消耗大量的资源和能源，经济的发展以牺牲环境为代价，此时经济发展程度与绿色发展效率之间存在着负相关的关系；当经济发展水平突破某一临界点时，由于人们生活中所需要的物质资料在一定程度上得到满足，此时会开始追求精神资料的享受，对生存环境的要求逐渐增高，环保意识在此时也开始与日俱增，这就要求政府加大环境保护力度，环保投资增加，各种环境规制政策不断出台，同时科技的进步也改善了能源消费结构，减少了煤炭等资源的使用，而转向太阳能、风能等清洁能源的开发和利用，从而减少了对自然界资源的开发和索取，也减少了对自然界污染物的排放，在这一时期，随着经济的发展，环境污染会逐渐得以改善，工业绿色发展效率也随之提高。可以说经济发展水平通过影响能源消费结构来极大影响着工业绿色发展效率，而人均 GDP 则是反映一个地区经济发展水平的关键指标。所以本章选取人均生产总值来代表河南省地区的经济发展水平，在临界点之前，随着经济发展水平的不断提高，环境污染加剧，工业绿色发展效率较低，在临界点之后，随着经济发展水平的不断提高，会对环境形成一定的补偿机制，此时工业绿色发展效率也随之提高。

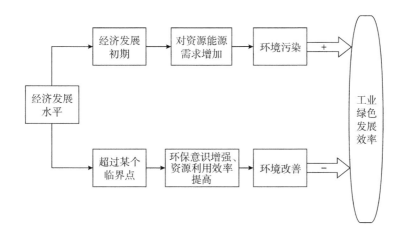

图 5-1 经济发展水平与工业绿色发展效率传导机制

（二）城镇化水平

城镇化水平在一定程度上代表着一个地区的经济发展水平，一般来说经济发展水平高的地区城镇化率也比较高，并且经济发展水平高满足了人们的物质资料需求，因此在这些地区人们的环境保护意识相对较强，对生态环境的要求较高，由此有学者认为工业绿色发展与城镇化程度二者之间是存在正向相关的关系。但随着新型城镇化概念的提出，城镇化已经不仅仅局限于过去城市土地向农村土地的扩张，更为重要的是农村人口的市民化。河南省是一个农业大省，农村人口较多，虽然近些年郑州、洛阳等各地市的城镇化水平迅速提高，但也带来了不少的问题，尤其是环境问题更为突出，这其中不仅城市环境遭到破坏，农村环境更是急剧下降，在城镇化率提高的背后，是我们所付出的巨大环境成本，同时由于城市不断向农村扩张，要完善相应的城市设施，对自然资源的索取就有所增加，并且在中国许多地方的城镇化只注重城市环境的建设，政府往往对农村生态环境的保护不甚注重，由此导致现在许多农村已经不是过去城市白领逃避城市生活的绿色花园，已经没有过去的蓝天白云、绿水青山。更让人痛心的是生态环境一旦遭到破坏在短时间内就难以得到修复。基于此原因，许多学者认为城镇化水平与工业绿色发展效率之间存在负相关的关系。因此，为了研究河南省地区城镇化水平与工业绿色发展效率之间的相关关系，用年末城镇人口总数占总人口数量的比重来代表一地区的城镇化水平。

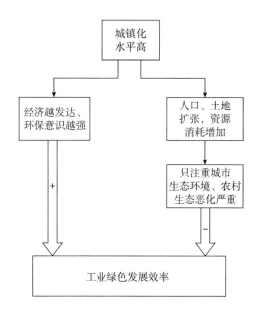

图5-2 城镇化水平与工业绿色发展效率传导机制

（三）产业结构

学者普遍认为一个地区的产业结构会对当地的自然生态环境造成极大影响，一般学者大都认为一个地区的产业结构越合理，那么这一地区的第三产业所占的比重越高，经济发展对环境的破坏力越小，资源越得以节约，工业绿色效率也就越高。究其原因在于第二产业主要以工业为主，生产需要大量的资源、能源投入，虽然可能会带来较高的期望产出，但同时这些能源、资源的开采和使用会给环境带来不利影响。但第三产业主要是以服务业为主，对自然资源的需求相对较少，且能带来较高的期望产出和较低的非期望产出，而各个地区的政府、企业对期望产出和非期望产出的应对措施和态度也都存在差异。

但也有学者对此观点持反对意见，他们认为工业产值所占比重越高，越有利于提高工业绿色发展效率，中国在发展经济的同时也兼顾了环境问题，利用工业发展推动技术进步和科技创新能力，能够更有利于环境保护。因此，在选取影响工业绿色发展因素的指标时把产业结构纳入进内是必要的，本章在表示产业结构时选取第二产业占经济发展水平的比重，来分析产业结构与工业绿色发展效率二者之间存在的正负关系。

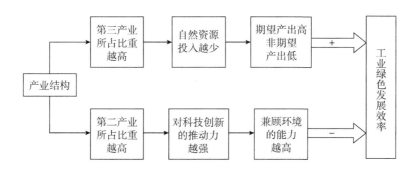

图5-3 产业结构与工业绿色发展效率传导机制

（四）对外开放程度

有的学者认为对外开放程度与一地区的工业绿色发展效率呈正相关关系，因为他们认为一地区的对外开放水平越高，那么这一地区能够引进的外资和利用外资就越多，本地区的市场就越活跃，对经济的拉动作用越明显，并且通过与国际上其他国家的交流还可以学习其他国家先进的技术和管理经验，对本地区经济绿色发展有积极影响；但也有一些学者持反对观点，他们认为中国是"污染天堂"这一假说成立，即大量引进外资可能对东部发达地区没有太大的负面影响，但对中、西部经济相对落后的地区，负向作用非常明显，当国外在向外投资时，只会把一些重污染企业转移出去，关键核心技术并不会随之转移，因此中、西部地区承接的只能是一些重污染企业，会加重中、西部地区的环境污染。而河南省又是中部大省，判断对外开放水平与本地区的工业绿色效率之间的关系意义重大，本章在表示对外开放程度时，用各地市进出口总额占本地市GDP的比重来表示这一地区的对外开放水平。

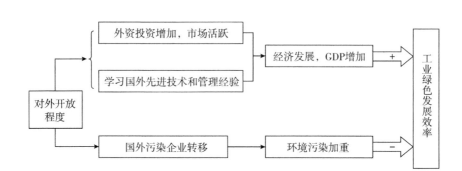

图5-4 对外开放程度与工业绿色发展效率传导机制

（五）教育投入

知识能够指导人们正确地认识世界和改造世界，教育作为传播知识的重要方式，对一个地区的经济发展、环境保护等方面具有极大的指导意义。在发达国家和地区，国家、政府和家庭对教育的投入都相对较高，工业绿色发展水平也相对较高，在中国东部沿海发达城市教育投入与工业绿色发展水平同样存在正相关的关系。中国自实行义务教育，普及高等教育以来，国民素质也得以迅速提升，人们对自然的认识也在逐渐发生改变，越来越重视保护自然和环境，人才培养优势得以显现，教育水平对一个地区的创新能力和生产力水平的提高有着重要作用，可见，一个地区对于教育的投入越高，所带来的经济效益和环境价值也就越大。因此，研究教育投入与工业绿色发展效率之间的具体影响系数十分有意义，选取教育投入占政府财政支出的比重来衡量教育投入水平。

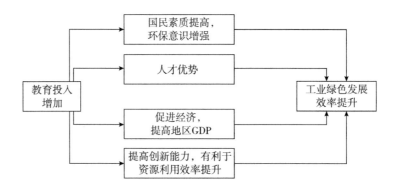

图5-5 教育投入与工业绿色发展效率传导机制

（六）科技创新能力

习近平总书记在上海考察时强调说，科技创新是牛鼻子，谁牵住了牛鼻子，谁就能够在国际竞争中掌握主动权。科学技术是第一生产力，是推动经济发展的不竭动力，我们只有紧跟时代步伐，才能更好地立足于国际社会。20世纪80年代的内生增长理论和索洛的新古典增长理论，都提出技术进步是推动经济发展的动力，区别在于前者认为科技是内生要素，后者认为科技是外在原因，但毫无疑问大多数学者也都普遍认为科技的进步使得人们更多地转向新能源的开发和使用，同时也改变了人们的生产生活方式，减少了对自然资源的索取和浪费，更好地保护了环境。

但是科学技术的进步与创新对工业绿色发展效率是否存在正相关关系，这是本章需要进行验证的问题。因为许多科学技术的研发与市场存在脱节、不适应现象，许多专利还只是处在实验室阶段，并未真正地投入市场，科技创新的经济价值要想实现需要一个过程，其具有滞后性的特征，此外，科技进步毫无疑问提高了生产效率，由此生产过程中会需要更多的自然资源，而对自然资源开发的技术也在不断提高，这就会促使人们开采更多的自然资源，这就可能对环境造成更大的破坏，因此，本章针对河南省的科技创新能力对工业绿色发展效率存在的正负关系进行实证分析，选取规模以上工业企业的研究与试验人员占从业人口比重来表示工业企业的科技创新能力。

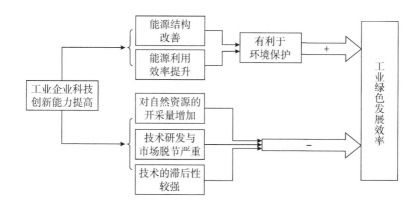

图5-6 工业企业科技创新能力与工业绿色发展效率传导机制

第三节　河南省工业绿色发展效率测算

一　工业绿色发展效率测算方法

学者在进行测算工业绿色发展效率时一般采用综合指标法和前沿面法，前沿面法包括参数方法（SFA）和数据包络分析（DEA）。

综合指标法是首先分析汇总原始的数据和资料，计算出综合指标，一般用来反映社会经济现象总体的一般数量特征和关系。包括总量指标、相对指标和平均指标三种，依据每一个指标的权重来计算这一指标对应的每一个决策单元的得分情况，由于每个决策单元所选取的指标不同，因此每个得分也就各不相同。所以，可能会受人的主观因素影响，并且中国已经建立了覆盖面较广的指标评价体系并进行了评价，所以本章不选取此方法。

参数法是用来计算经济活动关系比率的一种方法，分为静态参数和动态参数，静态参数分析的是同一时期内不同经济指标的比率，动态参数则是指不同时期内经济指标的关系；首先需要选择适当的参数，其次建立含有参数的具体生产函数，最后通过计算消除参数来解决问题。

DEA（Data Envelopment Analysis）是一种数据包络分析法，它是由美国运筹学家 Charnes、Cooper 和 Rhodes 在 1978 年提出的。它是一种评价相对效率的非参数方法，通过一组关于输入—输出的观察值来估计有效生产的前沿面，其原理为：第一步构建一个最优生产的可行性区域，第二步通过决策单元 DMU 的输入不变或输出不变，利用数学线性对每一个决策单元进行比较，测算出每一个决策单元和生产最优区域的距离，来评价每个决策单元的有效性。

传统的数据分析方法一般多为分析数群的平均性，从大量的样本数据中得到普遍的、一般的、共性的规律特征，而 DEA 则是针对个体进行有效的分析、评估，判断个体的生产效率的高低，能够体现数据间的个体差异性。且 DEA 对于数据的处理要求较低，其他数据分析方法大多数都需要对数据进行无量纲化的处理，而 DEA 则不需要此步骤，只需要确保投入和产出的单位一样，也不用事先设定投入产出生产函数，所有的结果都是根据样本数据测算而来，减少了结论的主观性，使得测算更加科学、客观，尤其是当需要处理多个投入、产出指标时，由于数据指标过多，处理起来非常麻烦，此时 DEA 这一得天独厚的优势便得以显现出来。所以，用 DEA 模型来进行工业绿色发展效率的测算是比较有效和科学的。

二 测算模型的选择

DEA 模型包括 CCR 模型、BCC 模型和 SBM 模型，起初是通过 CCR 模型来测算效率值，但这一模型存在一定的局限性，因为其有一个特定的前提，即必须是规模报酬不变时才可以运用这一模型，而在实际生活中，大部分行业并不能满足这一条件，许多行业可能存在规模报酬递增或者递减的情况。于是 Charnes、Cooper 和 Banker 在 1984 年发展出了 BCC 模型，在 BCC 模型里，打破了 CCR 模型要求的规模报酬不变的前提，其可以递增也可以递减，这也就拓宽了在进行效率测算时 DEA 模型适用范围，评价体系也更加能满足现实需要。但无论是 CCR 模型抑或是 BCC 模型，依旧存在一定的局限性，这两个模型都是从投入或产出单一的角度来对效率值测算，也就是说用最小的投入来得到最大的产出，更重要的是都仅仅考虑了期望产出，并没有把非期望产出，即环境代价考虑进来，随着全球环境危机的日益严重，这两个模型都已经不能满足实际测算需要，因此，Tone Kaoru 在前两个模型的基础上发展出了 SBM 模型，SBM 模型是一种非径向、非角度，基于松弛变量的测量模型，它把非期望产出也考虑进来，使得 DEA 模型可以用来测度经济发展中所付出环境成本和代价。而 SBM 模型也适用于本章对工业绿色发展效率的测算，因此本章选取此模型作为测算模型。

（一）CCR 模型

CCR 模型指的是规模报酬不变情况下的 DEA 模型。与 BCC 模型相比，CCR 模型去掉了 $n_1'\lambda = 1$ 的条件设定凸性限制。第 i 个 DMU 的综合效率 δ_i 及技术效率 θ_i 由式（5-1）、式（5-2）可知为：

$$\max \lambda, \quad \delta_i\delta_j \text{ s.t. } -\delta_iy_j+Y\lambda \geq 0; \quad x_i-X\lambda \geq 0; \quad \lambda \geq 0 \qquad (5-1)$$

$$\max \lambda, \quad \theta_i\theta_j \text{ s.t. } -\theta_iy_j+Y\lambda \geq 0; \quad x_i-X\lambda \geq 0; \quad \lambda \geq 0 \qquad (5-2)$$

（二）BCC 模型

该模型的特点是规模报酬不变情况下的效率测算。BCC 模型设定

含 n 个决策单元，不同的决策单元包含 m 个投入变量和 k 个产出变量。那么对于第 i 个 DMU，x_i 与 y_i 分别为投入与产出列向量，X 与 Y 分别为（$m \times n$）阶投入矩阵与（$k \times n$）阶产出矩阵，则由式（5-3）、式（5-4）可知第 i 个 DMU 的综合效率 δ_i 及技术效率 θ_i 为：

$$\max \lambda, \quad \delta_i \delta_j \ s.t. \ -\delta_i y_j + Y\lambda \geqslant 0; \quad x_i - X\lambda \geqslant 0; \quad \lambda \geqslant 0 \qquad (5-3)$$

$$\max \lambda, \quad \theta_i \theta_j \ s.t. \ -\theta_i y_j + Y\lambda \geqslant 0; \quad x_i - X\lambda \geqslant 0; \quad n_i' \lambda = 1; \quad \lambda \geqslant 0 \qquad (5-4)$$

其中，$n_1' \lambda = 1$ 为前沿面设定凸性限制，表示可变规模报酬。λ 为（$n \times 1$）常向量，n_1 为 n 维单位向量。通过"规模效率=综合效率/技术效率"这一关系则得到各 DMU 的规模效率。

（三）SBM 模型

SBM 模型假定有 n 个决策单元，每个决策单元都有 m 种投入、k 种期望产出和非期望产出，投入、期望产出、非期望产出分别表示为 $x \in R^m$，$y^g \in R^{s_1}$，$y^b \in R^{s_2}$，其定义矩阵表达如下：

$$X = [(x_1, \ x_2, \ \cdots, \ x_n)] \in R^{m \times n}$$

$$Y^g = [(y_1^g, \ y_2^g, \ \cdots, \ y_n^g)] \in R^{s_1 \times n}$$

$$Y^b = [(y_1^b, \ y_2^b, \ \cdots, \ y_n^b)] \in R^{s_2 \times n} \qquad (5-5)$$

设定 $X > 0$，$Y^g > 0$，$Y^b > 0$，则生产可能集是：

$$P = \{(x, \ y^g, \ y^b) \mid x \geqslant X\lambda, \ y^g \geqslant Y^g\lambda, \ y^b \geqslant Y^b\lambda\} \qquad (5-6)$$

式（5-6）中，λ 为权重向量，$\lambda \in R^n$。

由 Tone（2001）提出的基于全局参比的含有非期望产出 SBM 模型结合本章所研究的对象，设定模型如下[①]：

$$\rho^* = \min \frac{1 - \dfrac{1}{m} \sum_{i=1}^{m} \dfrac{S_i^-}{x_{i0}}}{1 + \dfrac{1}{S_1 + S_2} \left(\sum_{r=1}^{S_1} \dfrac{S_r^g}{y_{r0}^g} + \sum_{r=1}^{S_2} \dfrac{S_r^b}{y_{r0}^b} \right)}$$

$s.t.$

$$\sum_{i=1}^{10} \sum_{j=1}^{17} x_{ij}^t \lambda_j^t + s_i^- = x_{ij0}^{t0}, \quad i = 1, \ 2, \ \cdots, \ m$$

---

① Tone K., "A Slacks-based Measure of Efficiency in Data Envelopment Analysis", *Europen Journal of Operational Research*, 2001：498-409.

$$\sum_{i=1}^{10} \sum_{j=1}^{17} y_{ij}^{t} \lambda_{j}^{t} + s_{r}^{y} = y_{ij0}^{t0}, \quad r = 1, \ 2, \ \cdots, \ s_{1}$$

$$\sum_{i=1}^{10} \sum_{j=1}^{17} b_{ij}^{t} \lambda_{j}^{t} + s_{u}^{b} = b_{uj0}^{t0}, \quad u = 1, \ 2, \ \cdots, \ s_{2}$$

$$s_{i}^{-} \geqslant 0, \ s_{r}^{y} \geqslant 0, \ s_{u}^{b} \geqslant 0, \ \lambda_{j}^{t} \geqslant 0 \qquad\qquad (5\text{-}7)$$

式（5-7）中，投入及产出的松弛变量表示为 s，λ_j^t 是权重，投入冗余为 s_i^-，非期望产出冗余为 s_u^b，期望产出的不足表达为 s_r^y，j^0、t^0 分别表示评价城市和年份。ρ^* 是三个松弛变量严格递减的目标函数，仅 $s_i^- = s_u^b = s_r^y = 0$ 时，函数是有效率的，即处于生产可能性前沿面上。反之，就是没有效率的，需要进行改进。

三 指标选取和数据来源

（一）指标选取

在报告研究中，指标的选择直接关系着对工业绿色发展效率测算的结论，因此，在选取指标时应遵循以下原则。

1. 客观性原则

在选取数据中不能根据主管臆想随意编造、虚构数据，必须遵循实际情况，按照客观实际对数据进行描述、统计、分析。

2. 代表性原则

所选择指标应该具有代表性，排除相似、相近的指标，避免数据的重复对测算结果带来的不准确性的影响。

3. 科学性原则

所选择的指标应该具有一定的科学性，其所代表的内容应具有科学内涵，被学者普遍认可和接受的，避免数据的模糊和不清晰。

4. 可得性原则

在选取指标时应该尽量确保数据的实际可操作性，尽可能地选择国家和各地市政府公开统计的数据，避免研究中某些数据难以获得的情况。

本章在查阅大量国内学者相关文献的基础上发现大多数学者选取的绿色发展指标都包括经济总产出和环境污染，由于是对工业绿色发展效率进行的测算，纳入了环境因素，因此本章把能源纳入投入指标，把对环境排放的污染物纳入非期望产出指标。即共选取 3 个投入指标，分别是：劳动力投入，用工业从业人员（万人）表示；资本投入，用工业固定资产（亿元）表示；能源投入，用工业能源消耗（万吨标准煤）表示；3个产出指标，分别是：工业产出，用工业总产出（亿元）表示；环境产出，用工业废水排放量（万吨）和工业二氧化硫排放量（吨）表示。

表 5-1 投入产出指标说明

指标	类别	具体指标和单位
投入指标	劳动力投入	工业从业人员（万人）
	资本投入	工业固定资产（亿元）
	能源投入	工业能源消耗（万吨标准煤）
产出指标	工业产量（期望产出）	工业总产出（亿元）
	环境产出（非期望产出）	工业废水排放量（万吨）
		工业二氧化硫排放量（吨）

（1）工业固定资产。许多学者在计算资本存量时运用永续盘存法对其进行计算表示，能够比较及时地反映实际资本情况，但由于人为计算，计算量较大，可能会导致误差，且不能很好地表示各地区间资本投入的差异性，而通过观察统计年鉴中的数据和计算可知，固定资本投资额与资本存量在趋势上变动一致，所以本章选取工业固定资产来表示资本存量。

（2）工业从业人员。经济学理论中认为劳动力是一种生产资料，能够创造价值，所以本章也把劳动力当作工业的资本投入，用年末工业从业人员的数量来表示工业劳动力这一资本的投入。

（3）工业能耗。自然资源和能源是环境的重要组成部分，与工业绿色发展效率密不可分，因此本章选取工业生产中所消耗的能源总量来表示环境投入，包括工业生产过程中煤炭、石油、天然气的使用量。

（4）工业总产出。学者一般选取工业增加值或者工业总产值来表示工业总产出，鉴于本章所有指标都是选取的与工业相关的总值，所以也选取工业总产值来作为期望产出指标。由于2014年及以后国家就不再单独公布工业总产值，而是把工业总产值合并到第二产业里计算，且统计年鉴中公布了各地市分行业的增加值指数，因此自 2014 年以后工业总产值由计算得出，计算公式为：t 年工业总产值 $=t-1$ 年工业总产值×（$1+t-1$ 年工业增加值指数）。

（5）工业废水排放量。河流污染、海洋污染、水资源短缺都与工业废水的排放息息相关，也是众多学者选取工业废水排放量作为测算工业绿色发展效率指标中必不可少的一个因素，因此本章选取工业废水排放量作为非期望产出指标之一。

（6）工业二氧化硫排放量。二氧化硫是造成大气污染的重要原因，也是近几年来雾霾频发的主要原因，而二氧化硫最重要的来源就是工业，因此本章将其作为测算工业绿色效率的重要影响因素，用工业二氧化硫排放量来表示工业生产的非期望产出。

（二）数据来源

本章选取了 2008—2017 年河南省各个地市十年的数据资料，数据样本都来源于《河南统计年鉴》《中国工业经济统计年鉴》《中国城市统计年鉴》，其中某些地市的数据来源于各地市的环境统计年报和《河南省环境统计年报》。

四　河南省各地市工业绿色发展效率测算结果

在对河南省各地市工业绿色发展效率测算之前，首先对数据进行描述性统计，结果如表 5-2 所示。

表 5-2　　　　　　　　绿色效率测算指标描述性统计

	最大值	最小值	平均值	标准差
工业固定资产投资（亿元）	1954.59	136.31	716.56	411.18
工业从业人员（万人）	216.33	21.75	113.42	51.50
工业能源消耗（万吨标准煤）	2268.31	124.31	831.96	497.36
工业总产出（亿元）	4541.76	214.72	938.44	678.87
工业废水排放量（万吨）	21807.00	670.00	7003.58	4261.13
工业二氧化硫排放量（吨）	254311.00	1373.00	53245.92	45956.73

根据所选的投入和产出指标，基于 DEA-SBM 模型，利用 MAX-DEA 软件，对每个决策单元数据进行测算，得到如表 5-3 所示的结果。

表 5-3　　　　基于 SBM 模型河南省工业绿色发展效率测算结果

城市	2008 年	2009 年	2010 年	2011 年	2012 年	2013 年	2014 年	2015 年	2016 年	2017 年	平均	排名
郑州	0.280	0.451	0.303	0.353	0.345	0.372	0.414	0.486	0.684	1.000	0.469	5
开封	0.194	0.210	0.184	0.195	0.187	0.188	0.206	0.220	0.258	0.302	0.214	17
洛阳	1.000	0.508	0.627	0.769	1.000	0.660	0.561	0.579	0.687	1.000	0.739	2
平顶山	0.468	0.415	0.372	0.353	0.312	0.294	0.310	0.340	0.390	0.406	0.366	11
安阳	0.343	0.295	0.330	0.306	0.321	0.315	0.333	0.345	0.387	0.452	0.342	14
鹤壁	0.228	0.219	0.236	0.294	0.294	0.283	0.286	0.297	0.297	0.346	0.278	15
新乡	0.255	0.248	0.269	0.356	0.375	0.350	0.371	0.426	0.510	0.598	0.376	10
焦作	0.375	0.361	0.377	0.427	0.396	0.383	0.409	0.391	0.467	0.525	0.411	7
濮阳	0.293	0.299	0.285	0.296	0.308	0.328	0.351	0.376	0.413	0.531	0.348	13
许昌	0.473	0.633	0.596	0.640	0.571	0.566	0.642	1.000	0.708	1.000	0.683	3
漯河	0.360	0.354	0.368	0.370	0.334	0.328	0.364	0.424	0.512	0.626	0.404	8
三门峡	0.511	0.537	0.588	1.000	0.647	0.555	1.000	1.000	0.750	1.000	0.759	1
南阳	0.389	0.331	0.322	0.330	0.302	0.285	0.290	0.304	0.410	0.594	0.356	12
商丘	0.250	0.250	0.236	0.247	0.226	0.217	0.229	0.249	0.296	0.319	0.252	16
信阳	0.307	0.336	0.288	0.312	0.270	0.266	0.261	0.282	1.000	0.465	0.379	9
周口	0.355	0.361	0.345	0.346	0.327	0.327	0.339	0.358	0.476	1.000	0.423	6
驻马店	0.450	0.488	0.444	0.433	0.396	0.445	0.465	0.532	0.656	1.000	0.531	4

为了使得各地市的工业绿色发展效率值观测更加直观、清晰，本章绘制了 2008—2017 年河南省 17 个地市的工业绿色发展效率值的折线图，如图 5-7 所示。

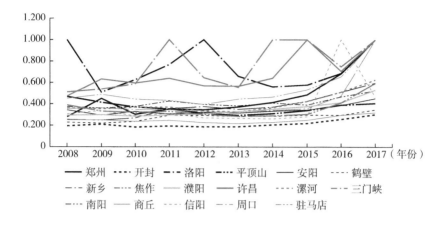

图 5-7　河南省各地市 2008—2017 年工业绿色发展效率趋势

从图 5-7 测算结果可以得知，河南省各地市 2008—2017 年十年间的工业绿色发展效率的平均值处于 0.214—0.759。三门峡和开封市两地的工业绿色发展效率相差近 4 倍，说明河南省各地市之间工业绿色发展程度差异较大，地区之间工业绿色发展不平衡。郑州、开封、平顶山、安阳、鹤壁、新乡、焦作、濮阳、漯河、南阳、商丘、信阳、周口 13 个城市 10 年间的平均工业绿色发展效率都处于 0.5 以下，工业绿色发展效率处于不协调状况，但到 2017 年工业绿色发展效率只有开封、平顶山、安阳、鹤壁、商丘五个城市处于 0.5 以下，尤其是在 2015—2017 年，各地市的工业绿色发展效率值都呈现上升态势。从整体上来看，河南省各个城市的工业绿色发展效率值呈现波动上升态势，且上升速度较快，这也是由于各地区经济不断发展，产业结构不断趋于合理，政府各项环保政策的不断推出，从以经济建设为中心到更加注重环境保护，注重运用技术手段来提高煤炭等传统资源的利用效率，同时注重开发清洁能源。

本章参考了以往学者对绿色发展效率的分级，如黄建欢等针对中国 30 个省份提出的资源、环境和经济协调度的分级，结合河南省各地市的工业绿色发展效率值，将河南省分为四个级别。①

---

① 黄建欢等：《资源、环境和经济的协调度和不协调来源——基于 CREE-EIE 分析框架》，《中国工业经济》2014 年第 7 期。

（一）中高效率区域

工业绿色发展效率值处于 0.7—0.9 的属于资源、环境和经济协调状况中等，即中高效率区域。工业绿色发展效率平均值排名前两位的分别是三门峡市、洛阳市，其中三门峡市为 0.759，洛阳市为 0.739，这两个城市的工业绿色发展效率值都在 0.7 以上，工业绿色发展效率相对较高，处于工业绿色发展的中度协调状况。这是因为这两个城市的工业总产出都相对较高，工业废水和二氧化硫排放量相对较低，因此工业绿色发展效率值也相对较高。根据 2008—2017 年河南省的工业绿色发展效率均值可知，只有 2 个城市处于中高效率区域，河南省各地市的工业绿色发展效率值都呈上升趋势，因此，想要实现工业绿色发展的完全效率还需要政府更大的努力。

（二）中效率区域

工业绿色发展效率值处于 0.5—0.7 的属于中效率区域，许昌市和驻马店市的工业绿色发展效率平均值排名分别为第 3 位、第 4 位，为 0.683 和 0.531，均值都在 0.5 以上，数据显示这两个地区的工业 GDP 在 10 年内都有明显迅速的提高，尤其是许昌市，2017 年其工业总产出为 1799 亿元，仅次于郑州和洛阳，而工业从业人员投入和工业能源消耗都相对较小。可以看出，2008—2017 年河南省整体上工业绿色发展效率都处于一个相对偏低的水平，与东部沿海地区还有很大的差距，资源环境和经济的关系并未得到很好的处理，经济与环境也远远没有达到最佳效率的利用水平，在未来需要河南省各地市更加注重经济系统发展与资源环境的关系，这既是实现经济可持续发展的必然要求，也是实现伟大中国梦的必然要求。

（三）中低效率区域

中低效率区域是指工业绿色发展效率值处于 0.3—0.5 的地区，郑州作为河南省的省会城市，经济总量较高，但工业绿色发展效率工业绿色发展效率均值为 0.469，这个可能与郑州市的工业从业人员投入较大有关，且郑州市的能源消耗、工业总产出、工业废水和工业二氧化硫排放都，属于高投入、高产出、高污染的地区，污染物排放量较大，因此，郑州市应在污染物排放、提高能源利用效率方面加以控制和改善。

周口、焦作、漯河工业绿色发展效率为 0.423、0.411、0.404，这三个地区近十年的平均值都在 0.4—0.5，处于河南省全省工业绿色发展效率的平均值左右。周口地区的工业投入主要是工业人员投入和固定资产投资较高，工业能耗相对较低，因此，周口更需要的是调整工业结构，推动科学技术的进步，加强创新，利用技术来减少人员的投入从而提高本地区的工业绿色发展效率；焦作作为河南省重要的煤炭生产地区，地区的能源结构以煤炭消费为主，2017 年工业能源消耗总量高达 1094 万吨标准煤，工业固定资产投资也非常之高，2017 年为 1570 亿元，工业总产出为 1620 亿元，和郑州市相似，也属于高投入、高产出的地区，因此需要在提高能源利用效率、转向清洁能源的使用方面努力。漯河的工业总产出在河南省各地市排名中处于中等偏后的位置，2017 年工业总产出为 823 亿元，而工业人员投入、工业固定资产投资和工业能源消耗也都在河南省各地市处于中等排名，工业废水排放量和工业二氧化硫排放量在全省排名也较靠后，属于投入相对较低、产出也比较低的地区，因此漯河市目前更应该努力发展本地区经济，控制高污染企业。

信阳、新乡、平顶山、南阳、濮阳、安阳这 6 个地区 2008—2017 年的工业绿色发展效率平均值都处于 0.4 以下，工业绿色发展效率值较低，工业绿色发展程度较为落后，根据统计数据显示，这些城市的工业固定资产投资和人员投入都比较高，而工业废水排放量和工业二氧化硫排放量在河南省排名都比较靠前，并且工业产出也相对较低。

（四）低效率区域

工业绿色发展效率值处于 0.3 以下的属于资源、环境和经济极度不协调的，即处于投入和产出的低效率状态，在河南省这十年的均值中，处于工业投入、产出低效率的地区包括开封、鹤壁和商丘，工业绿色发展效率均值分别为 0.214、0.278 和 0.252，这三个城市 10 年间的工业绿色发展效率并未出现大幅度上升，这与这三个城市的工业产出较低有关，如鹤壁市 2017 年的工业总产值仅为 634.54 亿元，与工业总产值排名第一位的郑州市相差 7 倍之多，因此，这些工业绿色发展效率落后的地区当务之急应该是提高经济发展水平。

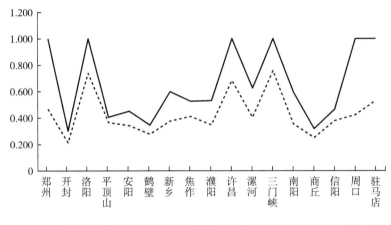

　　——2017年工业绿色发展效率值　····2008—2017年工业绿色发展效率均值

图5-8　河南省各地市2017年工业绿色发展效率值与均值趋势比较

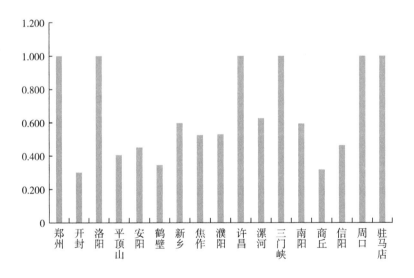

图5-9　河南省各地市2017年工业绿色发展效率值

　　虽然2008—2017年河南省大部分地市的工业绿色发展效率均值都不高，但在2017年，各地区的工业绿色发展效率值都出现明显的提升，工业绿色发展效率值达到1的地区就有6个，分别是郑州、洛阳、许昌、三门峡、周口和驻马店，说明这几个地区在2017年工业绿色发展效率都达到了有效状态，这说明河南省政府和各地区的环保政策和措施是积极有效的。而漯河、南阳、新乡、焦作和濮阳这五个地区的工业绿色发展效率值都达到了 0.5 以上，工业绿色发展程度得到了提高，但值得一提的是开封、鹤壁和商丘这三个地区的工业绿色发展效率值在2017 年依然处于 0.4 以下，处于工业绿色发展效率低下的地区。数据显示，近十年来这三个地区的工业绿色发展程度并没有明显地提升和进步，因此这三个地区应重视此方面，制定相关的政策来提高本地区的工业绿色发展效率。

第四节 河南省工业绿色发展效率影响因素实证分析

在前文提出的影响工业绿色发展的理论假说，在运用 DEA-SBM 模型对河南省各地市工业绿色发展效率进行了测算和结果分析，但并不能得出所选的环境产出指标和工业绿色发展效率之间确切的正负关系，因此本节对影响河南省各地市工业绿色发展效率的因素进行实证分析。把河南省各地市的工业绿色发展效率作为被解释变量，把前文所提出的经济发展水平、产业结构、科技创新能力、利用外资水平、政府投入、教育投入这些影响因素作为解释变量，建立回归模型，分析这些要素与河南省各地市工业绿色发展效率之间存在的关系，为河南省的工业绿色发展提供相应的理论依据。

一 模型的选取

由于河南省工业绿色发展效率进行测算得出的效率值都在 0—1，是面板 Tobit 模型中的一种，因此，若采用最小二乘法对其进行实证分析，易使结果产生误差，因此选取面板 Tobit 模型对河南省各地市工业绿色发展效率的影响因素进行进一步的分析。

Tobit 模型由 James Tobin 提出，为了分析家庭耐用品的支出情况，也被称为样本选择模型、受限因变量模型，因变量满足某种约束条件下取值的模型，模型的特点在于模型包含两个部分，一是满足约束条件下的选择方程模型，二是满足约束条件下的某种连续变量的方程模型，研究的是受限制的连续变量方程模型。Tobit 模型也包括时间序列模型、截面模型和面板模型，面板 Tobit 模型相对于时间序列模型和截面模型的观测样本更加全面，因此，针对河南省各地市的工业绿色发展效率影响因素构建面板 Tobit 模型，可写成如下方程式：

$$y_i{}^* = \beta_0 + \sum_{j=1}^{k} \beta_j x_{ij} + \varepsilon_i \tag{5-8}$$

当 $y_i \le 0$，$y_i{}^* = 0$；当 $y_i > 0$，$y_i{}^* = y_i$。式中，$y_i{}^*$ 为潜变量；y_i 为可观测的因变量；β_0 为常数项；x_{ij} 为自变量向量；β_j 为相关系数向量；ε_i 为随机误差项。这一模型运用了极大似然法估计，得到的结果是无偏的、一致的。回归到本章，本章对影响河南省绿色发展效率的 Tobit 模型设定为：

$$eff_{it}^* = \beta_0 + \beta_1 Pgdp_{it} + \beta_2 Urban_{it} + \beta_3 Indus_{it} + \beta_4 Open_{it} + \beta_5 EDU_{it} + \beta_6 Innov_{it} + \varepsilon_{it} \tag{5-9}$$

式中，i 指地区；t 指年份；eff_{it}^* 表示地区工业绿色发展效率，$Pgdp$ 代表地区经济发展水平，$Urban$ 代表地区城镇化水平，$Indus$ 代表地区产业结构，EDU 代表地区教育投入水平，$Innov$ 代表工业企业科技创新能力。

二　数量来源和变量说明

本章选取了 2008—2017 年河南省各地市的面板数据，数据均来源于《河南统计年鉴》《中国城市统计年鉴》《中国统计年鉴》，其中个别地区缺失的数据来自各地市的统计年鉴和年报。

经济发展水平这一影响因素指标用人均 GDP 来表示，单位为元/人；城镇化水平这一影响因素指标用年末城镇人口占总人口比重来表示，单位为%；产业结构这一影响因素指标用各地市第二产业占 GDP 比重来表示产业结构，单位为%；用各地区的进出口总额占 GDP 的比重来表示对外开放程度，单位为%；用教育投入资金占政府支出比重来表示各地市的教育投入水平，单位为%；用规模以上工业企业的试验与发展人员占从业人员的比重来表示工业企业的科技创新能力，单位为%。其中人均 GDP、进出口总额、教育投入和政府财政支出都以 2007 年为基期，计算出各个年份的实际值，进出口总额以当年的人民币对美元的汇率换算成人民币再对其进行平减化，并作对数化处理。

表 5-4 变量解释说明

变量名称	简称	变量说明	预期属性
地区经济发展水平	Pgdp	人均 GDP	正/负
城镇化	Urban	年末城镇人口/总人口	正/负
产业结构	Indus	第二产业/地区 GDP	正/负
对外开放水平	Open	进出口总额/地区 GDP	正/负
教育投入	EDU	教育支出总额/财政支出总额	正
工业企业科技创新水平	Innov	工业企业 R&D 人员/从业人口	正/负

三 实证分析

(一)描述性统计

表 5-5 影响因素描述性统计

变量	Obs	均值	标准差	最小值	最大值
地区经济发展水平	170	3.363	1.494	0.991	9.379
城镇化	170	0.441	0.090	0.276	0.723
产业结构	170	0.547	0.098	0.390	0.717
对外开放水平	170	0.029	0.045	0.001	0.437
教育投入	170	0.202	0.036	0.020	0.304
工业企业科技创新水平	170	0.002	0.002	0.0001	0.008

(二)面板 Tobit 回归结果

根据前文对河南省的工业绿色发展效率影响因素的模型设定,运用 STATA15 数据处理软件对数据进行回归分析,需要考虑干扰项组内异方差以及组内之间是否存在相关性。学者为了保证回归结果的准确性、无偏性和可靠性,经常会使用 OLS 回归模型,如果可能存在固定效应,则通过加入个体虚拟变量进行处理,并且对标准差进行校正,或者对异方差进行假设之后再使用 FGLS 进行估计。在处理固定效应的 Tobit 模型时,很多文献会在混合 Tobit 回归中增加虚拟变量,利用 LSDV 对面板 Tobit 模型估计,但 LSDV 因为是无条件固定效应估计方法,得出的估计量会出现不一致。半参数固定效应估计法(Pantob)是 Bo

E. Honoré（1992）拓展的一种可用于处理固定效应 Tobit 模型的方法①，这种方法的特点是不需要假设误差项分布，在异方差存在的情景下仍然能得到一致估计量。2014 年，Bo E. Honoré 联合 Sule Alan 等在此前的基础上将 Pantob 方法拓展到双受限的面板 Tobit 模型，即双边固定效应（two-side）的 Tobit 模型②。

回归到本章，针对河南省工业绿色发展效率影响因素的分析，首先，进行混合 Tobit 模型回归分析，加载聚类稳健性标准误；其次，进行随机效应 Tobit 模型回归分析，LR 结果强烈拒绝原假设"$\sigma_u=0$"，说明存在个体效应；最后，选择 Sule Alan 等提出的双边固定的 Tobit 回归模型。豪斯曼检验结构在 1% 的显著性水平下拒绝了原随机效应的假设，所以本章适合用固定效应的面板 Tobit 模型回归结果。具体如表 5-6 所示。

表 5-6　　　　　　　　　　　面板 Tobit 回归结果

变量	（1）混合效应面板模型	（2）随机效应面板模型	（3）固定效应面板模型
地区经济发展水平	0.175 ** (0.091)	0.090 ** (0.042)	0.11 ** (0.067)
城镇化	0.015 (0.11)	-0.258 (0.060)	1.757 ** (0.076)
产业结构	-1.986 ** (0.061)	-0.142 (0.07)	-1.259 ** (0.049)
对外开放水平	0.339 (0.116)	0.949 ** (0.381)	1.015 ** (0.398)
教育投入	-0.487 (0.112)	-1.250 ** (0.292)	-1.383 ** (0.039)
工业企业科技创新水平	0.459 ** (0.531)	0.552 ** (0.472)	0.592 ** (0.042)

　　① Bo E. Honoré, "Trimmed Lad and Least Squares Estimation of Truncated and Censored Regression Models with Fixed Effects", *Econometrica*, 1992, 60 (3): 533–565.

　　② Sule Alan, et al., "Estimation of Panel Data Regression Models with Two-Sided Censoring or Truncation", *Journal of Econometric Methods*, 2014, 3 (1).

续表

变量	（1） 混合效应面板模型	（2） 随机效应面板模型	（3） 固定效应面板模型
常数项	-3.256^* （0.064）	-0.903 （0.518）	
常数项	0.310^{***} （0.000）		
常数项		0.249^{***} （0.000）	
常数项		0.213^{***} （0.000）	
样本数	170	170	170

注：$*p<0.1$；$**p<0.05$；$***p<0.01$；括号内为标准差。

根据表5-6实证分析结果可知，固定面板效应模型的拟合程度最好，因此本章对固定面板效应模型的结果进行分析。

（三）回归结果分析

1. 经济发展水平分析

河南省各地市工业绿色发展效率与经济发展水平之间存在正向关系，具有明显的显著性，显著性水平为5%，经济发展水平系数为0.11，即经济发展水平每变动一个单位，就会引起工业绿色发展效率同方向变动一个单位，这与本章预期方向一致，由数据可知经济发展水平与工业绿色发展效率存在相关性，但是相对其他影响工业绿色发展效率因素来说影响水平不大。这主要是因为随着人均GDP的提高，即经济发展水平的提高，人们的物质资料需求在很大程度上被满足以后，就开始转向追求精神资料，其中就包括对于生存环境、生态的要求，此时人们的环保意识与日俱增，注重人与自然的和谐关系，注重生态环境的保护，推动工业绿色发展效率值的提高；但同时随着经济发展水平的提升，对自然资源、能源的需求也日益提升，因此对环境的破坏可能也更加严重，一些地区可能会为了追求短期经济利益而忽视对环境的保护，这就抵消了一部分经济发展对环境带来的正向影响，因此，经济发展水平与工业绿色发展效率存在正向关系，但系数相对较小。

2. 城镇化水平分析

根据结果可知，城镇化水平的系数为1.757，并且是在5%的显著水平下与河南省的工业绿色发展效率值呈现正相关的关系，当城镇化程度变动百分之一的时候，工业绿色发展效率就同向变动1.757个百分点，影响系数较大，也是所有的影响因素中对工业绿色发展效率影响最大的因素。这是由于一个地区的城镇化水平和本地区的经济发展水平密切相关，当一个地区的经济水平较高时，往往这一地区的城镇化水平也相对较高，在前文已经证明河南省各地市的经济发展水平和工业绿色发展效率值是正相关关系；此外，城镇化水平的提高会使人口、各种生产要素、资本都高度集中，能在很大程度上提高工业效率，这就会出现工业绿色发展效率也随之提高的结果。河南省是一个农业大省，在过去，经济发展是以农业为主要支撑，第二产业和第三产业都发展落后，城镇化水平一直处于一个较低的水平，但随着技术的进步、工业的发展，各地区经济快速发展，截至2017年河南省城镇化水平由2008年的36.03%提高到50.16%，在10年间有了14.13%的提升，提升幅度较大，因此河南省城镇化水平与工业绿色发展效率之间的影响系数较大。

3. 产业结构分析

产业结构与工业绿色发展效率之间存在负向相关的关系，同样是在5%的显著性水平下显著，系数为−1.259，即第二产业比重每增加1个百分点，工业绿色发展效率便会下降1.259个百分点。这是由于第二产业大都是对资源、能源消耗较高的产业，需要投入大量的人力、物力资本，因此对资源环境的索取程度也就比较大，挤占了其他产业发展的空间，并且在工业生产过程中又会产生大量的工业废气、工业废水和工业固体废弃物这些对环境有害的污染物，严重制约着工业绿色发展效率水平的提升。河南省的第二产业所占比重较大，在2017年，河南省第二产业占GDP的比重为44.6%，所以，产业结构与工业绿色发展效率之间呈现负向相关性，对此河南省应该努力加快推进产业结构走向合理化，大力发展第三产业，提高服务业占经济的比重，适当降低第二产业在经济中所占的比重。

4. 对外开放水平分析

对外开放水平与工业绿色发展效率存在正向相关的关系，在5%的显著性水平下显著且系数为 1.015，即对外开放水平每提高一个百分点，工业绿色发展效率值会相应地提高 1.015 个百分点，说明对于河南省来说，对外开放水平的提升有利于工业绿色发展效率的提升。这主要是因为随着对外开放水平的提升，国外直接投入的资金会增加，各地区能够直接利用的资本增多，会减少以环境为代价来获取资本，发展经济的可能性，并且对外开放水平的提高直接增加了河南省地区与其他国家交流的机会，这就为学习其他国家先进的技术、管理经验提供了机会，也就能够促进生产技术的提高、绿色效率值的提升；此外，对外开放水平较高也意味着这一地区的生产、出口能力相对较高，能够生产面向世界市场的产品，而近几年国际上普遍对于绿色、生态产品的呼声和需求较多，这也就倒逼企业生产绿色产品，从而推动工业绿色发展效率的提高。因此，河南省各地区的对外开放水平和工业绿色发展效率值之间也就显示为正向相关关系。

5. 教育投入分析

教育投入的系数值为−1.383，在 5% 的显著性水平下显著，也就是说当教育投入增加一个百分点的时候，工业绿色发展效率反而会下降1.383 个百分点，这与本章前文预测的教育投入与工业绿色发展效率呈正相关关系不一致。理论上来说教育投入的增加会使得教育水平提高，从而培养出满足社会需求的优秀人才，绿色发展效率也会随之提高，但本章研究结果却呈现相反趋势。通过对数据的分析发现，高新技术人才数量并未随教育投入的增加同幅度地增加，河南省各地区高新技术人才数量普遍较少，各个城市对人才的吸引力较弱，同时大量本地优秀人才也都流向发达地区和城市，这也给河南省政府在制定人才政策时提供了一定的理论依据，政府应多制定一些优惠政策来吸引人才、留住人才，减少人才的外流，为本地区的工业绿色发展储备人才。

6. 工业企业科技创新水平分析

实证结果显示工业企业的科技创新能力与工业绿色发展效率之间存在正相关关系，在 5% 的显著性水平下显著且系数为 0.592，即工业企业实验与发展人员占从业人口比重每提升 1 个百分点，工业绿色发展效率就能够提高 0.592 个百分点。这是由于科研人员的数量代表着一个地区或企业的科技创新能力，拥有高水平的科技创新能力往往意味着企业的生产要素可以更加高效地流动，资源、能源的循环、回收再利用水平较高，一定程度上减少了对自然资源的索取，同时科技水平的提高也使企业能够淘汰高污染的落后产业，采取清洁的生产方式，这会直接从源头上减少污染物的排放，对企业自身发展也较为有利，因此这样企业就可以以较低的投入来换取较高的产出，从而能够更高效率地进行清洁、绿色生产。但目前河南省工业企业 R&D 人员数量相对较少，2017 年所有工业企业 R&D 人员仅为 190516 人，占从业总人口的 0.08%，因此企业和政府都应该在如何提高企业的科技创新水平方面努力。

综上所述，研究河南省的工业绿色发展效率影响因素的结论显示，经济发展水平、城镇化程度、产业结构、对外开放水平、教育投入和工业企业科技创新水平 6 个因素都与工业绿色发展效率在 5% 的显著性水平下呈现显著相关关系，使得模型结果具有科学性和可信度，丰富了政府进行相关决策的理论依据，因此，为了促进河南省工业的绿色发展，走工业绿色发展道路应着眼于 6 个影响因素，对于与工业绿色发展效率之间存在正向相关关系的影响指标，即经济发展水平、城镇化程度、对外开放水平、工业企业科技创新水平应该努力提高，对于与工业绿色发展效率之间存在反向相关关系的影响指标，即产业结构和教育投入，政府应该努力调整。

第五节　研究结论与政策建议

一　研究结论

在提倡环保理念、绿色发展的当下，把河南省 17 个地市作为研究对象，选取了 2008—2017 年的面板数据对各地市的工业绿色发展效率进行了测算，并分析了影响工业绿色发展效率的相关因素。

首先，分别从世界、国家和省际三个层面阐述了本章的选题背景，以及从理论和现实方面简要说明了研究意义，对文献综述进行了描述，并对学者对于工业绿色发展效率的文献进行了总结评价，描述了本章的研究框架和所运用的研究方法，以及可能存在的创新点和不足。其次，分为两个部分进行阐述，其中第一部分介绍了工业绿色发展相关的理论基础，涵盖了低碳经济理论、循环经济理论、可持续发展理论、工业生态学理论，第二部分介绍了影响工业绿色发展效率的因素，选取了六个指标作为本章的理论假说，分别是经济发展水平、城镇化程度、产业结构、对外开放水平、教育投入以及工业企业科技创新水平。再次，对河南省各地市的工业绿色发展效率进行了测算，选取了三个投入指标，分别为工业从业人员、工业固定资本投资、工业能源消耗，选取了三个产出指标，其中期望产出指标选取工业总产出来表示，非期望产出指标则用工业废水排放量和工业二氧化硫排放量来表示，基于 DEA-SBM 模型非期望产出来对河南省工业绿色发展效率进行测算，并对测算结果进行了简要说明和分析。最后，对理论假说进行了实证分析，工业绿色发展效率的测算结果为因变量，以六个影响因素指标为自变量，运用面板 Tobit 模型来对二者之间存在的关系进行实证分析。在对数据进行分析以后，得到以下结论：

（一）河南省工业绿色发展效率结论

本章以 DEA—SBM 模型为基础，运用 MAXDEA 软件对河南省 17 个地市 2008—2017 年工业绿色发展效率进行测算，并对这十年的工业绿色发展效率的平均值进行排名，结果显示河南省各地市的工业绿色发展水平都处于中低程度，与东部沿海一些发达城市相比工业绿色发展效率值很低，还有较大的改进和提升空间。17 个地市这十年间的工业绿色发展效率均值在 0.214—0.759，三门峡市较高，工业绿色发展开封市较低，各地区的工业绿色发展程度差距极大，地区间工业绿色发展不平衡较为严重，并且开封市在这十年间的工业绿色发展效率并未有明显的提高。参考以往学者对工业绿色发展程度的分类，本章根据河南省工业绿色发展效率均值把各地市分为四类：其中有 2 个城市处于工业绿色发展的中高效率区域，均值都在 0.7 以上，分别是三门峡市和洛阳市，在河南省各地市的工业绿色发展效率均值中排名靠前；有 2 个城市处于中效率区域，均值都处于 0.5—0.7，分别是许昌市和驻马店市；有 10 个城市处于中低效率区域，其中效率均值处于 0.4—0.5 的有 4 个城市，分别是郑州市、周口市、焦作市、漯河市，效率均值处于 0.3—0.4 的有 6 个城市，分别是信阳市、新乡市、平顶山市、南阳市、濮阳市、安阳市；有 3 个城市处于低效率区域，工业绿色发展效率均值都在 0.3 以下，分别是开封市、鹤壁市和商丘市。

在 2015 年，河南省各地市的工业绿色发展效率值都有了明显的提升，在 2017 年，工业绿色发展效率值达到 1 的城市有 6 个，分别是郑州市、洛阳市、许昌市、三门峡市、周口市、驻马店市，说明这 6 个城市在 2017 年的投入和产出达到了有效状态，但仍然有 11 个城市的工业绿色发展效率值较低，河南省整体上的工业绿色发展状态不容乐观，因此，如何提高整体的工业绿色发展效率依然是一个值得研究与探讨的课题。

（二）工业绿色发展效率的影响因素结论

本章以面板 Tobit 模型为基础，进一步分析河南省工业绿色发展效率与经济发展水平、城镇化水平、产业结构、对外开放程度、教育投入和工业企业创新能力 6 个影响因素指标之间的关系，截取了 2008—2017 年各地市的面板资料，运用 STATA13 软件对这些影响因素与工业绿色发展效率之间存在的相关关系做了进一步回归分析，发现这 6 个影响因素都在 1% 的显著水平下与工业绿色发展效率值存在显著相关关系，经济发展水平与工业绿色发展效率之间的关系为正向相关，其系数值为 0.11，影响相对较小；城镇化水平与工业绿色发展效率之间存在正向相关关系，系数值为 1.757，是所有影响因素中影响程度最高的一个指标，因此政府应在城镇化方面多下功夫，尽可能地提高各地市的城镇化水平，并且在城镇化进程中也要关注农村的环境问题，走新型城镇化建设道路；产业结构与工业绿色发展效率之间存在负向相关关系，系数值为 -1.259，应提高第三产业在经济发展中所占的比重，发展服务业、金融业以及因地制宜地发展旅游业，实现产业结构优化升级，逐渐降低经济发展对第二产业的依赖程度；对外开放程度与工业绿色发展效率之间存在正向相关关系，系数值为 1.015，在影响因素中影响系数也较大，政府应该制定更多的优惠政策来提升对外资的吸引力，同时加大出口，增强与世界市场的联系；政府教育投入与工业绿色发展效率存在负向相关关系，系数值为 -1.383，这与本章所提出的理论假说不一致，主要是因为河南省对高素质人才的吸引力不足，本土人才流失问题严重，对此应制定人才补贴政策，吸引优秀人才；工业企业的科技创新能力与工业绿色发展效率之间存在正向相关关系，其系数值为 0.592，说明要注重培养高新技术人才，为企业创新能力提供人才支持。

二 政策建议

随着中国经济发展步伐的加快，在经济取得巨大成就的同时中国也越来越注重环境的保护，更加注重生态发展、绿色发展，特别是工业的绿色发展。河南省作为新型工业化的试验地区，正处在经济转型的重要节点，如何走出一条工业绿色发展的道路不仅关系着河南省本地区的发展，也关系着整个国家的工业绿色发展。因此，根据上文第三章和第四章的测算结果和实证分析，为了提高河南省的工业绿色发展效率，找出一条适合河南省本地区工业绿色发展的道路，特提出以下相关建议：

（一）提高地区经济发展水平

从回归结果可知，工业绿色发展水平与经济发展之间存在正相关关系，虽然相对于城镇化水平和对外开放程度来说系数较小，但是经济发展水平与城镇化程度息息相关，只有经济发展了，城镇化水平才有可能提升，这也就意味着想要提高河南省地区的工业绿色发展程度，就需要大力提高各地市的人均 GDP，也就是说推动经济发展水平不断提升。

当人们的基本物质、生活需求被满足以后，人们才会更多地关注环保问题和生态问题，因此要大力推进供给侧结构性改革，充分发挥消费拉动经济增长水平这一驾"马车"的作用，提高供给商品的质量，生产出更多的能满足人们需求的物质产品，改变过去粗放、浪费的生产方式，转向资源节约型生产，要把产品的质量、人们的需求放在第一位，生产出更多的绿色、生态产品，走绿色经济发展道路，坚持经济的循环发展、可持续发展。同时还要深化经济体制改革，制定与市场经济相适应、更能激发市场活力的税收制度，能够减轻中小企业的税收负担，充分释放其在市场中的活力，为中小企业提供更加多元的融资渠道，解决中小企业融资难的问题，让其能够享受更多的政策福利，形成一个良好的市场经济氛围，充分调动中小企业参与市场经济的积极性，让中小企业在解决就业问题、带动经济发展方面贡献出更多的力量。

（二）提高城镇化水平，走新型城镇化道路

回归结果显示城镇化水平与工业绿色发展效率之间存在正相关关系，且影响系数最大，因此，要利用好城镇化对工业绿色发展的较大影响力，不遗余力地提高河南省各地区的城镇化水平，走新型城镇化道路。

河南省的城镇化程度在全国处于较为落后的水平，与北京、上海等城市还存在较大差距，且省内各地区间城镇化水平也极度不均衡，郑州市作为河南省城镇化水平排名第一的城市，城镇化水平比排名最后一名的城市周口高出了 30 个百分点，面对河南省城镇化水平整体低下，并且各地市之间城镇化水平极不平衡的状况，想要破解这一困境，我们就必须探索出一条科学、合理的城镇化道路。河南省既是工业绿色发展的试点地区，又是新型城镇化的试点地区，推动城镇化水平提高的同时，必须注重生态环境的保护，特别是迁出地生态环境的保护，合理规划土地资源，制定合理的土地政策，可以借鉴国外先进经验，实行地区之间、城乡之间的土地挂钩，解决城市用地、发达地区用地不足，农村土地资源浪费，落后地区土地资源过剩这一问题，合理分配农村与城市、发达城市与不发达城市之间的土地资源。同时在城镇化过程中，关注点不能只在于城镇人口增加这一数值的提高，更应该关注人们生活环境的改善，生活水平的提高，健全城市的各项基础设施建设，包括住房、医疗、交通体系、生活垃圾处理等相关的基础设施，制定住房保障体系等基本民生保障措施，对农村一些不适应城市工作岗位的人员提供免费的技术培训，加快农村人口市民化的进程，更要在城镇化进程中注意保护迁出地的自然生态环境，避免环境出现破坏难以修复的情况，走出一条绿色的新型城镇化道路。

（三）优化产业结构，推动产业结构合理升级

回归结果显示产业结构与工业绿色发展效率之间的关系为负向相关，由于目前河南省的经济发展依然依赖于第二产业，因此，要提高河南省地区的工业绿色发展效率，应该努力提高第二产业的绿色程度，相应地提高第三产业对经济的贡献，发展服务业、金融业、旅游业等资源消耗低的产业，推动产业结构优化升级。

各地区要根据实际情况，对那些高能耗、高污染的企业进行"关停并转"，制定灵活的污染排放标准，明晰产权，实行"谁排放、谁治理"，从生产的源头上控制企业污染物的排放量，可以适当允许企业之间进行排污权交易，避免政策的一刀切，也能够保障企业的利益，倒逼企业主动减少污染物的排放，提高环保意识，提高资源、能源利用效率，从而减少对自然资源的过度开发和资源的浪费，推进企业的生产过

程的绿色化。另外，也要大力发展服务业、金融业、旅游业等资源耗能少的第三产业，比如作为省会城市的郑州市，地处中原腹地，作为铁路交通枢纽，再加上近几年航空港的建设使得与外界交流的机会大大增加，对外贸易频繁，与世界市场接触较多，应利用好这一优势大力发展金融服务业，开封和洛阳应利用好作为"古都"这一优势，加强对文化遗址的保护和宣传，建设国家级旅游城市，吸引国内外游客，带动相关产业的发展，延长产业链，尽可能地把旅游业打造成经济支柱产业，焦作等煤炭资源丰富的地区应在资源开发利用的同时注重对自然环境的保护，延长产业链，利用资源尽快转型升级，提高产品价值，各地区都应因地制宜地利用本地优势，把本地区优势产业做大做强，共同为实现河南省地区产业结构的优化添砖加瓦。

（四）提高对外开放水平

回归结果显示河南省地区的对外开放水平和工业绿色发展效率值之间的关系为正向相关，并且系数值也相对较大，说明应扩大对外开放，提高进出口总额。

2008—2017 年河南省对外开放水平有了较大的提升，尤其是郑州市，但地区间的开放程度差异较大，问题也较为突出，同时与东部沿海发达城市还存在较大的差距，因此，要大力发展本地区企业，提高产品的科技含量，生产出满足国际市场要求的产品，由此来增加产品的出口量，扩大贸易顺差。同时，各地区还应制定吸引外资的优惠政策，吸引国外和港澳台地区的直接投资，提高利用外资水平。虽然"污染天堂"假说在河南省不成立，但为了避免可能出现这一现象，政府应制定国外进驻企业的标准，对于要入驻的企业实行严格的标准，不能一味地为了引进企业而引进，需要对企业进行筛选、审核，防止高污染的企业进驻，防止河南省变成一些国外污染企业的"避难所"，多吸纳高新技术企业，可以对其进行适当的补贴，建立国内外企业协作机制，能够让本地企业更加方便、快捷、有针对性地学习外国企业的先进技术和管理经验，政府助力多举办一些企业之间的交流、借鉴的活动，加强优秀人才的交流学习，为提高河南省工业绿色发展程度创造一个良好的环境，从而带动本地区绿色发展水平的提升。

（五）加大政府教育投入

实证结果显示政府教育投入与工业绿色发展效率之间存在负相关关系，这好像与我们日常生活中的理论不相符合，通过对数据的调查研究发现，这是因为河南省地区对人才的吸引力较弱有关，因此在加大政府教育投入的同时，更应该制定完善的人才政策，加大对优秀人才的吸引力。

近两年来，各大城市都在进行"抢人"，为了吸引高素质人才，各地都相继制定了一系列人才优惠政策，比如一些"新一线城市"如武汉、杭州等很早就开始对高学历人才实行住房补贴，河南省各地区也应借鉴发达城市的先进经验，利用好国家优惠政策，结合本地区实际情况制定相关的人才政策。尤其是郑州市作为国家中心城市，近两年随着经济的发展对人才的吸引程度比以往有了很大的提升，郑州市政府也制定了一系列人才补贴政策来吸引硕士研究生、博士研究生的流入，如对本科生、硕士研究生、博士研究生进行不同程度的补贴，应不遗余力地促进这一制度的落实和完善，其他地区也可以借鉴郑州市政府这一做法，增强本地区对高学历毕业生的吸引力。河南省的高校在地理位置上分布相对较为均衡，郑州、安阳、新乡、洛阳、商丘和焦作等城市都有自己的大学城，各个城市应充分利用其高校资源，政府要加大对各个高校的教育支出，增加学校的教育经费，大力发展高等教育，为本地区的发展做好人才储备工作。在吸引人才的同时也要留住人才，对此要制定相对完善的社会保障制度，尤其是为刚毕业的大学生提供一些住房、就业方面的保障，弥补河南省的人才缺口这一问题，早日实现教育投入对工业绿色发展效率的正效应作用。

（六）提高工业企业的科技创新水平

根据回归结果可以看出工业企业的科技创新能力与工业绿色发展效率之间存在正相关关系，各企业应该增加科技试验与研究人员的数量。

一个地区能够长久发展、可持续发展，科技创新是关键。因此，一方面，河南省各地区的工业企业应该增加企业科研人员的投入数量，在科研方面给予更多的资金投入，加强与高校之间的合作，吸引高校人才，为企业储备优秀人才，也要密切与科学研究机构的联系，为高校毕业生提供实习、就业对接岗，将产、学、研相结合，精简公司组织结构，建立自身的专业科技人才队伍，提高企业的科技创新效率。另一方面，政府也应出台一定的优惠政策，在高新技术企业发展初期，提供资金、技术、人才方面的扶持，对类似新能源等新型企业既可以进行一定的财政补贴和税收减免，减小这些企业发展初期的压力，也可以为其提供一些金融支持，增强这些企业的抗风险能力，使其能够尽快成长；通过利用互联网等技术建立高效、完善的一站式政府服务体系，精简办公流程；建立市场的信息共享机制，实现企业与企业之间、科研机构和企业之间的创新成果的高效流通，降低企业获取信息的成本；维护好法律公平，对于侵犯专利权、知识产权等违法行为要依法进行打击，创造一个公平、公正的市场环境，让企业之间能够自由地进行知识产权交易，由此来激发企业不断进行科技创新，释放企业的科技活力。

实证篇之二
——黄河流域生态保护与高质量发展

第六章

黄河流域经济高质量发展水平的测度

本章首先简单梳理经济高质量发展和经济空间演化的相关概念和理论，理解其内涵与演化机制。其次，建立测度黄河流域经济高质量发展水平的评价体系，以改进的 TOPSIS 模型测度 2006—2018 年黄河流域 9 省份经济高质量发展水平及发展趋势，科学地评估黄河流域不同省份的经济高质量发展差异及总体态势。最后，通过 Moran's I 指数和局部关联分析方法的 LISA 统计量，分析黄河流域经济发展水平的空间格局演化，并依据地理探测器方法具体分析经济活力、创新发展、绿色发展、经济开放、经济共享五大维度对不同省份经济高质量发展水平的具体影响。研究发现，沿黄河流域各省份的经济高质量发展水平稳步前进，但在全国范围来看发展水平仍然较低；空间分布上呈非均衡、渐进的演化趋势，呈现"上游地区较低，中游地区一般，下游地区较高"的分布格局，且经济高质量发展的特征差异在上游、中游、下游地区间较为明显，各省由于资源禀赋等因素空间差异日趋凸显，经济发展不平衡问题使整个流域经济转型压力加大，应当因地施策，制订区域协调发展的规划，促进黄河流域 9 省份的经济高质量发展。

第一节　黄河流域经济高质量发展的研究背景和意义

一　研究背景

改革开放以来中国在薄弱的经济基础上建立了比较完善的工业体

系，通过实行各项促进经济发展的措施，经济的高速发展持续了 40 多年。经济高速发展的同时在自然资源和生态环境领域带来了较为严重的问题，如自然资源过度开发、水体污染和水资源短缺，严重影响到了人与自然和谐相处与经济社会的可持续发展。流域是具有深刻自然含义的特殊区域，人与自然和谐相处与社会的可持续发展可由流域的开发治理来达到，如流域治理水平高、经济社会发展态势良好的长三角、珠三角、环渤海地区。黄河流域由于其区位条件、自然地理环境等因素的制约，该地区的产业结构以能源重化工为主，"单位产品资源消耗大、环境污染多"的粗放型增长模式虽带来了生产力的巨大飞跃，同时也带来了不可忽视的生态环境问题，严重威胁流域安全。

黄河流域的发展一直受制于生态环境、水土流失、资源短缺等问题，流域各省份的经济转型受到限制。中华人民共和国成立 70 余年来，流域生态环境、经济发展与人民生活水平都有了显著提高，与党和政府对风沙治理、防洪减灾的重视密不可分。但治理黄河是长久的、持续的任务和使命，况且黄河流域的现状仍不容乐观，区域发展质量不高、流域生态环境失衡、水资源保障形势严峻等问题在一定阶段内持续存在且治理效果会出现反复。面临黄河流域治理的困境，习近平总书记在黄河流域生态保护和高质量发展座谈会上提出："黄河流域生态保护和高质量发展，同京津冀协同发展、长江经济带发展、粤港澳大湾区建设、长三角一体化发展一样，是重大国家战略……坚持生态优先、绿色发展，着力加强生态保护治理、保障黄河长治久安、促进全流域高质量发展。"[1] 实施这一国家战略，要求沿黄河流域各省份把黄河流域的治理保护作为推动流域经济发展的基础和前提，需要建构经济高质量发展评价体系，科学地、多维度地衡量经济发展水平，并进一步探索其空间演化规律，不断纠正和补足当下经济高质量发展中的缺陷和问题。

改革开放前，平衡而分散的区域均衡发展战略，导致产业发展的经济效率低下。即依据资源状况平衡的产业布局不能顺应流域经济发展现实。改革开放后，区域和产业发展由区域均衡的发展战略转为"非均

---

① 习近平：《在黄河流域生态保护和高质量发展座谈会上的讲话》，《求是》2019 年第 20 期。

衡布局"的发展战略。东部沿海地区以其优越的区位优势成为全国产业布局和投资的重点，产业的空间结构采取以点带线、以线代面的非均衡发展，同时在全国范围内呈现出自东向西的区域递推式的发展模式。非均衡布局战略的施行给中国经济带来了持续不断的发展动力，但也带来了空间发展不平衡的现象，使得区域空间内部形成了层次不一的发展层级，并逐渐演化成复杂的区域经济空间结构。黄河流域位于北部地区，流经东、中、西三大地带，非均衡战略的施行带来了上中下游经济发展的不平衡，区域经济空间内部的发展差距不断扩大、区域经济空间内部的不平衡问题不断加剧。为了更好地推动黄河流域经济高质量发展，需测度其发展水平，分析区域空间结构存在的问题，依据演化机理和当前各省经济空间结构现状，分析黄河流域经济空间结构的演进趋势。

二 研究意义

经济高质量发展理念彰显了中国国情与时代特征，成为治国理政的新战略。学界急需探讨和完善经济高质量发展理论，建构经济高质量发展评价体系，为政界及实业界经济高质量发展的实践寻求路径和指导。研究旨在理论和现实上实现以下突破。

（一）理论意义

经济高质量发展是中国经济实现速度追赶的基础上提出来的，是对经济发展阶段的重大判断，为实现全面建设社会主义现代化强国的奋斗目标，追求经济的质量型发展，需要深入剖析高质量发展的内涵，研究经济发展规律。第一，黄河流域经济高质量发展指标体系的构建，有利于纠正错误的发展观念，完善黄河流域经济高质量发展理论。本章在深入剖析经济高质量发展本质特征的基础上，紧密结合国内不同发展阶段相关指标体系的演化脉络，尝试构建一套评价经济高质量发展的指标体系，尽可能全面、细致和系统地探讨评价指标，对同类研究具有参考价值。第二，分析流域经济空间结构的演化格局，探索影响沿黄河流域各省份经济发展的关键因素，有利于补充当前中国区域经济空间结构演化研究的稀缺。本章依据区域经济空间格局演化的相关理论，总结黄河流域的空间分布特征，分析影响沿黄河流域各省份的经济空间发展差异的相关因素，是系统地、动态地分析区域经济空间演化的有益尝试。

（二）现实意义

经济高质量发展是一个国家和地区战略转型的重要体现，加之国内环境的巨大变化，建设社会主义现代化经济强国迫切需要探索一条全新的发展路径，经济高质量发展是对现阶段经济发展的新要求，符合中国经济发展的时代特征。近年来黄河流域经济高速发展，实力显著增强，是中国未来发展的重点支撑区域之一。流域的经济发展急需转变方式，寻求新的增长动力，逐步摆脱粗放型发展，实现经济的高质量发展。第一，黄河流域经济开发的有序推进需要决策依据，测度沿黄河流域各省份的经济发展水平及空间格局，分析流域空间格局演化特征，找出促进高质量发展的相关驱动力因素，对黄河流域经济高质量发展的实现路径有一定的参照价值。第二，分析黄河流域经济空间结构演化是当前解决流域经济发展在微观、宏观等方面问题的有效措施，分析沿黄河流域各省份的经济发展差异并严谨推导空间结构演化趋势，可对全国和地方的经济高质量发展理论、制度等提供一定理论依据，对其他流域的开发和可持续发展有一定指导意义。

第二节　经济高质量发展及空间演化的理论

一　经济高质量发展

学术研究领域顺应历史潮流和人民群众愿望，将研究重心从经济增长数量转换到经济发展质量，讨论重点从经济发展增速转换为经济发展提质，从而推动人们不断认识"什么是发展""怎么去发展"。进入新的发展阶段之后，贯彻新发展理念、构建新发展格局，以重增速到重质量为标志，进一步丰富了发展的内涵。该领域的专家学者对这一社会现象进行积极回应，将研究主攻方向转向如何实现以人为本的绿色、协调、可持续发展上来，从宏观上架构促进新发展的模式、标准以及考核评价系统。根据国内学者的研究成果，可以将经济高质量发展整理为以下几个方面。

第一，从经济新常态的视角。新冠疫情对世界和中国的发展模式都产生了巨大冲击和挑战，党中央提出"双循环"战略将是今后一个时期的发展新常态，要认识、适应并引领新常态，把保持经济活力与优化经济结构、产品质量、产出效率相互调适作为主要研究课题。第二，从社会主要矛盾的视角，以解决新时代中国社会主要矛盾为切入点，以满足人民对美好生活的向往为目标，以研究解决发展不平衡不充分问题为着力点，提出破解矛盾、引领和推动高质量发展的思路和方案。第三，从贯彻新发展理念的视角。推进创新发展增强经济高质量发展的动力，探讨经济高质量发展的路径，制定经济高质量发展的准则。第四，从广义狭义异同的视角。既注重研究以产品高质量发展为主导的狭义经济高质量发展，又要重视研究以社会经济生活生产全过程为对象的广义经济高质量发展。从而实现全域化、兼顾精神化的经济高质量发展。第五，从宏观微观的视角。以解决生产效率低为出发点，从宏观层面研究国民经济的质量和效益，在社会实践中持续深化改革，增强经济高质量发展的原动力；微观层面围绕产品质量和服务质量是否满足消费者的需求展开。

经济高质量发展是多维度、动态的概念。从横向看，经济高质量发展是一个国家在一定时期内的必然要求，是合乎规律、符合实际的大势所趋。从世界范围看，有 10 多个国家脱颖而出，成功从 100 多个中等收入经济体进入高收入梯队。研究发现，它们都自 20 世纪 60 年代以来，经历了经济增长从"量"的扩张向"质"的提升，概莫能外。中华人民共和国成立以来特别是改革开放 40 多年来取得的重大成就，为中国经济发展由"量"的增长向"质"的提升奠定了坚实基础。经济内部发展状态和经济社会的协调发展不断向好。从纵向看，经济高质量发展包括宏观微观经济发展质量，具体体现为：要素产出比率提高，即产量既定使用较少的生产要素投入及环境代价，通过全要素生产率的分解测算出生产率增长的动因，推动经济增长的有效性和绿色性；企业创新能力增强，即经济发展要转变为创新驱动，依靠劳动力、土地、资源等生产要素的大规模高投入给生态环境带来巨大的破坏，要转换为依靠科技创新、劳动力素质提高、制度创新等提升全要素增长率，为经济增长提供持久动力。

二 经济发展评价指标体系

（一）国内不同阶段的经济发展评价指标体系

改革开放 40 多年，中国特色社会主义经历了几个不同的发展阶段，学术界在测度不同阶段的发展状况时分别构建了相应的评价指标体系。

1978—1993 年的改革开放起步阶段,该阶段的指标评价体系着力于对经济发展程度的评价,尤其是区域经济发展水平的评估。这是因为党的十一届三中全会把党和国家的工作中心转移到建设发展上来之后,党的十二大、十三大均强调以经济建设为中心,奉之为基本路线、核心任务。一部分学者主张区域国民生产总值、货币回笼量等占全国比重来衡量区域发展水平,在当时学界具有一定代表性。官方则侧重从社会、人口、经济效益、国民生活质量等方面制定经济社会评价体系。如国务院发展研究中心从社会结构、人口素质、经济效益、生活质量、社会秩序五个方面共 39 项指标来评价城市经济社会发展水平。

1993—2007 年的全面发展阶段,该阶段制定发展评价指标体系时强调以人为本、科学发展。从重大时间节点和历史事件看,党的十五大推进政治体制改革、党的十六大及党的十六届四中全会将构建和谐社会作为奋斗目标;"十一五"规划强调科学发展,转变经济增长方式、加强建设和谐社会等六大重点。不再单一强调经济建设,评价指标体系大致归为三个方面:一是科学发展观的社会经济发展评价指标体系,这一评价指标体系强调以人为本的发展理念,以人为中心展开指标体系建构,如更多采用人均 GDP、人均财政收入、人才培育和引进等。二是和谐社会评价指标体系,围绕公平正义、诚信团结友爱、人与自然和谐相处等因素设计评价指标。如 2006 年国家统计局课题组构建的和谐社会统计监测指标体系,以民主法治、安定有序等人本内容设计了 25 项指标。三是全面建设小康社会评价指标体系,按照"五位一体"总体布局,从经济、文化、政治、社会、生态文明五个维度去设计评价指标体系。

2007 年至今的创新发展阶段,这一阶段的评价指标体系更加注重人与自然、生态、经济的协同发展,强调发展的协调性、可持续性。党的十七大确立的实现国民经济又快又好的发展,党的十八大确立的贯彻新发展理念,都从战略布局上为构建评价指标体系提供了政策依据。这一阶段的评价指标体系大致包括四个方面:一是对"国民经济又好又快发展"的评价体系;二是对"五位一体"总体布局的评价体系;三是对"全面建成小康社会"的评价体系;四是对贯彻新发展理念的评价体系。这几个评价指标体系并不是相互独立的平行关系，而是存在一定的相互联系，是随着时代发展不断完善、进步、上升的，以时间先后为序越来越能体现对高质量发展评价的准确性、完整性、科学性，指标体系也日益完善。评价指标体系的关注点也从规模扩张转向质量效益，从物质文明转向物质文明与精神文明并重，从效率优先转向注重效率兼顾公平，从资源投入型发展转向技术创新发展和绿色发展。[1]

（二）国外典型经济体发展评价指标体系

"他山之石，可以攻玉。"国外发达经济体或与中国发展理念相近的国家评价经济高质量发展的思路，对我们建构新时代中国特色社会主义高质量发展评价指标体系，具有一定的借鉴意义。本章选取较具代表性的三个评价体系，作为研究参照。

1. 可持续发展评价指标体系

主要是欧盟采用这一指标体系，欧盟统计局自 2007 年开始发布可持续发展评价报告，此后每两年发布一次。这一评价体系思路是将可持续发展战略作为推动欧盟国家经济社会发展的推动力，聚焦于对经济、环境、资源、社会和谐发展、充分保护和有效管理等方面的检测和评价。如欧盟统计局 2017 年发布的报告，设置有没有贫穷、优质教育、健康幸福、气候行动、和平公正和强有力机制等 17 个主题，基本涵盖了可持续发展的方方面面。

2. 国家福利测度指标体系

这一体系发源于德国，主要为德国、丹麦、瑞典等欧洲国家所采用。其特点是特别注重 GDP 度量的缺失面，更加侧重从国家实力、环境损害、消费支出、贫富差距、福利降增等方面度量和研究一个国家或区域的可持续发展，作为品鉴评判发展质量和水平的重要参数。[2][3]

3. 新经济评价指标体系

美国发明创设了这一评价体系，1999 年和 2002 年，美国发展政策

① 宋明顺：《经济发展质量评价体系研究及应用》，《经济学家》2015 年第 2 期。

② Diefenbacher H. , et al. , *Measuring Welfare in Germany. A Suggestion for a New Welfare Index*, Federal Environment Agency, 2010.

③ Held B. , et al. , "The National and Regional Welfare Index（NWI/RWI）：Redefining Progress in Germany", *Ecological Economics*, 2018（145）：391-400.

研究所分别发表了《美国各州新经济指数报告》，标志着这一体系的正式应用。从知识型就业、全球化、活力与竞争、创新基础化设施和数字化转换以及互联网应用等维度去评判发展状况。自 2007 年以后，虽然改由美国信息技术中心与创新基金会等机构发布报告，但其主要项目和指标基本稳定，这一指标体系成为成熟的发展度量方法。①

发达国家或经济体所采取的指标体系虽然数量不多，但重点突出，针对性强，比较关注人民健康幸福和技术创新、绿色发展、生态环境保护等。这对建构中国的高质量发展评价指标体系，具有较大的借鉴意义。取其精华，去其糟粕，扬弃之后的具有中国特色的发展评价指标体系，一定会更加科学、更加有效、更加以人为本。

三 经济空间演化的理论概述

空间是与时间相对的一种物质客观存在形式，通过长度、宽度、高度、大小等形式表现出来，通常指四方上下。经济空间，是指人类主导进行经济活动的场域，以特定的地理空间为载体，映射各类生活和生产活动，是一个从初级到高级、从具体到抽象、从简单到复杂动态演化、互相联系的复杂系统。经济空间随着文化发展、科技创新进步而不断扩充，反映了人类与自然相处的某一方面形态。短期内，区域经济空间具有一定的稳定性；长期看，必然随着人类文明进步和社会经济发展而不断演化调整。

（一）列斐伏尔的空间生产理论

《空间的生产》的作者列斐伏尔是空间政治经济学的创立者和代表人物。该著作在空间政治经济学领域的地位是奠基性的，开创性地提出"社会空间是社会的产物"，认为"空间"是被生产出来的，任何社会和生产方式都会产生独特的空间，并伴随着生产方式转换产生新的空间。资本主义的生产是一个不断超越地理空间限制来实现空间自我生产的过程，以城市为基础的资本将"空间事物的生产"转化为"空间本身的生产"，因而将空间变成了一种独特的商品和生产资料。同时，他运用唯物主义和辩证法对经济空间进行了辩证唯物主义的深刻阐述，形

---

① Robert D. , et al. , *The 2017 State New Economy Index*, Social Science Electronic Publishing, 2017.

成了一套马克思主义关于生产、消费、阶级等概念相关的空间理论范式。区分资本主义与社会主义分别对应不同经济空间，是他的一个重大理论贡献。

（二）哈维的空间经济不均衡理论

稍早于列斐伏尔，美国学者哈维在 20 世纪 60 年代开创性地提出"空间经济不均衡理论"。他在著作《希望的空间》中，以资本主义为研究主线，参照列斐伏尔、卡斯特尔等学者的研究成果，遵循由现象到过程再到实质的模式，对空间不均衡理论进行了深入研究。哈维注重用马克思主义资本积累理论来研究空间维度，从不均衡发展的个案出发，找出资本主义空间生产过程中空间资本、权力的相互关系和影响模式，指出资本主义积累活动是地理不均衡发展的根本原因，日常生活的地理不均衡发展影响了社会关系的空间结构，资本主义要想开拓空间必然要侵占非资本主义的空间。哈维善于运用马克思的理论基础，来完善和发展自己的空间理论。

"空间规模生产"是一种等级构造理论，描述了特定空间规模中人们的生产和生活，以及因为生产长期嵌套在不同规模等级中，导致"地理差异生产"，并随着时间的推移不断强化这种差异。哈维的贡献在于，提出"七大活动领域"和"三大地理法则"，以及它们之间的影响、联系及交互作用产生的新地理差异。

（三）经典区位理论

这一理论领域作出突出贡献的是三个德国专家：经济学家杜能（1783—1850）、经济学家韦伯（1864—1920）和地理学家克里斯塔勒（1893—1969）。

杜能受德国著名农业理论家特尔的影响，运用区位理论解释空间活动，奠定了经济空间研究的基础。他 1826 年发表的《孤立国同农业和国民经济的关系》，提出以城市为中心的同心圆经济圈，即以城市为中心点，向外依次为自由式农业、林业、轮作式农业、谷草式农业、三圃式农业、畜牧业的同心圆结构，并根据德国农业和市场的关系，创立"农业区位理论"，指出农业因地价的不同而分布的现象。

韦伯观察德国当时市场区域半径不断扩大、交通运输业不断发展、经济活动空间不断集中的社会现状，提出工业区位论。工业区位论明显受到了杜能农业区位论的影响，但研究方法有所创新和发展，综合分析运输、劳动、集聚三个因素，对工业区位论问题进行了研究。韦伯这一理论成果主要体现在1909年发表的《区位原理》一书中。

以1933年出版的《德国南部的中心地》为标志，地理学家克里斯塔勒提出市场区位论。这一理论丰富和发展了杜能和韦伯的农业区位论、工业区位论。他首次提出了城市中心市场分析模型，创立了城市区位中心地理论，引领了当时及后来地理学研究方法和革命。

（四）区域经济空间结构演化理论

中国区域经济空间结构，是随着经济社会的不断发展而动态演化的。空间结构和经济发展水平逐渐由低级向高级发展的社会现实，促使这一领域的专家学者在区域经济空间结构演化理论方面进行了积极探索，提出了一些适合国情的研究方法和学说，对社会经济发展产生了引导和推动作用，以经济地理学家陆大道为代表人物，形成了具有地区或世界性影响的研究成果。从世界范围看，法国经济学家佩鲁的增长极理论、美国经济学家弗里德曼的核心—边缘理论、中国学者陆大道的点轴—网络开发理论对区域经济空间演化理论贡献最大。

佩鲁的增长极理论认为，一个地区和国家的经济增长主要来源于创新和技术进步，具备这个优势的地区往往经济首先增长，从而吸纳相关要素和产业集中，形成经济增长中心，即经济增长极。[①] 经济增长极的规模和产业结构达到一定程度，便会向周围地区辐射和外溢，通过项目、技术、企业等要素转移、外流、扩散，带动外围地区发展。中国中心城市、城市圈等的划分，即可视为这一理论的运用和实践。其理论实质是经济发展的非均衡性，增长极使经济空间布局和产业结构变得复杂和失衡。

弗里德曼的核心—边缘理论[②]与区域增长极理论一脉相承，可视为增长极理论的升级版。其主要观点是经济中心与周边地区形成若干核心—边缘架构，相互作用、相互影响，促进经济空间结构的形成、发展和演化。这一理论注重从不同时期（包括工业化前期、工业化阶段、

---

① F. Perroux, "The Concept of Growth Pole", *Applied Economics*, 1955.

② J. R. Friedman, *Regional Development Policy: A Case Study of Venezuela*, Cambridge: MIT Press, 1966.

后工业化阶段），根据生产力水平高低和经济关系演变来研究区域经济空间结构变化，对新老经济中心联系和转换、平衡到不平衡状态再到新平衡状态的特点和规律进行了深刻阐述。

陆大道创立的点轴—网络开发理论，是在增长极理论和中心地理论的基础上进行了发展。其独特之处在于充分考虑了中心城镇（点）和道路、线路等交通通信现状基础设施（轴）对相关要素的吸纳和集聚作用，并将点轴组成的系统与能源、通信等传输网络结合起来，点轴与网络相辅相成，共同发散和辐射以人才为中心的先进技术、管理等驱动力，进而形成功能各异、层次分明、分工合作的区域经济系统。

第三节 经济高质量发展水平的测算与分析

一 黄河流域概述

流域首先是一个自然单元，由源头至河口的河流及分水线组成；其次是一个人类经济体活动的空间，是开发水资源与管理国民经济结合在一起的特殊区域系统。黄河流域发源于青海省海拔 4500 米的约古黄河宗列盆地，流域内地势西高东低，高低悬殊，落差 4480 米，在山东省垦利县注入渤海，干流全长 5464 千米。

研究黄河流域经济高质量发展，要明确黄河流域的区域范围是什么。关于区域划分，理论界分为三类：行政区域法、极化区域法和均质区域法。行政区域法，省、市、县是行政区划经济区的具体表现，主要是为了有利于政府管理经济、实现经济社会的目标；极化区域法，大经济区、增长极是极化划分区域的具体体现，区域增长极与边缘区的内在关联是对区域进行分区的根据；均质区域法，经济地带是均质区域的具体体现，具有相对一致的内部特性，如相似的自然、社会、经济及发展水平。本章所研究的黄河流域范围依据行政区域法，以自然黄河流域为基础，黄河流域的直接影响区也包括在本章的研究范围，分别是青海省、四川省、甘肃省、宁夏回族自治区、内蒙古自治区、陕西省、山西省、河南省、山东省共计 9 个省份。

二　黄河流域经济社会发展现状

（一）经济发展稳中求进，整体实力有所增强

在国家实施了西部大开发、中部崛起等战略后，黄河流域9省份的整体经济实力有了明显的提高。流域的经济发展对全国整体经济发展的重要性不言而喻，内蒙古自治区、河南省、山东省等省份为全国粮食中心，全国石油产量的1/4、一半以上的原煤产量均来自黄河流域，各省份借助煤、铁、石油、天然气、有色金属等丰富资源，开发成立了许多大规模重工业基地和能源基地，夯实了流域经济发展的根基。

近年来，沿黄河流域各省份的整体经济实力在西部大开发、中部崛起等国家战略的大力推动下有所增强，但黄河的河床地质差、通航的河道很短，西部地区与离沿海发达市场的下游地区距离远，上、中、下游之间的资金积累、技术水平、劳动力水平参差不齐，位于中西部的上游地区，经济发展状况相对落后，致使区域内部经济发展存在差异。黄河流域9省份GDP占全国GDP的比重从2006年的27.98%下降到2018年的26.50%，经济增长速度低于全国其他地区。具体到流域内各省份的发展情况，阶梯形分布在上游、中游、下游之间十分明显。2018年，上游地区的四川GDP占全国GDP的比重为4.52%，青海、甘肃、宁夏三省份的比重均低于1%，除四川外三省份GDP占全国GDP比重的总和仅为1.65%；中游地区的内蒙古、陕西、山西三省份GDP占全国GDP的比重分别为1.92%、2.71%、1.87%，比重总和为6.50%；下游地区的河南和山东两省GDP占全国GDP比重均大于5%，比重总和为13.83%。

从图6-1、图6-2可以看出，在发展趋势上2008—2018年黄河流域各省份的经济有了突飞猛进的发展，但黄河流域不平衡的经济发展现象在上游、中游和下游各省份的差异日益凸显。上游除四川外的三个省份经济规模较小，发展趋势也较为平稳。中游地区的内蒙古在2016年前后经济发展达到了最高点，随后开始回落；陕西省的发展较为稳定，2016年以后的经济增长速度有所提高；山西省的发展较为平稳，仅高于上游的青海、甘肃、宁夏三省份。下游的河南省和山东省的经济发展整体向上趋势明显，随着交通设施的不断完善，两省的经济发展更是稳中有进，与流域内其他省份的分化特征更为显著。

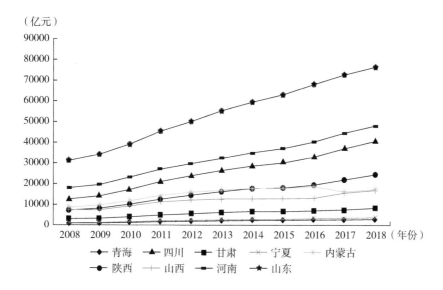

图 6-1 2008—2018 年黄河流域各省份 GDP 变化情况

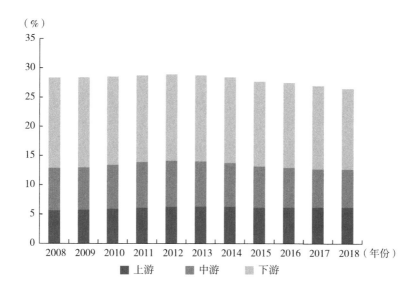

图 6-2 2008—2018 年黄河流域上、中、下游 GDP 占全国 GDP 的比重

（二）国家生态安全关键区域，但资源环境承载力超负荷

黄河流域作为青藏高原的生态屏障、淡水资源的补给地，是北方防沙带的核心区域、全国生态安全的重要地带。黄河流域的生态环境保护

在全国生态安全格局中具有无法取代的位置，2011 年发布的《全国主体功能区规划》中，划定 25 个国家重点生态功能区，其中黄河流域有 7 个。但黄河流域自身的生态环境脆弱，上游出现荒漠化危机的甘肃、宁夏等地，中游水土被严重侵蚀的黄土高原，下游的河南、山东人地关系不容乐观。同时，流域内建成的大型能源化工与煤炭消费基地，加大了重金属累积风险，严重污染局部区域的大气环境，经济发展效率低，资源环境承载力处于严重过载状态。[①]

黄河流域的煤炭、天然气等矿产资源丰富，但资源开发主要是能源开采和初加工，深加工发展规模受限，污染控制技术和系统集成有待提高。近几年，随着生产技术的提高和生产设备的更新，沿黄河流域各省份的经济发展效率得到了显著提高，但与全国的单位 GDP 能耗相比，黄河流域 9 省份的每万元 GDP 能耗依旧较高且区域内部差异显著。如表 6-1 所示，四川、陕西、河南、山东四省份的能耗较低，与全国平均水平相差无几；青海、甘肃、宁夏、内蒙古、山西 5 省份的每万元 GDP 能耗则远高于其他 4 省份，经济发展效率低，增长模式更加"粗放化"。从发展趋势上看，黄河流域 9 省份 2006—2018 年单位 GDP 能耗均大幅降低，其中宁夏回族自治区的下降值最大为 2.326，从 3.899 万吨标准煤/亿元下降到 1.573 万吨标准煤/亿元，但宁夏的单位 GDP 能耗依旧高于效率较高的山东省。所以，就社会经济发展效率而言，虽然两个省份的经济发展效率的差异在逐步缩小，但 9 省份之间的发展情况并未出现实质性改变，两极分化的现象依旧存在。

表 6-1　　　　黄河流域各省份 2006—2018 年单位 GDP 能耗

单位：万吨标准煤/亿元

年份 区域	2006	2007	2008	2009	2010	2011	2012	2013	2014	2015	2016	2017	2018
青海	2.934	2.627	2.237	2.172	1.902	1.909	1.861	1.776	1.733	1.752	1.598	1.590	1.523
四川	1.494	1.345	1.202	1.153	1.041	0.937	0.862	0.728	0.697	0.662	0.618	0.564	0.490

---

① 陈吉宁主编：《五大区域重点产业发展战略环境影响评价》，中国环境出版社 2013 年版。

续表

年份 区域	2006	2007	2008	2009	2010	2011	2012	2013	2014	2015	2016	2017	2018
甘肃	2.083	1.887	1.712	1.642	1.472	1.319	1.268	1.178	1.126	1.136	1.047	1.010	0.905
宁夏	3.899	3.348	2.682	2.503	2.170	2.044	1.939	2.002	1.797	1.847	1.765	1.884	1.573
内蒙古	2.270	1.989	1.660	1.575	1.441	1.305	1.246	1.045	1.030	1.061	1.044	1.237	1.083
陕西	1.292	1.177	1.014	0.985	0.877	0.780	0.735	0.655	0.634	0.650	0.625	0.572	0.528
山西	2.876	2.573	2.108	2.106	1.819	1.630	1.596	1.155	1.556	1.515	1.478	1.292	1.166
河南	1.308	1.184	1.050	1.010	0.926	0.854	0.797	0.679	0.653	0.625	0.574	0.515	0.480
山东	1.23	1.123	0.979	0.964	0.888	0.793	0.778	0.739	0.614	0.602	0.569	0.532	0.503

区域自然系统是生产资源、基础能源的提供者，保障地区的经济增长的同时，更要承受和净化经济活动产生的废水、废气和固体废物。由于黄河流域长期的粗放型增长模式，排放了大量废弃物，持续加大区域环境压力、资源环境承载力。本章选取了代表区域污染强度的二氧化硫为分析对象，采用单位 GDP 二氧化硫排放量表示黄河流域污染物排放强度，黄河流域各省份 2006—2018 年单位 GDP 二氧化硫排放量如表 6-2 所示。可以看出，除山东省以外，在 2006 年其余八省份的污染物排放强度均高于 10 千克/万元，其中宁夏平均每单位 GDP 产生的二氧化硫排放量几乎是当年山东省排放量的六倍，其污染物排放强度有 52.762 千克/万元之高。随着经济社会的发展与进步，2018 年流域内八个省份的污染物排放强度降到 2 千克/万元，流域内环境污染强度有所缓解，其中降幅最大的宁夏回族自治区由 52.762 千克/万元下降到 3.603 千克/万元，但仍是流域内污染物排放强度最大的省份。

表 6-2　黄河流域各省份 2006—2018 年单位 GDP 二氧化硫排放量

单位：千克/万元

年份 区域	2006	2007	2008	2009	2010	2011	2012	2013	2014	2015	2016	2017	2018
青海	20.046	16.806	13.253	12.578	10.589	9.375	8.128	7.384	6.699	6.239	4.420	2.301	1.745
四川	14.741	11.162	9.110	8.020	6.581	4.290	3.621	3.094	2.791	2.388	1.483	0.713	0.522
甘肃	23.975	19.317	16.074	14.980	13.720	12.673	10.357	9.084	8.616	8.617	3.882	1.936	1.317
宁夏	52.762	40.256	28.903	23.202	18.333	19.418	17.282	15.044	13.702	12.217	7.478	4.646	3.603

续表

年份 区域	2006	2007	2008	2009	2010	2011	2012	2013	2014	2015	2016	2017	2018
内蒙古	31.491	22.668	16.843	14.363	11.943	9.812	8.721	8.032	7.385	6.903	3.358	2.471	1.809
陕西	20.680	16.101	12.154	9.841	7.695	7.329	5.838	4.975	4.415	4.078	1.639	0.909	0.623
山西	30.156	22.879	17.590	17.140	13.516	12.449	10.747	9.912	9.468	8.759	5.260	2.669	1.981
河南	13.083	10.382	6.932	6.932	5.782	5.076	4.299	3.885	3.421	3.086	1.028	0.369	0.236
山东	8.894	7.012	4.647	4.647	3.926	4.028	3.497	2.978	2.676	2.422	1.668	0.650	0.488

地区的经济增长必然导致资源消耗与污染物排放，沿黄河流域各省份要促进经济高质量发展，不可避免地摒弃旧的经济发展方式，探索新的发展路径，提高经济发展的质量。由图 6-3、图 6-4 可知，2006—2018 年黄河流域 9 省份的单位 GDP 能源消耗量与污染物排放强度均大幅下降，流域经济环境的整体发展有所提高，但从上游、中游、下游的角度看，资源利用效率及污染物排放强度存在明显差异，内部的发展不平衡现象明显。上游地区的"高投入、高排放、低产出"的经济增长方式不仅导致了资源、能源的浪费，同时也导致污染物排放量增加，严重破坏地区的生态环境。中游地区的单位 GDP 能源消耗量与污染物排放强度仅仅略低于上游地区，区域内部的大型煤化工产业经济发展效率依然较低。下游地区的单位 GDP 能源消耗量与污染物排放强度均大幅下降，且基本与全国平均水平持平。

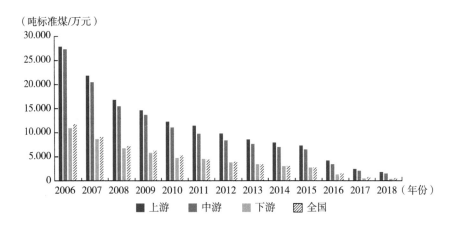

（吨标准煤/万元）

图 6-3　2006—2018 年黄河流域上、中、下游地区单位 GDP 能耗

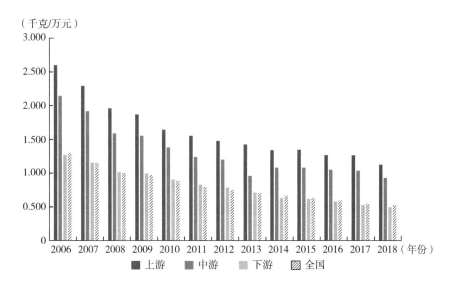

图 6-4 2006—2018 年黄河流域上、中、下游单位 GDP 二氧化硫排放量

三 黄河流域经济高质量发展水平的指标体系构建与评价方法

（一）指标体系构建依据

测度黄河流域经济高质量发展水平，了解流域发展现状，突出流域经济发展特色，首先要建立指标体系并进行量化处理，评价结果的可信度与评价指标体系密不可分。因此，为了使构建的指标体系对以后的实践和理论有一定的参考价值，建立的评价指标体系应遵循以下原则。

1. 科学性原则

构建的指标体系要全面、准确地反映经济高质量发展的要求和内涵，遵循科学性原则，能较好反映出经济发展的客观规律。因此，高质量发展评价体系的建构应充分体现经济社会的全面发展，生产生活方式、基础设施建设、环境质量等方面。

2. 全面性原则

时代的变迁带来了发展理念的不断升华，经济高质量发展作为经济进入新常态的发展目标，其内涵丰富且涉及的领域较多。因此，在构建高质量发展指标体系时，所选取的指标需契合全面性、代表性、新发展理念的内在要求。

3. 可操作性原则

选取的指标要可采集、可量化，并尽力找到原始的、真实客观的数据，推算数据或替代数据时的计算方法要科学合理。若选取指标的数据不具有可操作性，那么这项指标的选取就毫无意义。

4. 可比性原则

通过构建指标体系，进而综合评价黄河流域9省份经济高质量发展水平时，要比较分析横向和纵向两个维度，或者以区域划分角度比较分析。因此为了保证定量分析的可比性，要明确每个指标的具体含义，由此可得到更有价值的高质量发展评价结果。

（二）指标体系构建

对文献的梳理不难发现，已有文献关于经济高质量发展的研究更侧重于考虑经济发展、创新驱动、民生改善等方面，对黄河流域经济高质量发展指标的选取具有重要借鉴意义。基于对国内不同阶段的经济发展评价指标体系及国外典型经济体发展评价指标体系的论述，以及对经济高质量发展内涵及统计意义的把握，结合李金昌等的研究，本章认为经济高质量发展可通过以下五个层面衡量。

1. 经济高质量发展的"高质量"体现充满活力和可持续

不仅仅是代表产出水平的GDP保持持续稳定增长，而且是发展的各种比例关系协调发展，投资、消费的结构良好，比例合理，适应以国内循环为主的"双循环"发展战略，经济发展与社会发展相互促进，发展内在构成不断优化，新动能、新业态、新模式形成新的竞争优势。新常态下的经济发展应着重关注结构的优化，而不是把经济增长作为重要关注点，黄河流域的第一、第二产业占比较重，产业结构升级的空间较大，须促进产业结构持续优化、协调发展，GDP稳定增长，资本、劳动的生产率不断提高。

2. 经济高质量发展的"高质量"体现在创新驱动和高效率、人才工作高质量和人的素养提升

高科技、新技术在发展中发挥重要推动力，生产主体具有原创力，更加重视人才的培育、发现、使用、激励，更加注重国民的教育和引领。经济高质量发展是由创新引领的发展，转要素驱动为创新驱动，具体表现为投入产出的成果显著，全要素生产率不断提升。本章的指标选

取主要包括投入、产出和效益三个角度。投入指标的选取过程中，考虑到中国的发展形势中科技创新有着重要地位，投入方面选取了 R&D 经费投入强度、R&D 人员投入、创新基础、教育支出、科学技术支出5 个指标。

3. 经济高质量发展的"高质量"体现在绿色发展和生态环保

贯彻"绿水青山就是金山银山"的发展理念，将生态保护与发展需求同频置顶，在发展的同时生态环境指标持续向好，发展成果与生态效益同步彰显。经济高质量发展是生态环境持续向好的发展，单位GDP 工业"三废"排放不断降低，单位 GDP 能耗降低到先进经济体的平均水平，绿化建设水平不断提高。

4. 经济高质量发展的"高质量"体现在一国经济的自身发展和国家间的合作发展

不难看出，市场化改革以来，外贸成为推动中国经济增长的重要因素，经济大国向经济强国的建设道路，经济全球化的发展方向是正确的发展趋势，也是新常态下国际国内两个市场须始终坚持的道路。经济高质量发展是开放化的发展，外贸是经济增长的重要推力，同时投资结构、投资主体、文化的开放水平不断上升。

5. 经济高质量发展的"高质量"体现在发展成果普惠和共享

人民获得感、成就感达到较高水平，人民生活质量随国家社会发展同步提高，贫富差距逐渐缩小，社会阶层鸿沟消除或弭平，社会财富、地位可由人的辛勤付出和知识、技能等个人智慧渠道获取，人的因素在收入分配中的地位上升，人民的实际收入分配差距处于合理水平。国民的科学文化素养、道德修养、公民意识不断提升，人民乐观向上，守法向善，社会和谐稳定，社会满意度和人民幸福指数高，"美美与共，天下大同"。上述特征，共同构建了高质量发展的宏大图景。经济高质量发展是普惠共享的发展，城乡居民可支配收入差距减小，人民安居乐业。

基于前文黄河流域经济高质量发展相关内容的探讨，结合国内外衡量经济发展的指标体系，尽量选取广泛认可并使用的经济统计指标，本章构建了经济活力、创新发展、绿色发展、经济开放、经济共享 5 个维度包含 5 个二级指标、38 个三级指标的指标体系，如表 6-3 所示。

表 6-3 黄河流域经济高质量发展评价指标体系

准则层	指标层	指标衡量方式	单位	方向
经济活力 X1	A1 人均 GDP	人均 GDP	%	+
	A2 GDP 增长速度	（报告期 GDP-基期 GDP）/基期 GDP	%	+
	A3 资本生产率	地区 GDP/全社会固定资产投资额	%	+
	A4 劳动生产率	地区 GDP/从业人员数	万元/人	+
	A5 产业结构	第三产业增加值/GDP	%	+
	A6 高技术产业主营业务收入占比	高技术产业主营业务收入/规上工业企业主营业务收入	%	+
	A7 居民消费	居民人均消费支出	元/人	+
	A8 就业稳定	年末城镇登记失业率	%	+
创新发展 X2	B1 R&D 经费投入强度	R&D 经费支出/地区 GDP	%	+
	B2 R&D 人员投入	R&D 人员全时当量	人年	+
	B3 创新基础	普通本专科在校学生数	%	+
	B4 教育支出比重	教育支出/财政支出	%	+
	B5 科学技术支出比重	科学技术支出/财政支出	%	+
	B6 专利授权数	国内三种专利授权数	件	+
	B7 市场表现	高技术产业新产品销售收入/地区 GDP	%	+
绿色发展 X3	C1 空气质量指数	空气质量达到及好于二级占比	%	+
	C2 生活垃圾无害化处理	无害化处理生活垃圾数量/生活垃圾总量	%	+
	C3 森林覆盖率	森林覆盖率	%	+
	C4 建成区绿化覆盖率	建成区绿化覆盖率	%	+
	C5 人均公园绿地面积	人均公园绿地面积	%	+
	C6 单位 GDP 能耗	能源消费量/地区 GDP	吨/万元	-
	C7 单位 GDP 废水排放	废水排放总量/地区 GDP	吨/万元	-
	C8 单位 GDP 二氧化硫排放	二氧化硫排放量/地区 GDP	千克/万元	-
	C9 单位 GDP 固体废物排放	工业固体废物产生量/地区 GDP	吨/万元	-
经济开放 (X4)	D1 外贸依存度	进出口总额/地区 GDP	%	+
	D2 外商投资比重	外商直接投资额/地区 GDP	%	+
	D3 旅游对外开放度	旅游外汇收入增长率	%	+
	D4 接待过夜旅游者人数	接待过夜旅游者人数	万人次	+

续表

准则层	指标层	指标衡量方式	单位	方向
经济开放（X4）	D5 非国有经济投资比重	非国有经济固定资产投资/固定资产投资	%	+
	D6 个体就业人数比重	个体就业人数/从业人员数	%	+
经济共享（X5）	E1 城乡居民可支配收入比	城镇居民人均可支配收入/乡村居民人均可支配收入	%	−
	E2 普通高等学校师生比	普通高等学校教职工数/普通高等学校在校生数	%	+
	E3 医疗设施	每千口人医疗机构床位	张/千人	+
	E4 医疗卫生支出比重	医疗卫生支出/财政支出	%	+
	E5 文化事业支出	人均文化事业费	%	+
	E6 社会保障支出比重	社会保障支出/财政支出	%	+
	E7 养老保险参保人数	养老保险参保人数	万人	+
	E8 人均城市道路面积	人均城市道路面积	平方米	+

（三）数据来源

选取的研究对象为黄河流域 9 省份，基于统计口径变化节点的考虑，样本年份为 2006—2018 年共 13 年，相关数据来源于 2007—2019 年的年鉴，大部分数据经简单比值计算得到。经济活力的数据来源于《中国统计年鉴》《中国固定资产统计年鉴》《中国高技术产业统计年鉴》；创新发展的研究与试验发展数据来源于《中国科技统计年鉴》，国内三种专利授权数来源于国家统计局，本专科在校学生数来源于《中国教育统计年鉴》，其他来源于《中国统计年鉴》；绿色发展数据来源于《中国统计年鉴》《中国环境统计年鉴》和《中国能源统计年鉴》；经济开放数据来源于《中国统计年鉴》《中国贸易外经统计年鉴》；经济共享数据来源于《中国统计年鉴》《中国教育统计年鉴》，部分缺漏数据采取线性回归拟合补齐。

四 黄河流域经济高质量发展水平的指标体系构建与评价方法

（一）熵权法分析方法

经济高质量发展指标体系的建立需要多个指标进行评价，因此在综合评价前我们必须首先得出每个指标的权重，才能从多方面进行评价。

在对指标体系进行评价时，当前学者在评价方法上多从主观和客观方面入手。主观赋权法，如 AHP 方法、综合指数法等，过度依赖专家学者的主观判断、人为因素影响较大，操作方法简便，但缺乏客观。客观赋权法，如主成分分析法、熵权法等，由于其依靠的是客观指标的相关性确定的权重，有比较强的客观性，较受学者的青睐。其中，熵值法确定权重的依据是数据离散程度，其优点主要是能表示每个指标的效益价值，本章认为采用熵权法来确定权重计算 2006—2018 年黄河流域经济高质量发展水平更加合适。

（1）指标数据处理。采用极差标准化对原始数据进行归一化处理，消除量纲、数量级的差异对结果造成的偏差。

正向指标 x'_{ij}：

$$x'_{ij} = \frac{x_j - x_{min}}{x_{max} - x_{min}} \tag{6-1}$$

负向指标 x'_{ij}：

$$x'_{ij} = \frac{x_{max} - x_j}{x_{max} - x_{min}} \tag{6-2}$$

（2）计算指标比重。第 i 个省份的第 j 项指标数值，第 j 项指标下第 i 个省份占该指标的比重。

$$p_{ij} = \frac{x'_{ij}}{\sum_{i=1}^{n} x_{ij}}, \tag{6-3}$$

$i=1, \cdots, n, \ j=1, \cdots, m$

（3）计算第 j 项指标的信息熵 e_j。

$$e_j = -k \sum_{i=1}^{n} p_{ij} \ln(p_{ij})$$

$k = 1/\ln(n) > 0, \ e_j \geq 0 \tag{6-4}$

（4）计算第 j 项的差异系数 d_j。

$$d_j = 1 - e_j \tag{6-5}$$

（5）计算第 j 项指标的权重 w_j。

$$w_j = \frac{d_j}{\sum_{j=1}^{m} d_j} \tag{6-6}$$

（6）计算第 i 个评价对象的高质量发展指数 HQI_i。

$$HQI_i = \sum_{j=1}^{m} w_j \times p_{ij} \qquad (6-7)$$

（二）权重结果

根据以上测度方法，最终得到评价指标权重值如表 6-4 所示，在此基础上，计算黄河流域各省份经济高质量发展水平综合得分。

表 6-4　　　　　　　2018 年评价指标权重值

省份 指标	青海	四川	甘肃	宁夏	内蒙古	陕西	山西	河南	山东	全国
A1	0.023	0.025	0.021	0.022	0.016	0.016	0.089	0.024	0.021	0.018
A2	0.028	0.041	0.011	0.032	0.022	0.018	0.025	0.047	0.023	0.023
A3	0.042	0.054	0.022	0.041	0.016	0.024	0.033	0.043	0.035	0.031
A4	0.043	0.054	0.064	0.049	0.036	0.034	0.018	0.024	0.045	0.042
A5	0.027	0.018	0.039	0.035	0.037	0.019	0.024	0.029	0.032	0.037
A6	0.031	0.027	0.027	0.030	0.022	0.032	0.032	0.043	0.016	0.040
A7	0.019	0.026	0.026	0.023	0.019	0.016	0.022	0.023	0.019	0.022
A8	0.038	0.010	0.026	0.017	0.041	0.023	0.021	0.013	0.021	0.021
B1	0.021	0.023	0.020	0.024	0.016	0.029	0.014	0.020	0.017	0.014
B2	0.022	0.027	0.013	0.022	0.022	0.014	0.017	0.021	0.018	0.013
B3	0.015	0.022	0.014	0.017	0.014	0.015	0.021	0.017	0.018	0.019
B4	0.018	0.029	0.028	0.014	0.023	0.045	0.018	0.013	0.009	0.010
B5	0.016	0.016	0.015	0.010	0.016	0.012	0.017	0.009	0.009	0.014
B6	0.036	0.028	0.043	0.035	0.036	0.037	0.036	0.034	0.025	0.028
B7	0.032	0.009	0.032	0.061	0.072	0.028	0.079	0.038	0.018	0.049
C1	0.023	0.013	0.015	0.037	0.015	0.018	0.008	0.017	0.020	0.024
C2	0.015	0.011	0.025	0.013	0.017	0.014	0.014	0.015	0.117	0.013
C3	0.027	0.025	0.024	0.022	0.024	0.019	0.045	0.027	0.024	0.047
C4	0.011	0.017	0.014	0.013	0.016	0.007	0.015	0.017	0.012	0.015
C5	0.011	0.019	0.030	0.027	0.021	0.011	0.020	0.018	0.016	0.019
C6	0.032	0.028	0.025	0.028	0.048	0.027	0.029	0.033	0.029	0.032
C7	0.044	0.043	0.015	0.026	0.037	0.026	0.047	0.029	0.022	0.024
C8	0.033	0.038	0.022	0.029	0.032	0.024	0.021	0.031	0.026	0.026

指标＼省份	青海	四川	甘肃	宁夏	内蒙古	陕西	山西	河南	山东	全国
C9	0.045	0.029	0.014	0.019	0.028	0.015	0.034	0.017	0.035	0.025
D1	0.025	0.028	0.021	0.021	0.041	0.030	0.017	0.035	0.025	0.048
D2	0.029	0.029	0.040	0.024	0.024	0.037	0.023	0.032	0.041	0.033
D3	0.020	0.011	0.011	0.008	0.018	0.028	0.013	0.050	0.015	0.008
D4	0.026	0.025	0.055	0.016	0.016	0.034	0.015	0.017	0.017	0.052
D5	0.018	0.015	0.022	0.010	0.015	0.010	0.009	0.028	0.016	0.024
D6	0.051	0.077	0.064	0.082	0.055	0.041	0.033	0.034	0.075	0.048
E1	0.021	0.032	0.030	0.033	0.023	0.035	0.035	0.036	0.043	0.027
E2	0.040	0.021	0.036	0.021	0.038	0.020	0.023	0.033	0.023	0.034
E3	0.031	0.033	0.029	0.031	0.026	0.022	0.024	0.030	0.023	0.019
E4	0.012	0.019	0.010	0.014	0.015	0.147	0.023	0.015	0.019	0.021
E5	0.023	0.026	0.027	0.023	0.019	0.019	0.023	0.027	0.028	0.022
E6	0.009	0.010	0.007	0.007	0.007	0.010	0.015	0.008	0.009	0.009
E7	0.029	0.026	0.031	0.030	0.030	0.022	0.031	0.025	0.024	0.023
E8	0.011	0.016	0.022	0.034	0.018	0.019	0.018	0.020	0.019	0.025

（三）测度结果分析

基于前述测度方法与测度指标体系，计算得到2006—2018年黄河流域经济高质量发展指数测度结果，如表6-5所示。沿黄河流域各省份的经济发展水平参差不齐，具备天然区位优势的下游地区与上游地区的经济发展存在显著差异，流域内部的产业结构、经济发展等非均衡发展现象日益凸显。结合表6-5与图6-6可以看出，2006—2018年黄河流域9省份的经济高质量发展综合得分呈平稳上升趋势。

具体来看，2006年流域内经济高质量发展评分值最高的为山东省，评分值最低的是青海省，且二者之间的经济高质量发展的区域差异较大。上中下游地区的经济高质量发展水平具有显著的边界线，空间格局上大致表现出"东—中—西递减"的态势，发展水平的排序为山东（0.235）、河南（0.205）、陕西（0.205）、四川（0.195）、内蒙古（0.189）、山西（0.183）、宁夏（0.180）、甘肃（0.165）、青海

（0.164）。其中，山东、河南、陕西三个省份的经济高质量发展水平都在0.200 以上，接近于全国经济高质量发展综合指数 0.222。2006 年沿黄河流域各省份经济高质量发展平均水平为 0.191，落后于平均水平的省份为内蒙古、山西、宁夏、甘肃、青海。从五个维度看，宁夏的经济活力、创新发展、绿色发展程度较低，落后于全国平均水平，但经济共享指数较高；甘肃的创新发展、经济开放、经济共享程度较低，落后于平均水平，特别是经济开放水平不高，但经济活力指数，处于中等水平；山西的创新发展、绿色发展、经济开放程度较低，落后于平均水平，经济活力指数也处于中等水平；河南的绿色发展、经济开放、经济共享程度较低，落后于平均水平，特别是经济共享程度不高。

同样，2018 年流域内各省份的经济高质量发展水平也具有明显的边界线。山东省的经济发展水平得分最高，为 0.843，其余省份由高至低的排序依次为：河南（0.817）、陕西（0.804）、四川（0.798）、内蒙古（0.794）、山西（0.783）、宁夏（0.730）、甘肃（0.715）、青海（0.660）。2018 年，黄河流域 9 省份的高质量发展平均水平为 0.772，山东、河南、陕西、四川、内蒙古、山西 6 个省份的经济高质量发展综合指数高于平均水平，是流域内经济高质量发展较为领先的省份。宁夏、甘肃、青海 3 个省份低于平均水平，表明这些地区的发展水平亟须提高。从五个维度具体来看，其中，宁夏的经济发展指数有所提升，但在经济活力、绿色发展、经济开放、经济共享四个方面仍落后于流域平均水平；2006 年与 2018 年的甘肃省经济发展指数没有发生变化，其在经济活力、创新发展、绿色发展、经济共享四个方面均落后于流域平均水平，但经济开放指数却较高；青海的经济发展指数有所降低，在经济活力、创新发展、绿色发展、经济开放、经济共享五个方面落后于流域平均水平。

表 6-5 　　　　　　　　　经济高质量发展指数测度结果

年份 区域	2006	2007	2008	2009	2010	2011	2012	2013	2014	2015	2016	2017	2018
青海	0.164	0.211	0.227	0.241	0.271	0.291	0.311	0.35	0.389	0.427	0.509	0.550	0.660
四川	0.195	0.261	0.309	0.303	0.364	0.422	0.456	0.478	0.512	0.565	0.603	0.669	0.798

续表

年份 区域	2006	2007	2008	2009	2010	2011	2012	2013	2014	2015	2016	2017	2018
甘肃	0.165	0.237	0.244	0.249	0.303	0.301	0.376	0.379	0.449	0.507	0.556	0.598	0.715
宁夏	0.180	0.258	0.264	0.261	0.309	0.337	0.384	0.408	0.464	0.515	0.562	0.643	0.730
上游	0.176	0.242	0.261	0.264	0.312	0.338	0.382	0.404	0.454	0.504	0.558	0.615	0.726
内蒙古	0.189	0.275	0.285	0.3	0.357	0.394	0.44	0.458	0.496	0.543	0.581	0.668	0.794
陕西	0.205	0.266	0.319	0.317	0.37	0.425	0.466	0.49	0.526	0.566	0.611	0.673	0.804
山西	0.183	0.27	0.266	0.293	0.336	0.37	0.428	0.43	0.475	0.531	0.573	0.666	0.783
中游	0.192	0.270	0.290	0.303	0.354	0.396	0.445	0.459	0.499	0.547	0.588	0.669	0.794
河南	0.205	0.272	0.313	0.32	0.38	0.439	0.486	0.494	0.527	0.569	0.621	0.675	0.817
山东	0.235	0.285	0.311	0.329	0.381	0.456	0.513	0.505	0.54	0.596	0.667	0.683	0.843
下游	0.220	0.279	0.312	0.325	0.381	0.448	0.500	0.500	0.534	0.583	0.644	0.679	0.830
均值	0.191	0.259	0.282	0.290	0.341	0.382	0.429	0.444	0.486	0.535	0.587	0.647	0.772
全国	0.222	0.305	0.301	0.304	0.376	0.430	0.466	0.479	0.562	0.576	0.623	0.712	0.777

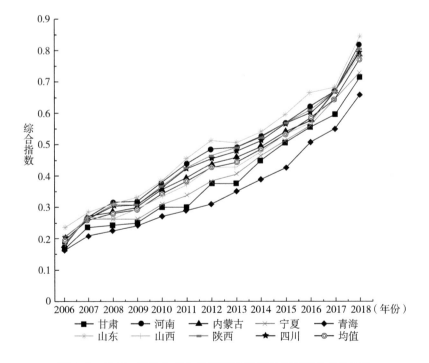

图 6-5　2006—2018 年黄河流域经济高质量发展指数趋势变化

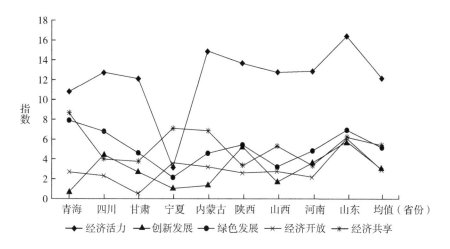

图 6-6　2006 年黄河流域各省份五个维度指数的趋势变化

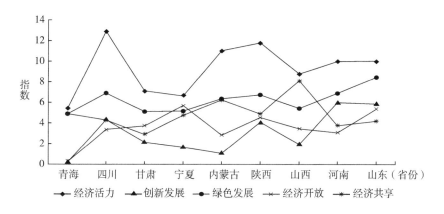

图 6-7　2018 年黄河流域各省份五个维度指数的趋势变化

第四节　黄河流域经济高质量发展的
空间演化与驱动因素分析

一　空间自相关分析

空间自相关主要指一些变量在同一分布区的数据具有一定的联系，是展现空间变量区域结构形态、揭示某一要素属性值与其相邻空间点处的属性值关联性的重要指标。空间自相关的测度指标包括全局空间自相关和局部空间自相关。本章对空间相关性的测度采取全局空间自相关的全局 Moran's I 指数和局部关联分析方法的 LISA (Local Indicator of Spatial Association) 统计量。

（一）全局自相关分析

全局空间自相关性是在测度区域空间整体范围的某个属性值的特征，描述属性与空间区位之间的作用关系。全局 Moran's I 的计算公式为：

$$Moran's\ I = \frac{n \sum_{i=1}^{n} \sum_{j=1}^{n} w_{ij} (x_i - \bar{x})(x_j - \bar{x})}{\sum_{i=1}^{n} \sum_{j=1}^{n} w_{ij} (x_i - \bar{x})^2} \tag{6-8}$$

其中，n 为样本数；x_i、x_j 表示变量在空间位置的观测值 i、j；w_{ij} 定义的是空间权重矩阵 w 的元素，表示空间位置值 i、j 的邻近关系：相邻时，$w_{ij}=1$，不相邻时，$w_{ij}=0$。全局 Moran's I 的值分布在 -1—1：0 值为地理空间事物集聚或分散的分界点，地区空间事物越集聚，取值就越接近 1；地理空间事物越离散，取值就越接近 -1。

计算得到黄河流域经济高质量发展全局自相关，如表 6-6 所示。2006—2018 年，全局 Moran's I 估计值均为正，2006—2009 年的显著性水平大于 10%，2010—2013 年在 10% 的显著性水平，其余年份均在 1% 或 5% 的显著性水平，表明黄河流域 9 省份的经济高质量发展水平呈现空间维度的正向相关性。从时间维度上看，其中 2006—2012 年呈上升态势，2013 年略有下降后又不断上升，表明黄河流域 9 省份经济高质量发展水平呈空间正相关，经济发展水平较高的地区和经济发展水平较低的地区集中分布，但集聚程度有所下降，区域发展的差距缩小并趋向均衡发展。

表 6-6　　　　　黄河流域经济高质量发展全局自相关

年份	Moran'I	z-score	p-value
2006	0.193	1.439	0.150
2007	0.199	1.551	0.121
2008	0.209	1.517	0.129
2009	0.220	1.570	0.116

年份	Moran'I	z-score	p-value
2010	0.272	1.723	0.085
2011	0.315	1.875	0.061
2012	0.309	1.931	0.053
2013	0.276	1.723	0.085
2014	0.381	2.154	0.031
2015	0.364	2.180	0.029
2016	0.418	2.470	0.014
2017	0.421	2.583	0.010
2018	0.438	2.681	0.007

（二）局部自相关分析

局部空间自相关是用于测算某一空间地理单元与其邻域的相似度的指标，衡量单一局部单元对全局总趋势的服从程度。识别局部空间自相关，需要计算局部空间统计量（Local Indicators of Space Association，LISA）：

$$I_i = \frac{x_i - x}{S^2} \sum_{j=1}^{n} w_{ij}(x_i - \bar{x}) \tag{6-9}$$

其中，n、x_i、x_j、w_{ij} 所代表的意思与上式相同。

局部空间自相关检验的标准化统计量为：

$$Z(I_I) = \frac{I_i - E(I_i)}{\sqrt{Var(I_i)}} \tag{6-10}$$

其中，$E(I_i)$、$Var(I_i)$ 是理论期望值和理论方差。

根据其标准化值分析区域与其邻域的关联类型：当 $I_i>0$，$Z_i>0$ 时，关联类型为 HH（High-High）；当 $I_i>0$，$Z_i<0$ 时，关联类型为 LL（Low-Low）；当 $I_i<0$，$Z_i<0$ 时，关联类型为 LH（Low-High）；当 $I_i<0$，$Z_i>0$ 时，关联类型为 HL（High-Low）。以上空间自相关分析在 GeoDa 与 ArcGIS10.5 中实现。

2006 年、2010 年、2014 年、2018 年局部 Moran's I 的区域分布情况，表明黄河流域经济高质量发展存在一定的空间依赖关系。总体经济空间格局趋于集聚，呈现出显著的"核心—边缘"结构。具体来看，

2006 年青海省集聚在"低—低"集聚的低谷增长区，相邻区域呈空间负相关；其余 8 个省份空间集聚性不显著。2010 年，上游的青海和甘肃集聚在"低—低"集聚的低谷增长区，相邻区域呈空间负相关；中游的陕西省呈现"高—低"的集聚过渡区，相邻区域呈空间负相关；其余 6 个省份空间集聚性不显著。2014 年，上游的青海和甘肃集聚在"低—低"集聚的低谷增长区，相邻区域呈空间负相关；上游的四川省和中游的陕西省呈现"高—低"的集聚过渡区，相邻区域呈空间负相关；下游沿海地区的山东省集聚在"高—高"的集聚扩散效应区，相邻区域呈集聚型的空间正相关；其余 4 个省份空间集聚性不显著。2018 年流域内各省份经济高质量发展水平呈现出显著的空间集聚性，其中上游的青海和甘肃呈现"低—低"集聚的低谷增长区，相邻区域呈空间负相关；上游的四川省和中游的陕西省呈现"高—低"的集聚过渡区，相邻区域呈空间负相关；下游的山东和河南集聚在"高—高"的集聚扩散效应区，相邻区域呈空间正相关；其余 3 个省份空间集聚性不显著。由此可见，2006—2018 年，整个黄河流域的经济发展的空间分布特征是"中上游低、下游高"，区域发展差距明显，推动流域经济高质量发展刻不容缓。

二　经济空间格局的演化分析

（一）黄河流域经济高质量发展的空间格局

通过探索性空间分析发现，黄河流域经济发展空间格局具有两个基本特征：一是非均衡性，呈现出东高西低的阶梯差异。东部沿海区域的山东省是高质量发展的"领跑者"，中部地区以较快的崛起速度成为黄河流域高质量发展的"跟跑者"，西部地区仍处于高质量发展的"后发者"。二是渐进演化并趋于均衡发展的特征，从"金字塔"形的发展转变为区域内部由东向西逐步均衡发展。

黄河流域经济发展的基本空间格局呈现出非均衡发展，东—中—西依次递减的阶梯差异，下游地区经济增长水平较高，上游、中游地区的经济增长水平较低，下游地区与上游、中游地区之间的经济增长水平有着明显差异。具体而言，整体上 2006—2018 年黄河流域各省份经济高质量发展指数与全国经济高质量发展指数均表现为平稳上升。黄河流域各地区经济高质量发展指数在样本区间不断提升，但仍低于全国整体水平，中游及上游地区起步水平较低，同时在2006—2018年存在较高的增长率。这是因为上游地区抓住工业化中期与国家战略双重机遇集聚各类资源，积极对接中下游发达地区迅速增长，中游地区充分发挥交通枢纽优势稳步增长，而下游地区受到资源、土地与人力资源的要素制约转型进程比较缓慢。

2006年以来，流域经济发展逐步呈现出渐进演化并趋于均衡发展的特征，指数由原来由东向西依次递减的格局逐渐转变为整个区域更加均衡发展，尤其青海、甘肃与内蒙古的经济质量得到较高提升。2006—2018年，黄河流域下游地区经济发展的引领作用在整个流域经济增长中逐步提高。流域内经济发展水平较高的山东省，在向上转移经济增长类型的同时，产生的扩散效应有利于上中游地区经济发展水平的提高。2006年，上游地区的四川省、中游地区的陕西省和经济高质量发展水平第1名的山东省是中高质量发展，其余5个省份皆为中低质量发展且有3个处于上游地区；2010年，上游地区的四川省、中游地区的内蒙古和陕西省、下游地区的河南省和山东省是中高质量发展，其余4个省份皆为中低质量发展且有3个处于上游地区；2014年与2010年的空间分布一致；2018年，西部的四川省，中部的内蒙古、陕西省与山西省，东部的河南省与山东省是中高质量发展，其余3个省份皆为中低质量发展且全部处于上游地区。

（二）黄河流域经济高质量发展的空间格局演化

黄河流域经济高质量发展的总体水平呈从中低质量发展水平向中高质量发展水平的逐渐过渡的演化趋势，2006—2018年以来中低质量发展的省份数量明显减少，中高质量发展的省份数量在不断增加。随着产业转移进程的推进，下游地区的高污高耗的落后产业在经济发展水平低的上游、中游地区继续开展生产活动，东部地区大力发展第三产业和高科技产业，进一步拉大了上游、中游地区与下游地区的经济发展速度，黄河流域经济高质量发展水平逐步形成"增长极""核心—边缘""多核心—外围"结构。

从西方空间经济学中的经济空间研究来看，首先，经典区位理论，整个黄河流域中山东省是唯一的东部沿海省份，相较于流域内其他省份拥有着经济发展的先天地理区位优势，以经典区位理论来分析山东省的率先发展，便利的交通、城市间的有效经济联系不断吸引要素和产业的集中。伴随交通运输业的不断发展、空间经济活动的不断集中，经济的增长在一定时期内又进一步吸引相关要素和产业的集中，市场区域半径也在不断扩大，逐渐发展为区域经济增长的中心，即"增长极"。其次，区域经济空间结构演化理论，在改革开放的进程中，上游地区增长极的快速发展打破了空间结构的均衡状态，并对外围区形成了扩散效应，相关要素流出带动了周边地区的发展，在上游、中游与下游地区形成了较低水平的"核心—边缘"结构。但是，在近几年国家政策的引领下，下游地区的经济空间由率先发展转为优化发展，上游地区的青海、甘肃，长期以第一产业为主、产业结构单一且第二产业和第三产业发展缓慢，西部大开发战略缩小了流域内西部与中部、东部各省份的差异，正逐步形成"多核心—外围"结构。

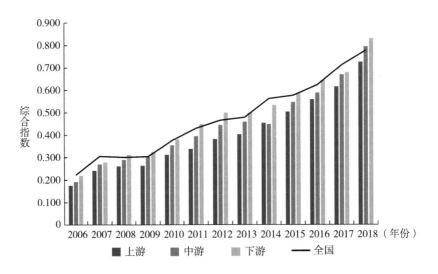

图6-8　2006—2018年黄河流域上游、中游、下游地区经济高质量
发展综合指数

三　空间格局演化的驱动因素分析

（一）模型选取

地理探测器（Geographical Detector）方法没有过多假设，改变了传统统计对变量处理的弊端，基本思想为假设研究区分为若干个子区域，

若子区域的方差和小于研究区总方差，表明存在空间差异性；而两个变量的空间分布趋于一致，则两变量具有统计关联性。本章通过因子探测及交互探测来识别黄河流域经济高质量发展的主导因素，对影响因素之间相互作用进行定量分析。

1. 因子探测

因子探测主要定量探测不同影响因素对黄河流域经济高质量发展的解释力度，模型如下：

$$P_{D,U} = 1 - \frac{1}{n\delta_U^2} \sum_{i=1}^{m} n_{D,i} \delta_{U_{D,i}}^2$$

在模型中，$P_{D,U}$ 是黄河流域经济高质量发展的影响因素 D 的探测力值，n 为黄河流域内省份数量，δ_U^2 为整个区域经济高质量发展的方程，m 为影响因素 D 的分类数，$U_{D,i}$ 为影响因素 D 在 i 类上样本的个数；$\delta_{U_{D,i}}$ 为各省份经济高质量发展效应的方差。$P_{D,U}$ 值范围为 $[0，1]$，当数值越大时，对高质量发展水平的影响程度越高。

2. 交互探测

交互探测描述的是两个影响因素对经济高质量发展的影响，如 A 和 B 两个因素，可以通过 ArcGIS 将 A、B 因素层进行空间叠置产生 C 图层，其中 A 与 B 两个因素图层共同影响 C 图层。交互探测的判断公式如表 6-7 所示。

表 6-7　　　　　　　　　　　　交互探测的判断公式

表达式	结果解释
$P_{D,U}(A \cap B) > P_{D,U}(A)$ or $P_{D,U}(B)$	相互增强
$P_{D,U}(A \cap B) > P_{D,U}(A)$ and $P_{D,U}(B)$	双线性增强
$P_{D,U}(A \cap B) > P_{D,U}(A) + P_{D,U}(B)$	非线性增强
$P_{D,U}(A \cap B) < P_{D,U}(A) + P_{D,U}(B)$	减弱
$P_{D,U}(A \cap B) < P_{D,U}(A)$ or $P_{D,U}(B)$	单线性减弱
$P_{D,U}(A \cap B) < P_{D,U}(A)$ and $P_{D,U}(B)$	非线性减弱
$P_{D,U}(A \cap B) = P_{D,U}(A) + P_{D,U}(B)$	相互独立

（二）驱动因素实证分析

利用地理探测器的因子探测、交互探测，进一步研究黄河流域经济高质量发展的主导因素，并对所选取的 5 个因素进行交互作用分析，以对经济高质量发展效应空间格局影响机制的区域差异具有深入理解。

1. 因子探测分析

借助地理探测器中的因子探测方法，计算各影响因素对黄河流域经济高质量发展水平的解释力度 $P_{D,U}$ 值（见表 6-8），探测表明，各影响因素对整体经济高质量发展指数的作用强度不同。2006 年影响因素的解释力排序上为：经济活力>经济开放>绿色发展>创新发展>经济共享，具体来看，经济活力（0.717）、绿色发展（0.568）在经济高质量发展中具有重要作用。2010 年影响因素的解释力排序上为：经济活力>创新发展>经济开放>绿色发展>经济共享，具体来看，经济活力（0.800）、创新发展（0.777）在经济高质量发展中具有重要作用。2014 年影响因素的解释力排序上为：经济活力>创新发展>经济开放>绿色发展>经济共享，具体来看，经济活力（0.759）、创新发展（0.620）在经济高质量发展中具有重要作用。2018 年影响因素的解释力排序上为：经济活力>创新发展>经济开放>绿色发展>经济共享，具体来看，经济活力（0.756）、创新发展（0.634）在经济高质量发展中具有重要作用。

2010—2018 年，经济活力、创新发展、经济开放这 3 个影响因素的解释力度 $P_{D,U}$ 值明显高于其他影响要素，尤其是经济活力影响最显著。以 2018 年为例，经济活力、创新发展、经济开放这三个影响因素对黄河流域经济高质量发展水平的解释力度 $P_{D,U}$ 值分别为 0.756、0.634、0.560，解释力度 $P_{D,U}$ 值最低的是绿色发展，为 0.340。具体分析来看，首先，经济活力对黄河流域经济高质量发展水平的影响最大，经济高质量发展的重点是有活力的可持续发展，是在增强经济实力与地区生产水平的同时，推动产业结构优化，经济活力体现的不仅是经济规模数量的增加，更是经济资源的配置利用效果。因此，经济活力的发展水平对黄河流域经济高质量发展水平的影响更为显著。其次，创新发展对黄河流域经济高质量发展水平的影响，创新驱动发展已经成为发达地区引领经济发展的"牛鼻子"，就黄河流域的发展形势而言，增强对科技研发的投入力度、培养高层次人才，强化创新方面的能力，科技创新是影响流域经济高质量发展的中坚力量。最后，经济开放对黄河流域经济高质量发展水平的影响，改革开放以来中国取得的成就足以证明高水平的开放能促进经济发展，黄河流域的整体科技水平较低，对外贸易的引进能带来较高的技术，开放程度对经济发展水平和质量有一定程度的影响。由模型计算得出（见表6-8）。

表6-8　　　黄河流域经济高质量发展效应的因子探测

变量	2006 年		2010 年		2014 年		2018 年	
	$P_{D,U}$	排序	$P_{D,U}$	排序	$P_{D,U}$	排序	$P_{D,U}$	排序
经济活力（X1）	0.717	1	0.800	1	0.759	1	0.756	1
创新发展（X2）	0.387	4	0.777	2	0.620	2	0.634	2
绿色发展（X3）	0.568	3	0.475	4	0.388	4	0.340	5
经济开放（X4）	0.570	2	0.662	3	0.504	3	0.560	3
经济共享（X5）	0.198	5	0.441	5	0.332	5	0.426	4

2. 交互探测分析

经济高质量发展指数是多个影响因素综合作用的结果，实际中不可能存在单一因素完全地影响经济高质量发展的空间分布。因此利用地理探测器中的交互探测来识别经济高质量发展水平分异的交互作用，结果见表6-9至表6-12。可以看出不同因素之间的交互程度不同，且具有显著性差异，也进一步说明了经济高质量发展水平是一个复杂的多因子交互过程。2006年经济活力与创新发展、绿色发展、经济开放、经济共享的交互作用解释度为0.956、0.944、0.945、0.923，绿色发展与经济共享的交互作用解释度为0.944。2010年经济活力与绿色发展、经济共享的交互作用驱动力为0.912、0.910，创新发展与绿色发展、经济共享的交互作用驱动力为0.905、0.917，绿色发展与经济开放、经济共享的交互作用驱动力为0.971、0.931。2014年经济活力与创新发展的交互作用 $P_{D,U}$ 值为0.904，创新发展与绿色发展、经济共享的交互作用 $P_{D,U}$ 值为0.919、0.930，绿色发展与经济开放的交互作用 $P_{D,U}$ 值为 0.919。2018 年经济活力与创新发展、经济开放的交互作用驱动力为 0.958、0.964，创新发展与经济开放、经济共享的交互作用驱动力为 0.915、0.992。

以 2018 年为例，创新发展与经济共享之间的交互驱动力对流域经济高质量发展作用最强，创新发展意味着科学技术的提高、是高效率的发展，经济共享表明除收入外也要关注健康、教育、养老、环境等方面，创新是经济高质量发展的不竭动力，共享是经济高质量发展的目的，因此必须重视创新发展与经济共享对提升流域经济高质量发展水平的作用。经济活力与经济开放之间的交互影响对流域经济高质量发展作用排第 2 位，并表现出双线性增强的作用，开放程度较高的核心地区要依托优良的地理位置，充分发挥增长极的经济辐射效应，呈现核心—边缘的增长极扩展，提升流域经济高质量发展水平。经济活力与创新发展之间的交互作用对流域经济高质量发展作用排第 3 位，并表现出双线性增强的作用，创新驱动经济进步与发展，经济有活力也意味着科学技术的进步，也正是创新与活力给经济高质量发展带来了源源动力。创新发展与经济开放之间的交互驱动力对流域经济高质量发展作用排第 4 位，改革开放带来的经济高速发展与经济开放密切相关，进入经济发展新常态阶段，更加需要创新与更进一步的开放驱动流域经济高质量发展。综上，黄河流域经济高质量发展受到经济环境、社会环境、自然环境因素的共同作用。由模型计算得出（见表 6-9 至表 6-12）。

表 6-9   2006 年黄河流域经济高质量发展影响因素交互作用结果

交互探测	X1	X2	X3	X4	X5
X1	0.717				
X2	0.956	0.387			
X3	0.944	0.733	0.568		
X4	0.945	0.678	0.880	0.570	
X5	0.923	0.666	0.944	0.658	0.198

注：主对角线值为影响因素单独作用的 $P_{D,U}$ 值；其余数值为影响因素交互作用后的 $P_{D,U}$ 值。

表 6-10 　2010 年黄河流域经济高质量发展影响因素交互作用结果

交互探测	X1	X2	X3	X4	X5
X1	0.800				
X2	0.842	0.777			
X3	0.912	0.905	0.475		
X4	0.842	0.816	0.971	0.662	
X5	0.910	0.917	0.931	0.745	0.441

注：主对角线值为影响因素单独作用的 $P_{D,U}$ 值；其余数值为影响因素交互作用后的 $P_{D,U}$ 值。

表 6-11 　2014 年黄河流域经济高质量发展影响因素交互作用结果

交互探测	X1	X2	X3	X4	X5
X1	0.759				
X2	0.904	0.620			
X3	0.786	0.919	0.388		
X4	0.894	0.756	0.919	0.504	
X5	0.793	0.930	0.631	0.665	0.332

注：主对角线值为影响因素单独作用的 $P_{D,U}$ 值；其余数值为影响因素交互作用后的 $P_{D,U}$ 值。

表 6-12 　2018 年黄河流域经济高质量发展影响因素交互作用结果

交互探测	X1	X2	X3	X4	X5
X1	0.756				
X2	0.958	0.634			
X3	0.863	0.724	0.340		
X4	0.964	0.915	0.813	0.560	
X5	0.892	0.992	0.892	0.698	0.426

注：主对角线值为影响因素单独作用的 $P_{D,U}$ 值；其余数值为影响因素交互作用后的 $P_{D,U}$ 值。

第五节　研究结论与政策建议

一　研究结论

本章在系统梳理和总结黄河流域相关研究，把握黄河流域经济高质量发展理念的基础上，构建了包含经济活力、创新发展、绿色发展、经济开放和经济共享 5 个维度的评价指标体系，运用熵权法测度 2006—2018 年沿黄河流域 9 省份的经济高质量发展水平，并分析了发展水平的区域空间分布规律。

（一）黄河流域各省份的经济高质量发展水平稳步上升，上中下游三大区域均有迈向更高发展水平的趋势

从时间上看，流域各省区经济高质量发展指数在测度样本期间呈现稳步上升的趋势，上中下游与全国整体水平发展趋势一致，但上游与中游地区经济高质量发展指数增速相比全国平均水平与下游地区偏低，具体省份层面，山东经济高质量发展一直处于较高水平。然而山东等本已经发展较好的省市高质量发展指数增速，远不及内蒙古、陕西与四川等上游省份。上游省份高质量发展指数快速提升，后发优势凸显。

（二）黄河流域经济高质量发展空间分布特征具有普遍性，呈东—中—西依次递减的阶梯状空间分布格局，但省份间差距逐渐变小

从空间上看，黄河流域 9 省份不同的地理区位、资源禀赋、文化价值取向，带来了不同的发展路径，导致流域各省份的发展水平不均衡。东部沿海区域的山东省是经济高质量发展的"领跑者"，中部地区以较快的崛起速度成为黄河流域经济高质量发展的"跟跑者"，西部地区在流域的整体发展中仍处于"后发者"位置。形成了以下游地区为核心、中游地区为外围、上游地区为边缘的"核心—边缘"空间格局，并逐渐趋于均衡发展的特征，从"金字塔"形的发展转变为区域内部由东向西的逐步均衡发展。

二　政策建议

通过前文的分析，我们对黄河流域经济高质量发展水平现状有了较为深刻的了解，发现黄河流域经济高质量发展中存在着诸多问题，根据这些问题提出促进黄河流域经济高质量发展水平、缩小黄河流域经济高

质量发展水平差异的政策建议如下。

（一）以科技创新发展为引擎，提升流域经济发展动力

黄河流域过度依赖要素消耗驱动的经济发展亟须转变，要转向以科技创新能力为中心，推动流域能源结构转型、资源节约和经济高质量发展。首先，加大科技创新投入，激发人力资本活力。改变黄河流域落后的科技水平、低效率的经济发展现状，必须加大科技创新投入，建立政府主导、企业参与、社会加入的多元投资格局。加大对科技创新基础（资金和人才）的投入，如研究与实验发展（R&D）的人员投入和经费投入强度、教育支出，以增强流域科技创新基础，促进科技成果的产出。其次，建立科技创新体制，保障创新成果的经济效益。做好沿黄河流域各省份的新旧动能转换工作，离不开打造国家级创新平台、科技成果转换示范区，建立市场推广机制，促进创新成果转化为经济效益，让创新成为引领经济发展的有力抓手。最后，加强东中西部创新合作，提高创新的空间发展效率。创新发展领先的省份要有力支持创新发展落后的省份，调动落后省份创新的积极性，强化其自身本领。

（二）加强政策引导，因地制宜合理规划上中下游地区的经济发展

黄河流域经济发展从东—中—西依次递减的不平衡发展转向高质量发展阶段，要求各省份以自身条件为基础创造自身的发展优势，以新的思维方式选择可持续性发展战略。流域内上中下游各省份的自然环境、民族结构等方面有较大差异，协调较发达地区与欠发达地区之间发展差异，合理规划上中下游的经济发展。首先，上游地区推进绿色循环的新型工业化，降低发展代价。上游地区处于西部，资源丰富、地广人稀，推进经济高质量发展的重点是以生态保护优先，结合区域实际，探索上游地区的高质量发展道路。坚持开发与保护相结合的原则，保护上游地区的生态环境，同时开发上游地区独特的人文和自然景观，积极发展旅游观光业，提升现代服务业的比重。其次，中游地区调整发展方式，控制能源基础原材料的生产规模。中游地区区位优势显著、能源矿产资源丰富、人口密度大、地区发展具有活力。高质量发展的重点是在做好水土保持工作的前提下，调整产业发展结构，合理布局新兴产业，打造绿色发展示范区。在经济发展方面，内蒙古、山西的发展严重依赖煤炭资源，产能过剩、产业结构单一问题突出，要积极投入资金优化经济结

构，控制能源基础原材料的生产规模，同时制定人才战略为地区发展注入活力。下游地区着力优化产业结构，调整空间布局。最后，下游地区的经济发展水平较高，但粗放型的能矿资源开采和加工模式依然存在，资源利用效率低，企业创新活力不足。下游地区距离海岸最近，高质量发展的重心应该是打造中心城市群，集约发展，着重提高人口与经济的承载力，打造现代经济产业体系。

（三）调整管理机制，建立流域的协同发展框架

要整体提高黄河流域经济高质量发展水平，缩小区域发展水平差异需要流域内各省份协调合作，可以考虑加强区域合作互助、调整管理机制。在流域范围内改变传统的以行政区划为主的区域管理方式，建立区域管理和流域管理相结合的动态管理方式，促进流域各省份协同发展。当然，流域空间内经济和人口的均匀分布不是区域协同发展，协同发展的关键在于提高区域乃至全国范围的跨地区配置效率。为了缩小黄河流域各省份经济高质量发展水平的差异，实现流域共同进步，首先，加快制定合作立法机制，避免政府不作为和行为不规范。明确流域的治理目标，建立黄河流域保护法规为空间管控、水资源开发与保护提供法律依据。完善地方治理标准，依流域生态功能目标明确管控要求，明确规定权力行使、经费分担、责任追究等具体内容，提出地方性的治理方案，使黄河流域的行政治理有法可依。其次，建立跨区域的政府主导、社会参与的多元主体治理机制。中央政府机构统筹规划以协调和监督地方治理，形成全流域统筹管理机制，裁决跨省的流域争端。"社会机制"作为跨流域协同治理的主要实现途径之一，在市场、技术、人力等方面具有独特优势，公共环境治理服务需由政府直接负责转变为社会组织与政府部门协同承担公共服务，建立政府部门与社会组织的协同伙伴关系。

第七章

黄河流域高质量发展评价
——城市数据的分析

本章研究用"黄河流域高质量发展内涵解释—综合得分及子系统得分测度及结果分析—时间演变和空间差异分析—空间溢出效应分析—发展政策建议"的逻辑思路展开系统性探讨。具体安排如下：一是融入新发展理念内涵构建测度体系，涵盖创新、协调、绿色、开放、共享 5 个方面共 21 个具体指标，以 2010—2019 年黄河流域 61 个城市数据为研究样本，采用熵权 Topsis 法测度高质量发展水平，并展示综合水平及各子系统测度结果。二是通过均值图观察黄河流域高质量发展时序演变，利用 ArcGIS 软件描绘空间分布，借助 Dagum 基尼系数揭示地区差异及差异来源，构建马尔科夫链考察空间内部动态演进，通过地区间比较分析，基于城市数据探究黄河流域高质量发展时空演变规律。三是通过模型识别选取空间杜宾模型，探究黄河流域高质量发展的空间溢出效应。四是基于前文分析及实证结果归纳主要结论并提出政策建议。

第一节 黄河流域高质量发展评价的研究背景和意义

改革开放至今，中国经济总量指标取得世界瞩目的成绩，2020 年的国内生产总值相比 1978 年增长了 276 倍。然而，近年来中国经济增速持续放缓、创新动力不足、产业结构失调、环境污染加剧、社会经济发展不平衡等问题阻碍着经济的进一步发展，在这样的经济发展大环境下，经济发展质量取代经济增量成为各界研究切入点。党的十九大报告指出，中国经济已由高速增长转向高质量发展阶段。2019 年中央经济工作会议指出，要以创新驱动、对外开放等战略推进区域高质量发展，积极培育经济发展新动能。高质量发展在"十四五"时期被确立为主要经济发展目标，表明在未来一段时间，高质量发展将贯穿经济、政治、文化、生态、社会等各领域。

黄河流域作为中国重要的生态屏障和经济地带，其战略地位的重要性不言而喻。在自然环境、区位条件、历史发展等多重因素的影响下，黄河流域生态环境脆弱，自然资源禀赋短板明显，区域经济发展不平衡等问题突出。2019 年黄河流域生态保护与高质量发展上升为重大国家战略，这为黄河流域的发展提供了前所未有的新机遇。城市在区域经济发展中承担着核心空间和载体的重要角色，是研究区域高质量发展的重要地理单元。基于 61 个城市数据测度黄河流域高质量发展实际水平，寻找高质量发展的差异及原因，成为当前黄河流域缩小发展差距、推动经济社会可持续发展必须解决的现实问题。

本书研究具有以下理论意义：一是当前大环境下的经济发展更加侧重质量，高质量发展是今后一段时间的长期发展方向，也是今后一段时间社会各界长期讨论的话题，对于推动中国经济走向现代化至关重要。本研究在梳理高质量发展的文献后，阐述了符合黄河流域现阶段发展的高质量发展内涵，构建了融入"新发展理念"的高质量发展评价体系，为科学评价流域类高质量发展奠定理论基础。二是从地理学视角探究基于城市数据的黄河流域高质量发展时空差异，有利于深入剖析时空维度上城市高质量发展空间演化特征，为阐述具有中国特色的流域城市空间演化理论奠定基础。三是综合运用 Dagum 基尼系数、空间马尔科夫链、空间杜宾模型等多种方法深入探究黄河流域城市高质量发展时空演变并揭示其空间溢出效应，可以扩宽流域城市高质量发展空间演化的研究视角，深入解读流域城市高质量发展演化特征及溢出效应，并据此提出高质量发展优化路径，促进流域协调可持续发展，在一定程度上丰富了区域协调可持续发展理论。

本书研究的现实意义主要体现在以下几个方面：一是对促进黄河流

域区域协调发展以及中国区域协调发展意义重大。黄河流域横跨九省，人口众多，受自然环境状况、历史发展等因素的影响，流域区域差异一直存在，具有发展不平衡不充分等问题。黄河流域作为生态重点保护区域、协调发展重要战略区域，其高质量发展可以推动黄河上游形成大开发新格局，黄河中游实现崛起，黄河下游通过新旧动能转换提质增效。本研究选取黄河流域 61 个城市数据为研究样本，测算黄河流域高质量发展综合水平，科学识别高质量发展地区差异及差异来源，辨别各地区高质量发展的优势与不足，并基于研究结论提出关于黄河流域协调发展的建议，可以为黄河流域协调发展乃至中国协调发展提供相关借鉴与参考。二是基于城市高质量发展时空演化规律及空间溢出效应，提出推动黄河流域高质量发展的优化路径，促进流域内资源互补，为推进黄河流域生态保护和高质量发展战略实施提供策略支持，也为其他流域类地区城市高质量发展提供一定借鉴。

第二节　黄河流域高质量发展评价

一　构建高质量发展评价指标体系

（一）指标构建原则

合理的评价指标体系是测度高质量发展的关键，高质量发展的评价不仅需要反映城市经济效益，更需要考虑社会性方面的非经济因素质量。因而，选择具体评价指标需遵循以下原则：

1. 全面性原则

高质量发展是综合衡量结果，因此会受到诸多因素甚至各因素组合效果的影响。全面性原则要求选取的指标全面、综合、系统地考虑经济、社会、生态等因素的影响，同时要保证各指标之间的系统性和逻辑性，以系统、全面反映黄河流域高质量发展内涵。

2. 可行性原则

可行性主要指资料获取的难易程度。在构建评价指标体系时，主要以现有数据和信息为准，选择便于直接获取或通过计算得到的指标数据，同时保证指标充分反映研究区高质量发展水平。遵循可行性原则，有关数据均选自历年统计年鉴，确保实证分析的科学性。

3. 可比性原则

可比性原则是指选取的指标应能相互之间对比分析，指标的统计口径、定义、核算内容保持一致。黄河流域地级市数量多，在选取指标时，要考虑数据在空间以及属性上的可比性。

（二）指标选取与说明

黄河流域人口众多，生态环境复杂，其高质量发展是发展方式更加绿色、社会更加协调、对外开放程度更高、创新能力更强的发展，应当涵盖经济、社会、生态等多方面。紧扣新发展理念，参考已有学者的研究[1][2][3]，遵循全面性、可行性、可比性等原则，构建包括创新、协调、绿色、开放、共享 5 个维度 21 个具体指标的高质量发展评价体系，见表 3-1。该体系中，指标选取不以绝对量为主要评价标准，也注重能够反映各个层面发展结构和发展质量的相对量指标，做到绝对量指标和相对量指标合理结合的评价原则。具体构建思路主要有以下几个方面。

1. 创新驱动

创新是引领发展的核心动力。提高创新投入，培育创新人才，为创新引领高质量发展提供源源不断的动力。因此，本书研究选取北京大学开放研究数据平台中张晓波教授的"中国区域创新创业指数"相关指标衡量创新水平，具体包括创新创业总维度总量指数得分、人均得分、单位面积得分。

2. 协调发展

高质量发展是各地区的协调联动发展，以解决各地区经济发展差异过大问题。参考陈景华等的研究[4]，本研究以区域协调、城乡协调、产业协调反映协调发展，具体以各市 GDP 与各省 GDP 的比值表征区域协调，以城镇和农村居民人均收入比值表征城乡协调，以第三产业产值和第二产业产值的比值表征产业协调。

① 徐辉等：《黄河流域高质量发展水平测度及其时空演变》，《资源科学》2020 年第 1 期。
② 欧进锋等：《基于"五大发展理念"的经济高质量发展水平测度——广东省 21 个地级市的实证分析》，《经济地理》2020 年第 6 期。
③ 任保平、文丰安：《新时代中国高质量发展的判断标准、决定因素与实现途径》，《改革》2018 年第 4 期。
④ 陈景华等：《中国经济高质量发展水平、区域差异及分布动态演进》，《数量经济技术经济研究》2020 年第 12 期。

3. 绿色环保

生态保护是黄河流域发展的生命底线。绿色发展以生态保护为指导原则，以清洁高效的方式实现高质量发展。参考相关学者，本研究从污染排放和污染治理两方面衡量绿色发展，污染排放指标包括工业二氧化硫排放量、工业废水排放量、工业烟（粉）尘排放量，污染治理指标包括生活垃圾无害化处理率、污水处理厂集中处理率、绿地面积、建成区绿化覆盖率。

4. 开放交流

开放可以实现对内和对外联合发展、共同致富，是通向繁荣之路。本研究借鉴相关研究，从对外投资和对内销售两方面衡量开放发展，对外投资以进出口总额和 GDP 的比值表征，对内销售以社会商品零售总额和 GDP 的比值表征。

5. 共享惠民

黄河横跨 9 省份，资源禀赋的差异形成了各地不同的高质量发展路径，但成果全民共享是各地区共同的追求。参考魏敏和李书昊学者的研究[①]，从医疗、教育、就业等方面衡量经济的共享程度，具体指标包括人均医院床位数、人均拥有图书馆藏书量、城镇职工基本养老保险以及医疗保险参保人数、教育经费占财政支出比重、城镇年底登记失业率。

表 7-1　　　　　　　　高质量发展评价指标体系及权重

目标层	准则层	指标层	指标属性	指标单位	城市尺度权重（%）
高质量发展指数	创新	创新创业总维度总量指数得分	+	—	4.58
		创新创业总维度人均得分	+	—	3.74
		创新创业总维度单位面积得分	+	—	5.73
	协调	各市 GDP/各省 GDP	+	%	9.26
		城镇居民人均收入/农村居民人均收入	−	%	1.25
		第三产业产值/第二产业产值	+	%	5.64

---

① 魏敏、李书昊：《新时代中国经济高质量发展水平的测度研究》，《数量经济技术经济研究》2018 年第 11 期。

续表

目标层	准则层	指标层	指标属性	指标单位	城市尺度权重（%）
高质量发展指数	绿色	工业二氧化硫排放量	−	吨	0.60
		工业废水排放量	−	万吨	0.73
		工业烟（粉）尘排放量	−	吨	0.42
		生活垃圾无害化处理率	+	%	0.48
		污水处理厂集中处理率	+	%	5.07
		绿地面积	+	公顷	10.45
		建成区绿化覆盖率	+	%	0.74
	开放	进出口总额/GDP	+	%	14.43
		社会商品零售总额/GDP	−	%	1.09
	共享	人均医院床位数	+	每百万人	2.52
		人均拥有图书馆藏书量	+	册	6.65
		全市城镇职工基本养老保险参保人数	+	人	9.87
		全市城镇职工基本医疗保险参保人数	+	人	12.38
		教育经费占财政支出比重	+	%	1.05
		城镇年底登记失业率	−	%	3.32

注：指标"属性"一列中"+（−）"表示在设定衡量方式下测度指标为正（负）向指标，越大（小）越优。

资料来源：创新指标来源于北京大学开放研究数据平台中张晓波教授的"中国区域创新创业指数"，其他指标来源于《中国城市统计年鉴》、各省份统计年鉴、社会发展公报。

二　研究区域与数据来源

流域作为综合性地理单元，范围界定不仅要考虑干支流流经地区，还要考虑深受流域资源影响的地区。本研究参照李敏纳的研究，考虑地域单元完整性，剔除州、盟、河南省济源市、山东省莱芜市等部分测度指标严重缺失的地市，最终选取61个地级市收集数据（见图7-1）。[①] 参考《黄河年鉴》提出的上中下游划分标准，考虑行政区划的影响，最终确定上游为青海、甘肃、宁夏、四川、内蒙古的地级市，中游为山西、陕西的地级市，下游为河南、山东的地级市。

---

① 李敏纳：《黄河流域经济空间分异研究》，博士学位论文，河南大学，2009年。

研究样本选取 2010—2019 年黄河流域 61 个城市的面板数据，数据主要来源于 2010—2019 年《中国城市统计年鉴》，部分数据从各省份统计年鉴、社会发展公报、政府有关部门官网获取，创新指标来源于北京大学开放研究数据平台中张晓波教授的"中国区域创新创业指数"。部分缺失指标数据运用插值法进行补充完善。

三　基于熵权 Topsis 法的评估模型

熵权法可以对各测度指标进行标准化处理后根据各指标的变异程度赋予权重值，权重值是依靠数据的变异程度获取，故具有客观性，降低了主观赋权时人为因素的干扰。Topsis 法可以比较各测度对象与最优、最劣方案的相对距离，并量化排序测度结果。熵权 Topsis 法将二者结合，具有更加客观、结果合理的优势。故借鉴已有研究[①]，采用熵权 Topsis 法评价基于地市数据的黄河流域高质量发展。测算步骤如下。

（1）用极差法进行标准化处理。正向指标和负向指标标准化处理分别如下。

$$Y_{ij} = \frac{X_{ij} - \min(X_{ij})}{\max(X_{ij}) - \min(X_{ij})} \tag{7-1}$$

$$Y_{ij} = \frac{\max(X_{ij}) - X_{ij}}{\max(X_{ij}) - \min(X_{ij})} \tag{7-2}$$

式中，i 表示各城市，j 表示各测度指标；X_{ij} 和 Y_{ij} 分别表示标准化前和标准化后的第 i 个城市第 j 个测度指标；$\max(X_{ij})$ 表示 X_{ij} 的最大值，$\min(X_{ij})$ 表示 X_{ij} 的最小值。

（2）计算信息熵 E_j：

$$E_j = \ln \frac{1}{n} \sum_{i=1}^{n} \left[\left(Y_{ij} / \sum_{i=1}^{n} Y_{ij} \right) \ln \left(Y_{ij} / \sum_{i=1}^{n} Y_{ij} \right) \right] \tag{7-3}$$

（3）计算权重 W_j：

$$W_j = (1 - E_j) / \sum_{j=1}^{m} (1 - E_j) \tag{7-4}$$

（4）构建加权矩阵 R：

$$R = (r_{ij})_{n \times m} \tag{7-5}$$

---

① 欧进锋等：《基于"五大发展理念"的经济高质量发展水平测度——广东省 21 个地级市的实证分析》，《经济地理》2020 年第 6 期。

其中，$r_{ij} = W_j \times Y_{ij}$。

（5）确定最优方案 Q_j^+ 与最劣方案 Q_j^-：

$$Q_j^+ = (\max r_{i1},\ \max r_{i2},\ \cdots,\ \max r_{im}) \qquad (7-6)$$

$$Q_j^- = (\min r_{i1},\ \min r_{i2},\ \cdots,\ \min r_{im}) \qquad (7-7)$$

（6）计算欧式距离 d_i^+ 和 d_i^-：

$$d_i^+ = \sqrt{\sum_{j=1}^{m} (Q_j^+ - r_{ij})^2} \qquad (7-8)$$

$$d_i^- = \sqrt{\sum_{j=1}^{m} (Q_j^- - r_{ij})^2} \qquad (7-9)$$

（7）计算相近接近度 C_i：

$$C_i = \frac{d_i^-}{d_i^+ + d_i^-} \qquad (7-10)$$

其中，相近接近度 C_i 位于 0—1，值越大表明城市 i 的高质量发展水平越优，反之越差。

四 黄河流域高质量发展水平分析

（一）高质量发展综合指数分析

1. 流域整体分析

以黄河流域 61 个城市的面板数据为研究样本测算出 2010—2019 年黄河流域高质量发展的综合指数（见表 7-2）。2010—2019 年黄河流域高质量发展综合得分依次为 0.2026、0.2043、0.2071、0.2134、0.2200、0.2227、0.2277、0.2350、0.2381、0.2484，均值为 0.2219。表中最小值为 2010 年的 0.2026，最大值为 2019 年的 0.2484，标准差为 0.0154。黄河流域高质量发展综合指数均值介于 0.2026—0.2484，综合指数均值从 2010 年的 0.2026 上升至 2019 年的 0.2484，增长16.62%，年均增长率为 2.58%。可见，研究期内黄河流域高质量发展总体稳中向好，呈现不断上升态势，但整体水平不高。

表 7-2　　　　　　黄河流域高质量发展综合指数

年份	2010	2011	2012	2013	2014	2015	2016	2017	2018	2019
综合指数	0.2026	0.2043	0.2071	0.2134	0.2200	0.2227	0.2277	0.2350	0.2381	0.2484

2. 分省份分析

表7-3反映了黄河流域各省份高质量发展综合指数。对各省份高质量发展进行排名，依次是山东、河南、青海、内蒙古、宁夏、陕西、山西、甘肃。研究期内山东省高质量发展综合指数排名流域第一，由2010年的0.3007上升至2019年的0.3302，增长了9.81%，除2012年、2015年略有下降外，其余年份均保持增长。这表明山东省高质量发展水平遥遥领先于其他省份，且呈现整体上升的态势。原因可能在于，山东省经济基础雄厚，高端制造业突出。同时山东省对外毗邻日韩，联通"一带一路"，对内承接南北，横贯东西，交通运输四通八达，助推了高质量发展行稳致远。河南省高质量发展综合指数呈不断上升态势。研究期内黄河流域高质量发展综合指数不到0.2的三个省份分别是陕西省、山西省、甘肃省，尤其是甘肃省，综合指数均值为0.1631。陕西省、山西省作为中国重要的能源基地，煤炭等自然资源的开发带来严重的环境污染，制约着经济高质量发展。甘肃省地处内陆，生态环境问题突出，创新动力不足，传统制造业发展质量不高，故高质量发展水平较低。总体来看，山东省与其他省份之间高质量发展水平存在显著的梯度差异，山东省发展水平遥遥领先，陕西、山西、甘肃发展相对滞后。

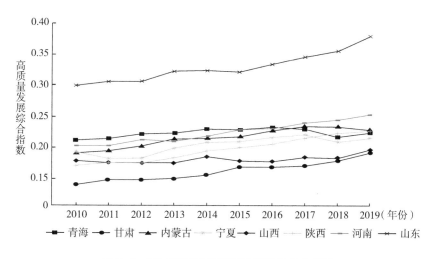

图7-1 黄河流域各省份高质量发展综合指数

表7-3　　　　　　　　黄河流域各省份高质量发展综合指数

地区　　　年份	青海	甘肃	内蒙古	宁夏	山西	陕西	河南	山东
2010	0.2130	0.1415	0.1917	0.1936	0.1793	0.1723	0.2025	0.3007
2011	0.2150	0.1488	0.1952	0.1830	0.1763	0.1768	0.2029	0.3069
2012	0.2225	0.1486	0.2030	0.1834	0.1768	0.1756	0.2145	0.3065
2013	0.2230	0.1513	0.2140	0.2002	0.1767	0.1840	0.2106	0.3231
2014	0.2300	0.1570	0.2153	0.2084	0.1859	0.1955	0.2187	0.3246
2015	0.2290	0.1701	0.2182	0.2104	0.1792	0.2003	0.2285	0.3222
2016	0.2335	0.1694	0.2277	0.2172	0.1779	0.2068	0.2322	0.3347
2017	0.2310	0.1718	0.2350	0.2212	0.1849	0.2158	0.2412	0.3465
2018	0.2175	0.1798	0.2345	0.2104	0.1837	0.2239	0.2462	0.3562
2019	0.2250	0.1928	0.2297	0.2158	0.1963	0.2271	0.2542	0.3803
平均值	0.2240	0.1631	0.2164	0.2044	0.1817	0.1978	0.2252	0.3302
排名	3	8	4	5	7	6	2	1

（二）高质量发展子系统分析

1. 流域整体分析

2010—2019年黄河流域高质量发展5个子系统指标随时间变化的发展趋势见图7-2。黄河流域高质量发展的提升并不是单一因素作用的结果，而是"创新、协调、绿色、开放、共享"五个子系统的共同推进。创新发展指数对黄河流域高质量发展综合指数的贡献总体提升不明显，保持平稳发展。这表明黄河流域各地区创新对高质量发展的拉动力不足，黄河流域各地区应加强创新投入，以创新开发经济增长新动能，促进区域高质量发展。绿色发展指数由2010年的0.0219上升至2019年的0.0319，年均增长率为4.3%，虽表现一直向好，但得分相对较低，对黄河流域高质量发展综合得分的贡献度不高。这是因为黄河流域生态环境脆弱，生态保护与开发之间的关系并没有得到良好解决，黄河流域各地区要继续推进绿色发展，实现长久可持续的生态保护与治理。协调性在2011年和2018年出现小幅下降，其余年份均呈上升趋势，年均增长率为3.03%，这意味着黄河流域目前经济发展中的不平衡不充分问题日益缓解。开放发展指数处于最低水平，呈现先下降后上升趋势。这表明开放性对高质量发展的贡献度最低，这与黄河流域上中游城市地处内陆的地理位置相关。共享发展指数增长最快，由2010年的0.0565增长到2019年的0.0863，年均增长4.8%，2016年之后共享发展指数成为对综合指数贡献最大的指数，这意味着人民的生存和发展需求日益得到满足。

总体来看，创新发展指数和共享发展指数对综合指数的贡献最大，共享发展指数研究期内持续保持上升，但创新发展指数提高不大，绿色发展指数和开放发展指数相对较低，成为黄河流域高质量发展短板。黄河流域高质量发展要以创新开发经济增长新动能，继续保持共享发展，重点关注绿色生态保护和对外开放，补齐短板，同时注重协调发展。

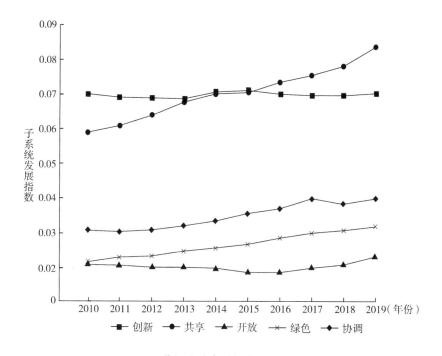

图7-2 黄河流域高质量发展子系统分析

2. 分省份分析

各省份子系统发展指数见图7-3。流域内各省份创新发展指数"断层"明显，山东省、河南省创新发展指数较高，甘肃省创新发展指数相对最低，与山东省创新发展指数差距较大。甘肃省要加大创新投入，以科技发展提高效率，找寻经济增长新动能，提高高质量发展水平。黄河流域各省份的绿色发展分化较为明显。首先是山东省绿色发展水平最高，其次是内蒙古，河南、宁夏、陕西绿色发展水平较为接近，最后是山西、甘肃、青海绿色发展水平相对滞后。整体来说各省份绿色发展指数均呈上升趋势。内蒙古、山东的提高幅度最大，2019 年与 2010 年相比，分别达到 70.27%、65.19%，说明内蒙古、山东在经济发展的同时更加注重生态环境保护，绿色发展状况向好。青海、甘肃绿色发展水平滞后，2019 年与 2010 年相比，仅提升了 16.94% 和 19.30%，可能是因为生态环境脆弱。青海、甘肃未来应积极探索绿色发展道路，降低能耗，提高效率，注重生态文明，提高高质量发展。青海省协调发展水平最高，宁夏次之，河南省协调发展水平较为落后。研究期内，各个省份的协调发展程度提升均不明显，表明黄河流域产业、社会、城乡协调发展问题依然存在。

山东开放发展指数最高，得益于山东省沿海港口优势，但是波动也大，可能是因为"外贸依存度"容易受到国际贸易环境、贸易摩擦、人民币汇率波动等因素影响较为不稳定。河南对外开放水平位于流域内第 2 位，可能是由于航空港建设、高铁贯通带来的交通位置优势。青海省虽参与了"丝绸之路经济带"建设，但总体对外开放水平较低，且一直下降。整体来看，受限于黄河无法全流域通航的天然条件以及海陆位置影响，黄河流域开放指数由东部沿海向内陆递减，东部地区开放水平高于西部地区。研究期内共享发展指数总体呈现上升趋势，表明人民生活水平愈加美好。山东省共享得分最高，这可能和山东省全国排名靠前的经济总量相关，雄厚的经济基础为惠民基础设施建设提供了资金来源。

整体来看，山东省创新、绿色、开放、共享发展指数均在流域内较好，且与其他省份出现"断层式"差距，但协调发展指数相对较低。山东省要在保持创新投入、生态保护、对外开放、成果共享的同时，积极调整产业结构，缩小城乡差距，解决发展不平衡不充分问题。河南省协调发展指数排名流域最低，其他发展指数相对较高。甘肃省除协调发展指数位列中间外，其余发展指数均排名靠后。

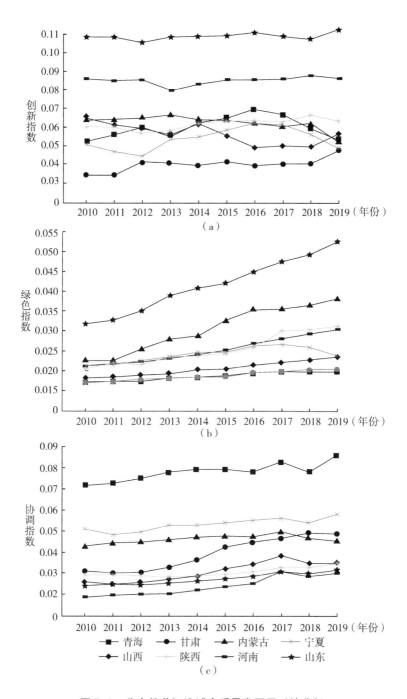

图 7-3 分省份黄河流域高质量发展子系统分析

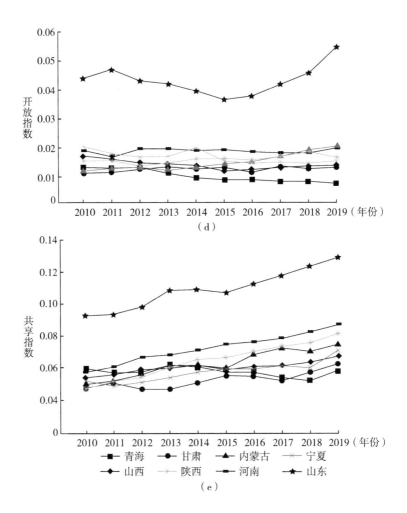

图 7-3　分省份黄河流域高质量发展子系统分析（续）

本部分对黄河流域高质量发展进行评价。首先，基于全面性、可行性、可比性原则，紧扣新发展理念，从创新、协调、绿色、开放、共享五个层面构建黄河流域高质量发展评价体系。其次，选取黄河流域61个地市 2010—2019 年的面板数据为研究样本，确定上中下游划分范围，交代数据来源。最后，阐述选择熵权 Topsis 法进行高质量发展测算的原因，并从流域整体和分省份两个层面对黄河流域高质量发展综合指数及子系统指数进行分析。

通过分析得出以下结论：①对于综合指数，从流域整体来看，高质量发展综合指数均值为 0.2219，研究期内高质量发展总体呈上升态势，但整体水平不高。分省份来看，研究期内高质量发展排名为山东、河南、青海、内蒙古、宁夏、陕西、山西、甘肃，山东具备经济基础雄厚、交通便利等优势，高质量发展遥遥领先于流域内其他省份。②对于子系统指数，从流域整体来看，黄河流域高质量发展表现为五个子系统的共同推进。创新指数对综合指数的贡献最大，但是研究期内提高不大，高质量发展缺乏新的拉动力，要加大创新投入，提高创新能力，以创新拉动经济增长新动能。开放发展指数和绿色发展指数对高质量发展的贡献度，成为黄河流域高质量发展的短板，要重点关注生态保护与开发的关系，关注国家之间、省份之间的开放交流。分省份来看，山东创新、绿色、开放、共享发展指数较高，且与其他省份出现"断层式"差距，但协调发展指数相对较低。山东要在保持创新投入、生态保护、对外开放、成果共享的同时，积极调整产业结构，缩小城乡差距，解决发展不平衡不充分问题。河南协调发展指数排名流域最低，其他发展指数相对较高。甘肃除协调发展指数位列中间外，其余发展指数均排名靠后。

第三节 黄河流域高质量发展时空演化分析

一 研究方法

（一）Dagum 基尼系数

采用 Stata 软件计算 Dagum 基尼系数，揭示研究期内黄河流域城市高质量发展的地区差异及来源。计算公式为：①

$$G = \frac{1}{2n^2\mu} \sum_{a=1}^{k} \sum_{b=1}^{k} \sum_{i=1}^{n_a} \sum_{j=1}^{n_b} |y_{ai} - y_{bj}| \quad (7-11)$$

式（7-11）中，k 和 n 分别为研究对象的分组数量和全部城市数量之和，y_{ai} 和 y_{bj} 分别表示分组内城市的高质量发展指数，μ 表示全部城市的均值，μ_a 和 μ_b 表示分组 a 和 b 的指数均值，排序后满足 $\mu_b \leqslant \cdots$

① 蔺鹏、孟娜娜：《绿色全要素生产率增长的时空分异与动态收敛》，《数量经济技术经济研究》2021年第 8 期。

$\mu_a \leqslant \cdots \leqslant \mu_k$。总体基尼系数 G 可以分解为组内差异贡献（G_w）、组间净值差异贡献（G_{nb}）、超变密度贡献（G_t），三者满足 $G = G_w + G_{nb} + G_t$。[①]

（二）马尔科夫链

Dagum 基尼系数与空间自相关的结合，可以描述研究对象的区域差异和空间分布特征，但更侧重于提供静态过程信息，Arcgis 空间可视化图虽然可以反映区域现象分布的整体形态和动态演进，但不能直接反映演进过程中的内部动态变化及概率。故构建马尔科夫转移概率矩阵分析区域状态转移的内部流向[②]，考察区域的俱乐部趋同问题。它强调将来状态不依赖于过去，在揭示俱乐部趋同问题上具有独特优势。[③]

采用标准四分位数法，将 2010—2019 年黄河流域高质量发展水平离散化为 4 种类型：低水平（$k=1$）；中低水平（$k=2$）；中高水平（$k=3$）；高水平（$k=4$）。矩阵对角线上的元素代表平稳概率，即区域状态在初始年份为 i 类型，在下一年份仍为 i 类型的概率，值越大表明俱乐部趋同程度越高。非对角线上的元素代表转移概率，若区域状态在下一年份转为更高水平，则定义为"向上转移"，反之为"向下转移"。[④]

1. 传统马尔科夫链

根据马尔科夫链原理，将 t 时刻的城市经济高质量发展状态类型用 $1 \times k$ 的概率向量 $F_t = [F_{1,t}, F_{2,t}, \cdots, F_{k,t}]$ 表示，则用 $k \times k$ 的马尔科夫矩阵 M 表示状态转移（见表 7-11）。P_{ij} 表示 t 时刻属于 i 类型的区域在 $t+1$ 时刻转移到 j 类型的概率，如 P_{12} 表示城市高质量发展指数在 t 时刻为 1 类型时在 $t+1$ 时刻为 2 类型的概率，P_{ij} 满足条件 $0 \leqslant P_{ij} \leqslant 1$ 且 $\sum_{j=1}^{k} P_{ij} = 1$，计算如式（7-12）所示。[⑤]

① 李婵娟、王子敏：《中国居民信息消费的区域差距及影响因素——基于 Dagum 基尼系数分解方法与省际面板数据的实证研究》，《现代经济探讨》2017 年第 9 期。

② Wei Y. H., Liao F. H., "Dynamics, Space, and Regional Inequality in Provincial China: A Case Study of Guangdong Province", *Applied Geography*, 2012, 35 (1/2): 71-83.

③ 张伟丽：《区域经济增长俱乐部趋同：假说检验及解释》，《地理科学》2018 年第 2 期。

④ 程叶青、邓吉祥：《吉林省中部粮食主产区城乡综合发展水平格局特征》，《地理学报》2010 年第 12 期。

⑤ 王少剑等：《基于超效率 SBM 模型的中国城市碳排放绩效时空演变格局及预测》，《地理学报》2020 年第 6 期。

$$P_{ij} = \frac{z_{ij}}{z_i} \tag{7-12}$$

式（7-12）中，z_{ij} 表示 t 时刻处于 i 类型的区域在 $t+1$ 时刻转移到 j 类型的区域的数量总和；z_i 表示所有实现转移的年份中属于 i 类型的区域数量总和。

表 7-4　　　　　　　马尔科夫转移概率矩阵 M（k=4）

t/t+1	1	2	3	4
1	P_{11}	P_{12}	P_{13}	P_{14}
2	P_{21}	P_{22}	P_{23}	P_{24}
3	P_{31}	P_{32}	P_{33}	P_{34}
4	P_{41}	P_{42}	P_{43}	P_{44}

2. 空间马尔科夫链

从空间角度看，地理邻近产生的空间溢出性加强了区域相互联系和作用的过程，使得区域经济增长受到相邻地区的影响[1]，因此，构建空间马尔科夫链弥补传统马尔科夫链忽略空间相互作用的不足[2]，也是对黄河流域经济高质量发展空间溢出效应局部效果的佐证和进一步剖析。

空间马尔科夫链将二维矩阵转化为三维矩阵（见表 7-13），$P_{ki|j}$ 表示在空间滞后类型为 k 的条件下，区域状态从初始年份的 i 在下一时刻转移为类型 j 的空间转移概率。空间滞后值计算公式如式（7-13）所示。[3]

$$Lag_a = \sum_{b=1}^{n} Y_b W_{ab} \tag{7-13}$$

式（7-13）中，Lag_a 为区域 a 的邻域状态；Y_b 表示区域 b 的高质量发展观测值；n 为城市总个数；空间权重矩阵 W_{ab} 表示区域 a 和区域 b

① Quah D. T. , "Regional Convergence Clusters across Europe", *European Economic Review*, 1996, 40（3-5）: 951-958.

② 陈培阳、朱喜钢：《中国区域经济趋同：基于县级尺度的空间马尔可夫链分析》，《地理科学》2013 年第 11 期。

③ 王少剑等：《基于超效率 SBM 模型的中国城市碳排放绩效时空演变格局及预测》，《地理学报》2020 年第 6 期。

的空间关系，和上文一样采用邻接矩阵定义空间关系。

表 7-5 空间马尔科夫转移概率矩阵 N (k=4)

Lag	t/t+1	1	2	3	4
1	1	$P_{11\,|\,1}$	$P_{12\,|\,1}$	$P_{13\,|\,1}$	$P_{14\,|\,1}$
	2	$P_{21\,|\,1}$	$P_{22\,|\,1}$	$P_{23\,|\,1}$	$P_{24\,|\,1}$
	3	$P_{31\,|\,1}$	$P_{32\,|\,1}$	$P_{33\,|\,1}$	$P_{34\,|\,1}$
	4	$P_{41\,|\,1}$	$P_{42\,|\,1}$	$P_{43\,|\,1}$	$P_{44\,|\,1}$
2	1	$P_{11\,|\,2}$	$P_{12\,|\,2}$	$P_{13\,|\,2}$	$P_{14\,|\,2}$
	2	$P_{21\,|\,2}$	$P_{22\,|\,2}$	$P_{23\,|\,2}$	$P_{24\,|\,2}$
	3	$P_{31\,|\,2}$	$P_{32\,|\,2}$	$P_{33\,|\,2}$	$P_{34\,|\,2}$
	4	$P_{41\,|\,2}$	$P_{42\,|\,2}$	$P_{43\,|\,2}$	$P_{44\,|\,2}$
3	1	$P_{11\,|\,3}$	$P_{12\,|\,3}$	$P_{13\,|\,3}$	$P_{14\,|\,3}$
	2	$P_{21\,|\,3}$	$P_{22\,|\,3}$	$P_{23\,|\,3}$	$P_{24\,|\,3}$
	3	$P_{31\,|\,3}$	$P_{32\,|\,3}$	$P_{33\,|\,3}$	$P_{34\,|\,3}$
	4	$P_{41\,|\,3}$	$P_{42\,|\,3}$	$P_{43\,|\,3}$	$P_{44\,|\,3}$
4	1	$P_{11\,|\,4}$	$P_{12\,|\,4}$	$P_{13\,|\,4}$	$P_{14\,|\,4}$
	2	$P_{21\,|\,4}$	$P_{22\,|\,4}$	$P_{23\,|\,4}$	$P_{24\,|\,4}$
	3	$P_{31\,|\,4}$	$P_{32\,|\,4}$	$P_{33\,|\,4}$	$P_{34\,|\,4}$
	4	$P_{41\,|\,4}$	$P_{42\,|\,4}$	$P_{43\,|\,4}$	$P_{44\,|\,4}$

二 时序演化分析

通过研究期内全流域及上中下游均值观察高质量发展时序演变，如图 7-4 所示。从均值来看，流域总体水平不断上升，2010 年为 0.2026，2019 年为 0.2484，10 年间提高 22.61%，表明黄河流域各地市高质量发展随时间演变呈不断上升趋势。从各类地市数量占比来看，2019 年上游和中游"中低及以下"地市水平占比分别为 47.62% 和 57.89%，表明 2019 年上游仍有接近一半的地市、中游有超过一半的地市高质量发展处于中低及以下水平。可见，黄河流域地市高质量发展虽有一定提升，但上游和中游仍有待进一步提高。分区域看，研究期内黄河上、中、下游地市高质量发展增幅分别为 21.09%、18.72%、26.02%，表明随着时间推移黄河下游高质量发展的提升速度高于上中游。

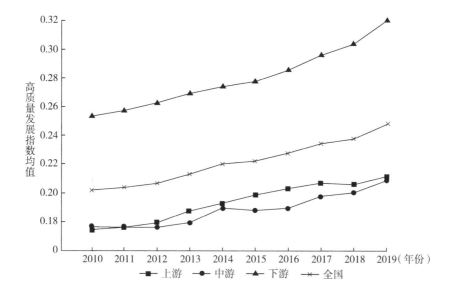

图 7-4 黄河流域高质量发展指数均值变化

三 空间演化分析

（一）空间分布特征

为更直观地反映时间演变下黄河流域各地市高质量发展空间分布特征，基于 2010 年、2013 年、2016 年、2019 年数据，利用 ArcGIS 进行时空演变分析，等级划分与马尔科夫链保持一致。高质量发展指数在 0.148 以下的为低水平，在 0.148—0.184 的为中低水平，在 0.184—0.265 的为中高水平，在 0.265 以上的为高水平。

比较发现，2019 年与 2010 年相比，各地市上中下游等级提升的地市数量分别为 11 个、8 个、10 个，分别占区域地市总数的 52.38%、42.11%、47.62%，表明随着时间演变，将近一半的地市实现了等级提升，尤其是上游，地市高质量发展有较大改善。具体来看，2010 年有 12 个城市达到高水平，分别是西宁、兰州、包头、太原、银川、西安、郑州、济南、青岛、淄博、东营、潍坊，2019 年有 18 个城市达到高水平，增加了 6 个，全部位于下游。这表明 2010—2019 年下游城市高质量发展水平提高较快。

在空间分布上，无论处于哪一年份，下游颜色均最深，2019 年下游"中高水平"地市占比33.33%,"高水平"地市占比57.14%,表明高值区集中在下游且呈集中连片分布。2019年上中游"中高及中低水平"地市占比分别为66.67%和63.16%,表明上中游大部分地市位于"中高及中低水平"。2019年高质量发展为高水平的城市共18个,分别是西宁、兰州、呼和浩特、太原、银川、西安、郑州、洛阳、济南、青岛、淄博、东营、潍坊、济宁、泰安、聊城、滨州、菏泽,其中,上游"高水平"地市有4个,中游"高水平"地市仅2个,且上游、中游"高水平"城市均为省会城市。这表明黄河流域高质量发展的先行区域分布在下游或上中游省会城市,行政级别对高质量发展的影响显著。

整体来看,黄河流域高质量发展呈现"下游高于上中游、省会城市高于周边城市"的空间分布特征。

(二)地区差异分析

Dagum基尼系数由Stata软件计算得出,揭示黄河流域高质量发展的地区差异及差异来源。图7-5报告了Dagum基尼系数及分解的结果和趋势。由图7-5(a)可知,研究期内,全流域基尼系数呈多频次波动中总体不变趋势,2010年为0.255,2019年为0.256,总体变化不大,表明黄河流域城市高质量发展的总体地区差异保持稳定,没有得到明显改善。

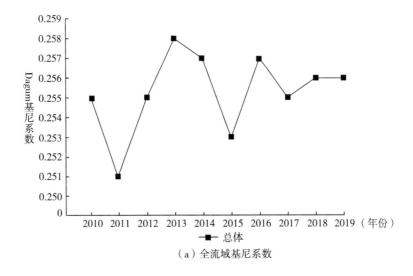

(a)全流域基尼系数

图7-5 Dagum基尼系数

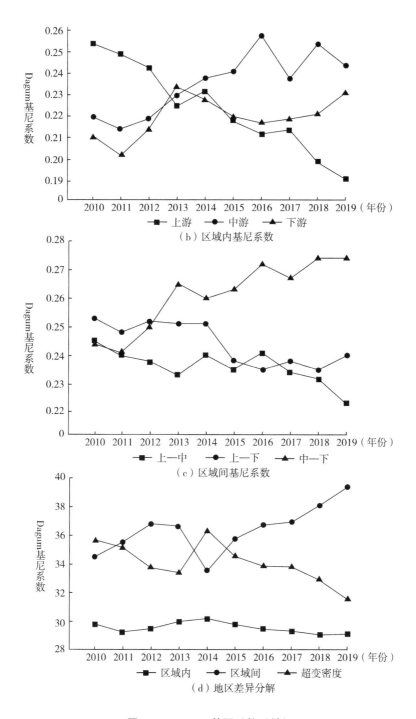

（b）区域内基尼系数

（c）区域间基尼系数

（d）地区差异分解

图 7-5 Dagum 基尼系数（续）

图 7-5 (b) 汇报了区域内基尼系数。可以看出，上游基尼系数呈波动中下降趋势，2019 年与 2010 年相比，降幅为 24.80%，为三大区域变化之最，中游和下游呈波动中上升态势。这表明上游区域内地市差异在逐渐缩小，中游、下游区域内地市差异波动中呈上升趋势。对研究期内区域城市差异均值进行排序可知，中游（0.236）>上游（0.224）>下游（0.220），表明中游城市差异最大，上游次之，下游最小。2010年，区域地市差异排序为上游>中游>下游，2019 年排序为中游>上游>下游，表明区域内地市差异在上游逐渐缩小，中游逐渐扩大的作用下，中游最终超过上游，成为流域内区域差异最大，而下游区域内地市差异始终最小。原因在于，下游地市多位于交通便利的东部或中部，拥有更多的发展资源，便利的交通也促进了地市间资本、技术、人才等要素的快速流动，故地市间区域差异相对较小。上游和中游属于内陆地区，经济发展资源不平衡，省会城市依靠获取资源多得到较好发展，而其他区域资源少，区域差异大。

图 7-5 (c) 汇报了上游、中游、下游区域间的基尼系数。可以看出，上游—中游、上游—下游之间的基尼系数呈波动中下降趋势，中游—下游之间的基尼系数最大且呈波动中上升趋势，表明上游与中游、下游之间的区域差异在缩小，而中游和下游之间的区域差异最大并在不断扩大。

图 7-5 (d) 汇报了流域层面城市高质量发展差异的分解及来源。由图可知，区域内差异对总体差异的贡献呈先上升后下降的态势，由2010 年的 29.803 下降到 2019 年的 29.107，降幅 2.34%；区域间差异的贡献呈波动中上升态势，由 2010 年的 34.504 上升至 2019 年的39.366，增幅 14.09%；超变密度差异的贡献率由 2010 年的 35.694 下降到 2019 年的 31.527，降幅 11.67%。观察期内区域间差异的贡献率为 36.385，大于超变密度以及区域内差异。这表明，造成黄河流域高质量发展总体区域差异的来源中，上中下游之间的差距贡献最大且正在扩大，上游、中游、下游内部的差距贡献最小且正在降低。要缩小黄河流域高质量发展区域差异，要更加注重上中下游之间的区域差异。

（三）马尔科夫链分析

Dagum 基尼系数描述了研究对象的区域差异，但更侧重于提供静态过程信息。ArcGIS 可视化图反映了区域现象分布的整体形态和动态演进，但不能直接反映演进过程中的内部动态变化及概率。因此，构建马尔科夫转移概率矩阵分析区域状态转移的内部流向，考察区域的俱乐部趋同问题。

1. 传统马尔科夫链

运用 R 软件计算 2010—2019 年黄河流域高质量发展水平状态转移概率矩阵，如表 7-6 所示。由表 7-6 可知：

（1）黄河流域高质量发展存在"俱乐部趋同"现象。表 7-6 中对角线上概率值均远大于其他位置的概率值，表明初始状态城市在下一年向其他类型转变的概率远小于保持不变的概率，说明黄河流域城市高质量发展存在明显的内部趋同特征，拥有低、中低、中高、高水平 4 个趋同俱乐部。对角线上概率最大为 0.963，最小为 0.717，表明在研究时段内区域状态保持不变的可能性至少为 71.7%，说明在不考虑空间因素的情况下，城市高质量发展受限于原有经济发展类型，具有增长惯性及路径依赖。非对角线上的概率最大仅为 0.174，表明城市之间不同类型转移的概率较小，俱乐部之间内部流动性不高，稳定格局较难打破。

（2）黄河流域城市高质量发展存在"高低水平固化"现象。高水平俱乐部最稳定，为 96.3%，低水平次之，为 82.1%，表明在正常情况下，低水平城市容易陷入"低水平陷阱"，高水平地市容易出现"高水平垄断"，这也是高质量发展存在空间非均衡性的重要原因。这和师博的研究结论黄河流域经济高质量发展存在富者更富、穷者更穷的"马太效应"类似①。初期为低水平和高水平的区域，在下一年份向上和向下转移的概率分别为 17.2% 和 3.7%，再次表明黄河流域城市高质量发展存在较为严重的"高低水平固化"现象。此外，低水平向中低水平迈进的概率远大于高水平向中高水平转移的概率，说明高水平城市固化程度更高，而低水平城市向更高阶层发展的可能性更高。

通过具体数据发现，2010 年高质量发展水平较高的城市分别是青岛市、西安市、太原市、郑州市、济南市、淄博市、银川市、潍坊市、

① 师博等：《黄河流域城市经济高质量发展的动态演进及趋势预测》，《经济问题》2021 年第 1 期。

西宁市、兰州市，其中有 9 个城市在 2019 年仍位于高位，分别是青岛市、西安市、郑州市、济南市、太原市、潍坊市、银川市、淄博市、兰州市。2010 年高质量发展水平位于后位的城市中，有 8 个在 2019 年仍位于后位，分别是定西、乌兰察布、延安、朔州、海东、忻州、商洛、庆阳，这验证了前面的结论：高水平俱乐部形成"高水平固化"，低水平俱乐部陷入"低水平陷阱"。

（3）黄河流域高质量发展状态转移具有阶段性特征。表 7-6 中的状态转移大多发生在相邻类型城市之间，仅低水平向中高水平的跨越式迈进概率为 0.7%，其余非对角线两侧概率值为 0，表明低水平城市跨越中低水平城市直接向中高水平演化的概率极低，且难以转向高水平俱乐部。同理，中低水平、中高水平城市向"两端阶层"跨越式转变以及高水平城市向中低、低水平跃迁的可能性不存在。这意味着黄河流域城市高质量发展具有阶段性转移特征，转移速度较慢。主要原因在于，发展作为一个持续的进程，区域高质量发展具有长期性特征，短期内难以实现连续时间段的跨越式增进或减退。

表 7-6 传统马尔科夫转移概率矩阵

t/t+1	地市个数	低水平	中低水平	中高水平	高水平
低水平	134	0.821	0.172	0.007	0.000
中低水平	140	0.109	0.717	0.174	0.000
中高水平	134	0.000	0.122	0.794	0.084
高水平	141	0.000	0.000	0.037	0.963

2. 空间马尔科夫链

各城市在区域经济发展中的交流日益密切，邻近区域的高质量发展会对本地区产生影响，故忽略空间因素将使分析结果与现实不符。传统马尔科夫链可以揭示观测值在研究期内的时间演化特征，但不能探测邻近区域高质量发展水平对本地区的影响。因此，在传统马尔科夫链的基础上纳入空间因素从而构建空间马尔科夫转移概率矩阵（见表 7-7），分析邻域背景对城市高质量发展的趋同演变影响。

（1）邻域背景在黄河流域各地市高质量发展趋同演变中具有相关性特征。高质量发展类型转移在空间上并不是孤立的，而是与周边邻域环境有较大的相关性。不同邻域背景下城市转移概率矩阵呈现较大差异，且不等于传统马尔科夫转移概率矩阵中的元素，表明不同邻域背景对城市高质量发展的趋同俱乐部具有重要影响，高质量发展的演变具有空间溢出效应。

（2）邻域背景对不同等级的俱乐部影响不一致。低水平俱乐部在由低到高的邻域中维持原有类型的概率依次为 0.781、0.756、0.960、0.933，概率值逐渐增大。可见，邻域背景等级越高，低水平俱乐部越稳定。这表明经济发达地市对周围低水平地市的正向拉动作用不明显，需要发挥发达地市的辐射带动作用。对于中低水平俱乐部，邻域背景由低到高时，向低水平转移的概率分别为 23.7%、9.4%、2.5%、0.0%，呈下降趋势，向中高水平转移的概率分别为 5.3%、22.6%、15.0%、57.1%，呈上升趋势，表明随着邻域背景等级的提高，中低水平向中高水平转移的概率更高，邻域环境等级对中低水平俱乐部的高质量发展具有促进作用。

（3）考虑空间因素后，黄河流域各地市高质量发展依然具有稳定的俱乐部趋同特征、阶段性特征。对角线上的概率值最大，表明即使在考虑相邻地市背景的前提下，地市高质量发展仍倾向于维持当前状态稳定不变。仅中高水平邻域下低水平向中高水平转移的概率为 4%，其余不与对角线直接相邻的概率均为 0，表明无论相邻地市高质量发展处于何种水平，各地市的高质量发展都不太可能实现跨越式提升。

表 7-7　　　　　　　空间马尔科夫转移概率矩阵

空间滞后类型	t/t+1	省份个数	低水平	中低水平	中高水平	高水平
低水平邻域	低水平	59	0.781	0.219	0.000	0.000
	中低水平	42	0.237	0.711	0.053	0.000
	中高水平	7	0.000	0.143	0.714	0.143
	高水平	36	0.000	0.000	0.000	1.000
中低水平邻域	低水平	36	0.756	0.244	0.000	0.000
	中低水平	52	0.094	0.679	0.226	0.000
	中高水平	33	0.000	0.222	0.778	0.000
	高水平	19	0.000	0.000	0.000	1.000

空间滞后类型	t/t+1	省份个数	低水平	中低水平	中高水平	高水平
中高水平邻域	低水平	25	0.960	0.000	0.040	0.000
	中低水平	41	0.025	0.825	0.150	0.000
	中高水平	41	0.000	0.186	0.721	0.093
	高水平	26	0.000	0.000	0.120	0.880
高水平邻域	低水平	14	0.933	0.067	0.000	0.000
	中低水平	5	0.000	0.429	0.571	0.000
	中高水平	53	0.000	0.019	0.870	0.111
	高水平	60	0.000	0.000	0.036	0.964

根据上部分测度的黄河流域 61 个地市高质量发展指数，本章对黄河流域高质量发展时空演化进行分析。首先，阐述 Dagum 基尼系数、马尔科夫链以及选择该方法的原因。其次，绘制均值图观察黄河流域高质量发展时序演变。最后，综合运用多种方法分析黄河流域高质量发展空间演化，具体包括：一是利用 ArcGIS 绘制时空演变图直观地反映黄河流域各地市高质量发展空间分布特征。二是利用 Dagum 基尼系数报告地区差异以及差异来源。三是考虑到 Dagum 基尼系数更侧重提供静态过程信息，故构建马尔科夫转移概率矩阵反映演进过程中的内部动态变化及概率。

通过分析得出以下结论：一是研究期内黄河流域高质量发展随着时间演变呈不断上升趋势，下游增幅最大，上游和中游仍有待进一步提高。二是黄河流域高质量发展的先行区域分布在下游或上中游省会城市，行政级别对高质量发展的影响显著，总体呈现"下游高于上中游、省会城市高于周边城市"的空间分布特征。三是造成黄河流域高质量发展总体区域差异的来源中，上中下游之间的差距贡献最大且正在扩大，上游、中游、下游内部的差距贡献最小且正在降低。要缩小黄河流域高质量发展区域差异，要更加注重上中下游之间的区域差异。四是黄河流域城市高质量发展存在明显的内部趋同特征，高水平俱乐部稳定性最高，低水平次之。考虑空间因素后，黄河流域各地市高质量发展依然具有稳定的俱乐部趋同特征、阶段性特征。邻域环境等级的提高对低水平俱乐部拉动不明显，对中低水平俱乐部具有促进作用。

第四节　黄河流域高质量发展空间溢出效应分析

一　研究方法

（一）空间自相关检验

全局 Moran's I 指数可以检验空间单元与其他相邻单元的空间关联性和集聚性，以考察黄河流域高质量发展水平的空间模式。利用 Stata 软件计算得出全局 Moran's I 指数，检验其是否适合使用空间计量模型[1]，计算公式如式（7-14）所示：

$$Moran's\ I = \frac{\sum_{i=1}^{n} \sum_{j=1}^{n} W_{ij}(x_i - \bar{x})(x_j - \bar{x})}{S^2 \sum_{i=1}^{n} \sum_{j=1}^{n} W_{ij}} \tag{7-14}$$

式（7-14）中，S^2 为方差；$\bar{x}$ 为平均值；x_i 和 x_j 表示第 i、j 个城市的高质量发展水平；Moran's I 指数数值大于 0 表示空间正相关，即高（或低）值周围被高（或低）值所包围；数值小于 0 表示空间负相关，即高（或低）值周围被低（或高）值所包围；数值等于 0 表示不存在空间自相关。

（二）空间计量模型

1. 空间权重矩阵的设置

地理学第一定律指出，地理距离较近的事物通常比距离较远的事物联系更加紧密[2]，故本章选取地理邻近权重矩阵作为基础矩阵。出于稳健性考虑，以地理距离权重矩阵作为对比检验，并对二者进行矩阵行标准化处理。

（1）地理邻近权重矩阵。若两城市地理相邻，$W_{ij} = 1$，$i \neq j$；若两城市地理不相邻，$W_{ij} = 0$，$i = j$。

（2）地理距离权重矩阵。采用城市之间距离的倒数构造矩阵：$W_{ij} = \dfrac{1}{d_{ij}}$，$i \neq j$；$W_{ij} = 0$，$i = j$。其中，$d_{ij}$ 是通过经度和纬度计算的城市之间

① 吕岩威等：《中国区域绿色创新效率时空跃迁及收敛趋势研究》，《数量经济技术经济研究》2020 年第 5 期。

② Tobler W. R., "A Computer Movie Simulating Urban Growth in the Detroit Region", *Economic Geography*, 1970, 46（2）: 234-240.

距离。

2. 空间计量模型构建

根据空间效应的不同表现形式，空间计量模型主要有空间自回归模型（SAR）、空间误差模型（SEM）和空间杜宾模型（SDM）。与 SAR 和 SEM 模型相比，SDM 模型考虑了因变量和自变量的空间相关性，适用性更高。本书研究采用空间杜宾模型（SDM）进行分析，计算公式如式（7-15）所示[①]：

$$Y_t = \alpha I_N + \rho W Y_t + \gamma X_t + \theta W X_t + \varepsilon \qquad (7-15)$$

式（7-15）中，$\rho W Y_t$ 表示邻近地区被解释变量对本地区被解释变量的空间溢出效应；$\theta W X_t$ 表示邻近地区解释变量对本地区解释变量的影响。为探究变量自身真实的外溢效应，参考相关研究[②]，借助偏导数将总效应分解为直接效应和间接效应。为避免数据异方差问题，对所有变量进行取对数处理。

二 空间相关性分析

利用 Stata 软件测算全局 Moran's I 指数（见表7-8）以探究空间关联性。由表7-8可知，无论是基于地理邻近还是基于地理距离权重矩阵，Moran's I 指数均大于 0，且通过 5% 水平显著检验。可见，黄河流域高质量发展表现出一定的空间溢出性，高质量发展水平高的城市与水平高的城市邻近，水平低的城市与水平低的城市邻近。2010—2019 年，地理邻近矩阵下的全局 Moran's I 指数介于 0.163—0.244，地理距离矩阵下的全局 Moran's I 指数介于 0.034—0.065，但不管在哪个矩阵下，从演变趋势看，集聚强度均呈现先减后增的"U"形趋势。以地理邻近权重矩阵为例，2010—2015 年黄河流域高质量发展集聚程度呈下降趋势，2015 年之后开始连续爬升，表明黄河流域高质量发展空间依赖性先降低后增强，空间上呈现"集聚—分散—集聚"的演变方式。综上，黄河流域高质量发展具有显著的空间集聚与依赖特征，在进行演变趋势分析时需要考虑空间因素带来的影响。

---

① 朱文涛等：《OFDI、逆向技术溢出对绿色全要素生产率的影响研究》，《中国人口·资源与环境》2019 年第 9 期。

② Lesage J. P., Pace R. K., *Introduction to Spatial Econometrics*, Boca Raton：Taylor & Francis Group, 2009：45-75.

表 7-8　　　　　　　　　　全局 Moran's I 指数

年份	地理邻近权重矩阵			地理距离权重矩阵		
	全局 Moran's I	Z 值	P 值	全局 Moran's I	Z 值	P 值
2010	0.244	3.029	0.002	0.063	4.276	0.000
2011	0.239	2.977	0.003	0.065	4.388	0.000
2012	0.222	2.783	0.005	0.059	4.058	0.000
2013	0.226	2.838	0.005	0.059	4.060	0.000
2014	0.195	2.464	0.014	0.047	3.404	0.001
2015	0.163	2.101	0.036	0.034	2.726	0.006
2016	0.168	2.146	0.032	0.037	2.892	0.004
2017	0.180	2.306	0.021	0.041	3.127	0.002
2018	0.193	2.456	0.014	0.049	3.512	0.000
2019	0.207	2.612	0.009	0.061	4.168	0.000

注: *、**、***分别代表在 10%、5%、1%水平下显著。

三　空间计量实证分析

（一）变量选取

为考察黄河流域高质量发展的空间溢出效应，参考已有研究[1][2]，以高质量发展指数（HD）为因变量，将其影响变量设定为创新发展（ID）、产业结构（IS）、交通通达性（TA）、信息化水平（IL）、城镇化水平（UL）、政府干预（GI）。变量的描述性统计见表 7-9。样本数据为 2010—2019 年黄河流域 61 个城市的数据，数据来源于 2010—2019年《中国统计年鉴》、各省统计年鉴、各城市社会发展公报。

1. 被解释变量

高质量发展指数（HD）：基于新发展理念，从创新、协调、绿色、

---

[1] 石华平、易敏利：《环境规制对高质量发展的影响及空间溢出效应研究》，《经济问题探索》2020 年第 5 期。

[2] 董小君、石涛：《驱动经济高质量发展的科技创新要素及时空差异——2009—2017 年省级面板数据的空间计量分析》，《科技进步与对策》2020 年第 4 期。

开放、共享五个维度构建了高质量发展指数，前文已通过熵权 Topsis 法测算得出。

2. 解释变量

（1）创新发展（*ID*）。创新可以提高资源配置效率，助推高质量发展。创新具有外部性，邻近城市可能由于创新溢出的存在增强经济发展新活力新动力，提高高质量发展水平。参考相关学者的研究，采用专利授权数表征创新发展。

（2）产业结构（*IS*）。产业结构可以反映出地区经济发展水平，产业结构的调整改变城市资源配置，资源流入周边城市影响经济发展。借鉴相关学者的研究，产业结构采用第三产业产值占 GDP 比值表征。

（3）交通通达性（*TA*）。一方面，交通通达性越高，通常对外开放水平越高。另一方面，便利的交通增进城市之间的交流，一个城市的资金、人才、技术等要素可能会通过溢出效应对另一个城市产生影响。鉴于数据可获取性，本书研究采用公路里程表征交通通达性。

（4）信息化水平（*IL*）。信息化基础设施提高数据共享、信息惠民等技术的发展，影响一个地区的高质量发展水平。借鉴相关研究，信息化水平采用邮政业务总量表征。

（5）城镇化水平（*UL*）。城镇化水平高的地区一般人口多，基础设施较为完善，高质量发展水平越高。本书研究采用城镇化率表征城镇化水平，城镇化率通过各城市的城镇人口与总人口的比值计算得出。

（6）政府干预（*GI*）。政府既可以通过增加财政支出助力经济发展，也可以通过提供基础设施和公共服务水平，增进人民幸福感。政府之间的合作与交流可以促进本地城市与周围城市的资源共享，共享发展成果。本书研究采用财政支出占 GDP 比重表征政府干预。

表 7-9　　　　　　　　　　变量的描述性统计

变量	样本量	均值	标准差	最小值	最大值
HD	610	0.222	0.113	0.074	0.689
ID	610	2353.201	4847.813	27	28279
IS	610	40.659	10.840	18.080	74.140
TA	610	12654.060	5858.380	868	29488

续表

变量	样本量	均值	标准差	最小值	最大值
IL	610	38.769	43.553	1.341	470.138
UL	610	52.978	15.367	19.702	95.200
GI	610	22.373	14.809	6.010	91.550

（二）模型识别与检验

建立模型之前，通过检验选取具体模型（见表7-10）。LM 检验中，SAR 和 SEM 模型的 p 值均显著大于 0，表明这两个模型均可进行后续分析，需要进一步检验 SDM 模型是否可以退化为 SAR 或 SEM 模型。Wald 和 LR 检验均在1%水平下通过显著性检验，故 SDM 模型不可以退化。Hausman 为 106.740，在 1% 显著性水平下拒绝随机效应的原假设，故选择固定效应模型。综上，本书研究采用固定效应的空间杜宾模型。

表 7-10 模型检验

检验指标	检验方法	统计值	P 值
LM 检验	稳健性检验无测试空间滞后	20.703	0.000
	稳健性检验无测试空间误差	65.896	0.000
Wald 检验	沃尔德空间滞后试验	17.470	0.008
	沃尔德检验空间误差	18.190	0.006
LR 检验	LR 检验空间滞后	17.230	0.008
	LR 检验滞后空间误差	17.930	0.006
Hausman 检验	豪斯曼检验	106.740	0.000

（三）估计结果分析

经过模型检验后确定本研究采用固定效应的空间杜宾模型，估计结果见表 7-11。模型（1）为采用地理邻近权重矩阵的结果，模型（2）为采用地理距离权重矩阵的结果。模型（1）与模型（2）变量的系数符号相同，估计系数较为接近，表明模型估计结果具有一定稳健性。由表可知，无论基于哪个矩阵，城镇化水平均通过显著性检验且系数较大，表明城镇化对黄河流域高质量发展的影响是十分显著的且具有正向空间溢出效应。创新发展在两个权重矩阵下均表现出强显著性，表明创新发展对黄河流域高质量发展具有正向作用并可以通过空间溢出效应影响周围城市发展。产业结构对高质量发展的影响也显著为正，但具有负向空间溢出效应。交通通达性对高质量发展的影响显著为负且具有正向空间溢出效应，这可能是因为交通通达性选取的衡量指标为公路里程，随着高铁等交通方式的快速发展，公路对人们的影响逐渐下降。信息化程度和政府干预均显著为正，且可以通过正向溢出效应对周围城市产生影响。

表7-11　　　　　　　　　　　　　模型估计结果

变量	（1） 地理邻近权重矩阵	（2） 地理距离权重矩阵	变量	（1） 地理邻近权重矩阵	（2） 地理距离权重矩阵
ID	0.038*** （10.94）	0.052*** （14.69）	W（ID）	0.044*** （7.40）	0.139*** （5.48）
IS	0.099*** （8.82）	0.080*** （6.75）	W（IS）	−0.059*** （−2.82）	−0.038 （−0.39）
TA	−0.020*** （−3.85）	−0.022*** （−3.49）	W（TA）	0.028*** （2.80）	0.068 （1.42）
IL	0.029*** （7.42）	0.018*** （4.22）	W（IL）	−0.056*** （−7.79）	−0.216*** （−5.75）
UL	0.161*** （10.92）	0.143*** （9.69）	W（UL）	0.040* （1.69）	0.336*** （2.96）
GI	0.068*** （8.00）	0.062*** （6.35）	W（GI）	0.036** （2.31）	0.127* （1.76）

注：*、**、***分别表示在10%、5%和1%的水平下显著。

考虑到模型所得出的回归系数不能详细反映各影响因素对高质量发展的边际效应，故以地理邻近权重矩阵为例，对空间效应进行分解，如表7-12所示。

（1）创新发展是黄河流域高质量发展的核心要素，直接效应为0.041，间接效应为0.060，总效应为0.101，均在1%的水平下显著，表明创新水平的提高不仅可以促进本地市高质量发展，也会通过溢出效应成为邻近地市高质量发展的重要动力源。原因在于，创新能力的提高为本地提供先进的清洁设备和环境技术支持，促进本地企业节能减排，加快产业转型，对本地高质量发展具有显著的促进作用。创新具有溢出性，随着人才、技术、经验等要素的交流溢出，邻近地市创新能力也会得到提高，助推邻近地市高质量发展。

（2）产业结构直接效应系数显著为正，间接效应显著为负，表明产业结构对本地高质量发展具有显著的正向效应，但对临近地市具有显著的负向溢出效应。原因在于，本地产业结构优化可以带动产业链向中高端迈进，提高产业发展质量，促进高质量发展。本地产业结构的优化使得高污染企业向邻近地区转移，导致邻近地市环境压力增大，不利于高质量发展的提高。

（3）信息化水平的直接效应显著为正，表明每提高信息化水平1%，能够促进本地高质量发展提高0.027%。间接效应显著为负，表明本地信息化水平越高，对邻近地市高质量发展产生的"虹吸效应"更强。

（4）城镇化水平的直接效应、间接效应和总效应均显著为正，城镇化水平每提高1%，可以促进本地市高质量发展提高0.169%，对邻近地市高质量发展也有0.080%的溢出效应，总效应达到0.245，在所有因素中效应最大。可见，城镇化水平是黄河流域高质量发展的重要驱动力。

（5）政府干预对黄河流域高质量发展具有关键作用，直接效应、间接效应和总效应均显著为正，总效应水平达到0.128，表明政府干预对本地及邻近地市高质量发展均具有积极作用。

表7-12 分解效应

变量	（1）直接效应	（2）间接效应	（3）总效应	变量	（1）直接效应	（2）间接效应	（3）总效应
ID	0.041 *** (11.80)	0.060 *** (8.92)	0.101 *** (14.78)	IL	0.027 *** (7.20)	-0.060 *** (-7.16)	-0.033 *** (-3.64)
IS	0.097 *** (9.01)	-0.049 ** (-2.28)	0.048 ** (2.28)	UL	0.165 *** (11.75)	0.080 *** (3.23)	0.245 *** (9.35)

续表

变量	(1) 直接效应	(2) 间接效应	(3) 总效应	变量	(1) 直接效应	(2) 间接效应	(3) 总效应
TA	-0.018*** (-3.71)	0.030*** (2.61)	0.012 (0.99)	GI	0.070*** (8.26)	0.057*** (3.08)	0.128*** (6.16)

注：*、**、***分别表示在10%、5%和1%的水平下显著。

（四）稳健性检验

为保证研究结论的可靠性，采用地理距离权重矩阵替代地理邻近权重矩阵进行稳健性检验（见表7-13）。结果显示，和地理邻近权重矩阵相比，各变量的直接效应、间接效应和总效应的系数方向和显著性变化不大，表明研究结果具有较好的稳健性，结论可靠。

表7-13　　　　　　　　　　稳健性检验

变量	(1) 直接效应	(2) 间接效应	(3) 总效应	变量	(1) 直接效应	(2) 间接效应	(3) 总效应
ID	0.052*** (14.37)	0.139*** (3.27)	0.191*** (4.49)	IL	0.017*** (4.41)	-0.219*** (-3.73)	-0.201*** (-3.39)
IS	0.079*** (6.83)	-0.048 (-0.51)	0.031 (0.35)	UL	0.144*** (9.83)	0.343** (2.35)	0.487*** (3.32)
TA	-0.021*** (-3.94)	0.075 (1.41)	0.053 (1.01)	GI	0.063*** (6.49)	0.133 (1.54)	0.197** (2.22)

注：*、**、***分别表示在5%、1%和0.1%的水平下显著。

前文空间马尔科夫链分析佐证了黄河流域各地市高质量发展空间溢出效应的存在，本章进一步分析黄河流域高质量发展空间溢出效应。首先，通过全局Moran's I指数探究黄河流域高质量发展的空间关联性。其次，通过模型识别与检验确定最终选取模型为空间杜宾模型。最后，采用空间杜宾模型进行空间溢出效应分析，并进行稳健性检验。

通过分析得出以下结论：一是黄河流域高质量发展具有显著的空间集聚性，需要考虑空间因素带来的影响。二是黄河流域高质量发展空间溢出效应显著。在其他条件不变的情况下，城镇化水平、政府干预、创新水平每提高1%，黄河流域高质量发展将平均提升0.245%、0.128%、

0.101%。城镇化水平、政府干预、创新水平具有外部性，空间滞后弹性系数均为正，即通过"邻里模仿"和"示范效应"对周围地市高质量发展产生空间溢出。

第五节　研究结论与政策建议

一　研究结论

研究结果显示：

第一，对黄河流域高质量发展综合指数分析后发现，黄河流域高质量发展整体水平不高但随着时间演变呈上升趋势，2019年相比2010年总体提高了22.61%，但上游和中游高质量发展水平需进一步提高，这和徐辉等关于黄河流域9省份的研究结论相似，即高质量发展整体呈稳步上升趋势。[①] 分上中下游看，下游各地市高质量发展遥遥领先于上中游，下游增幅最优，中游次之，上游最差，这和张国兴等关于黄河流域资源型城市的结论一致。[②] 分省份看，山东省高质量发展水平在流域内遥遥领先，与其他省份存在明显的梯度差异，陕西省、山西省、甘肃省高质量发展水平相对滞后。

第二，对黄河流域高质量发展子系统分析后发现，创新指数、共享指数得分较高，对高质量发展综合指数的贡献最大，共享指数持续上升，但创新指数提高不大，表明黄河流域在新旧动能转换、产业结构优化等方面取得一定成功，但仍然缺乏强有力的新经济增长动力。绿色指数、开放指数相对较低，成为黄河流域高质量发展短板，表明生态保护和对外开放程度有很大提升空间。这与师博的研究结论一致。[③] 因此，黄河流域高质量发展要进一步以创新开发经济增长新动能，继续保持共享发展，重点关注绿色生态保护和对外开放，补齐短板，同时注重协调发展。具体分省份来看，山东省创新、绿色、开放、共享发展指数均较

① 徐辉等：《黄河流域高质量发展水平测度及其时空演变》，《资源科学》2020年第1期。

② 张国兴、冯朝丹：《黄河流域资源型城市高质量发展测度研究》，《生态经济》2021年第5期。

③ 师博等：《黄河流域城市经济高质量发展的动态演进及趋势预测》，《经济问题》2021年第1期。

高，且与其他省份出现"断层式"差距，但协调发展指数相对较低。山东省要在保持创新投入、生态保护、对外开放、成果共享的同时，积极调整产业结构，缩小城乡差距，解决发展不平衡问题。河南省协调发展指数排名流域最低，其他发展指数相对较高。甘肃省除协调发展指数位列中间外，其余发展指数均排名靠后。

第三，黄河流域高质量发展地区差异明显。分上中下游看，黄河下游高质量发展水平最高且保持领先地位，黄河中游、下游高质量发展水平滞后，呈现"下游高于上中游"的特征。2019 年高质量发展位于高水平的城市共 18 个，上游有 4 个，分别是西宁、兰州、呼和浩特、银川，中游有 2 个，分别是太原、西安，上游、中游"高水平"城市均为省会城市，这表明黄河流域高质量发展水平较高的城市主要分布在下游和上中游省会城市，行政级别对高质量发展影响显著。分省份来看，山东省高质量发展水平遥遥领先于黄河流域其他省份。运用 Dagum 基尼系数对地区差异进行分析后发现，下游区域内部地市差异始终最小，上游区域内部地市差异在逐渐缩小，但中游在逐渐扩大。造成地区差异的来源中，上中下游区域之间的差异贡献最大且呈现扩大趋势，上游、中游、下游内部的差距贡献最小且呈现缩小趋势。

第四，黄河流域城市高质量发展存在明显的内部趋同特征，拥有低、中低、中高、高水平 4 个趋同俱乐部。稳定性最高的是高水平俱乐部，低水平次之。空间马尔科夫链分析佐证了各地市高质量发展空间溢出效应的存在，邻域背景对地市高质量发展的趋同俱乐部具有重要影响。邻域环境等级的提高对低水平俱乐部拉动不明显，对中低水平俱乐部具有促进作用。

第五，对黄河流域高质量发展进行空间溢出效应分析后发现，城镇化水平是黄河流域高质量发展的重要驱动力，政府干预具有关键作用，创新是核心要素。其他条件不变，城镇化水平、政府干预、创新水平每提高 1%，黄河流域高质量发展将平均提升 0.245%、0.128%、0.101%。城镇化水平、政府干预、创新水平具有外部性，空间滞后弹性系数均为正，即通过"邻里模仿"和"示范效应"对周围地市高质量发展产生空间溢出。

二 政策建议

基于研究结论，对黄河流域高质量发展提出如下建议。

第一，找准高质量发展短板，精准发力。创新指数、共享指数对黄河流域高质量发展综合指数的贡献最大，但创新指数提高不大，绿色指数、开放指数相对较低。黄河流域要加大创新投入，积极开发经济增长新动能，重点关注生态环境保护和对外开放。黄河流域高质量发展要继续扩大优势，补齐短板，从创新、协调、绿色、开放、共享五个方面协同发力，促进流域高质量发展。

第二，加强区域战略合作，缩小地区差异。从区域差异来源看，上中下游之间的差距是主要来源。黄河流域上中下游应秉持合作共赢的经济发展理念，打破行政壁垒，建立不同流域间的沟通协商机制，促进要素的跨流域流动，通过资源整合强化区域间协同合作，促进上中下游高质量发展达到相对均衡状态，形成区域联动发展。

第三，充分发挥省会中心城市对周边城市的辐射带动作用。黄河流域高质量发展处于高水平的城市分布在下游和上中游省会城市，这些城市形成了各自地区的增长极，在流域发展中担任龙头角色，应该充分发挥增长极的作用，辐射带动周边的城市，从而缩小上中下游之间的差距。一方面，省会中心城市充分利用自身区位条件、资源优势，实现高质量发展的进一步提升。另一方面，应打破行政区划限制，建立有效的学习、传播机制，释放省会中心城市高质量发展的空间外溢效应，通过技术、资本、人才等的有效输出对周边城市产生辐射示范效应，促进周边地市高质量发展。

第四，优化各地市空间溢出效应。黄河流域高质量发展空间溢出效应显著，要最大程度优化区域空间溢出效应。一方面，要加强本地城市对周边城市的正向空间溢出效应，发挥政府资源调控与引导作用，通过政府间联合发展强化对周边邻近城市高质量发展的有效辐射，充分发挥政府在促进本地及邻近城市高质量发展中的正向作用。另一方面，各地区要加强创新要素的流动，加强创新技术的交流，让创新对周边地区形成更多辐射。

第八章

黄河流域旅游生态效率
时空演变及空间溢出效应
——城市数据的分析[①]

　　黄河流域是中国重要的生态屏障和经济地带，在经济社会发展和生态安全方面具有重要地位。2019 年黄河流域生态保护和高质量发展上升为国家战略，要求进一步推动产业结构转型，旅游业作为第三产业的重要组成部分[②]，其绿色高质量发展既是时代要求也是必然趋势。2019 年黄河流域接待国内外游客 34.75 亿人次，实现旅游收入 3.41 万亿元，大量人类异地性群体活动必然会增加黄河流域生态环境压力，如何协调旅游经济发展与生态保护的关系成为黄河流域必须解决的现实问题。旅游生态效率是衡量区域人地系统协调程度和可持续发展水平的重要指标[③]，探究黄河流域旅游生态效率时空演变及空间溢出效应，对于实现黄河流域旅游绿色高质量发展、协调永续发展具有重要的理论价值和现实意义。

　　旅游生态效率旨在实现"最小资源投入和环境破坏，产生最大社会经济效益"，是衡量旅游永续发展的重要指标。[④] 国内外相关研究从

---

　　① 师博等：《黄河流域城市经济高质量发展的动态演进及趋势预测》，《经济问题》2021 年第 1 期。

　　② 薛明月等：《黄河流域旅游经济空间分异格局及影响因素》，《经济地理》2020 年第 4 期。

　　③ 王兆峰、刘庆芳：《长江经济带旅游生态效率时空演变及其与旅游经济互动响应》，《自然资源学报》2019 年第 9 期。

　　④ 王胜鹏等：《黄河流域旅游生态效率时空演化及其与旅游经济互动响应》，《经济地理》2020 年第 5 期。

概念解析与阐述开始，截至目前，旅游生态效率的定义学术界也尚未统一，大多基于世界可持续发展工商业联合会（WBCSD）提出的"生态效率"衍生而来。[①] 国内学者将旅游生态效率归纳为降低旅游过程中的碳排放及能耗等非期望产出，增加收入等期望产出，实现旅游提质增效的过程。[②] 随着研究的深入，旅游生态效率模型构建[③]、效率测算[④][⑤]、理论与综述、规划及措施[⑥][⑦]的研究成果不断涌现。学者开始探究旅游生态效率的影响因素[⑧]、空间关联性与空间演化。比如，王兆峰等利用超效率 SBM 模型测算长江经济带旅游生态效率，借助面板 Tobit 模型探索其影响因素。[⑨] 林文凯等采用超效率 DEA 模型评价江西省旅游产业生态效率，利用 ESDA 手段揭示其空间差异特征。[⑩] 但是，旅游业作为强关联性产业，旅游生态效率空间溢出效应的研究相对较少，程慧等注意到了旅游生态效率的俱乐部趋同现象，但并未对俱乐部内部的空间溢出效应进行分析。[⑪]

旅游生态效率的测度方法主要有单一比值法、指标体系法、模型法。单一比值法采用环境指标与经济指标的比值核算，环境指标一般采用旅游碳足迹、生态足迹等变量表征。与单一比值法相比，指标体系法虽考

① WBCSD, *Eco-efficiency*: *Leadership for Improved Economic and Environmental Performance*, Geneva: WBCSD, 1996: 3-16.

② 姚治国、陈田：《国外旅游生态效率研究综述》，《自然资源学报》2015 年第 7 期。

③ 姚治国、陈田：《旅游生态效率模型及其实证研究》，《中国人口·资源与环境》2015 年第 11 期。

④ 姚治国等：《区域旅游生态效率实证分析——以海南省为例》，《地理科学》2016 年第 3 期。

⑤ Perch-Nielsen S. et al., "The Greenhouse Gas Intensity of the Tourism Sector: The Case of Switzerland", Environmental Science & Policy, 2010, 13 (2): 131-140.

⑥ 姚治国：《国外旅游生态效率优化与管理》，《生态学报》2019 年第 2 期。

⑦ Juvan E., Dolnicar S., "Can Tourists Easily Choose a Low Carbon Footprint Vacation?" *Journal of Sustainable Tourism*, 2014, 22 (2): 175-194.

⑧ Liu J., et al., "Tourism Eco-efficiency of Chinese Coastal Cities-analysis Based on the DEA-Tobit Model", *Ocean & Coastal Management*, 2017, 148: 164-170.

⑨ 王兆峰、刘庆芳：《长江经济带旅游生态效率时空演变及其影响因素》，《长江流域资源与环境》2019 年第 10 期。

⑩ 林文凯、林璧属：《区域旅游产业生态效率评价及其空间差异研究——以江西省为例》，《华东经济管理》2018 年第 6 期。

⑪ 程慧等：《中国旅游生态效率的俱乐部趋同研究》，《华中师范大学学报》（自然科学版）2021 年第 2 期。

虑旅游相关要素投入，但主客观赋权会影响评估结果。鉴于上述方法存在局限性，学者逐渐采用以数据包络分析（Data Envelopment Analysis，DEA）、生命周期评价（Life Cycle Assessment，LCA）为代表的模型法。传统 DEA 模型忽视非期望产出，虽有倒数转换法、方向距离函数法等尝试，但仍不能解决投入产出松弛性问题，学者逐渐倾向于使用非径向、非角度的 SBM、超效率 SBM 等改进后的模型。具体，Assaf 等指出，旅游生态效率的衡量应重点关注非期望产出。[1] 姚治国和陈田[2]、王胜鹏等[3]使用旅游碳排放量作为非期望产出环境影响指标，李鹏等选取旅游生态足迹表征环境非期望产出[4]，还有学者以旅游总收入占国民生产总值的比值进行换算后的"三废"指标表征非期望产出。研究尺度从全国、省域、流域、城市、旅游地到地级市，但跨流域的地级市研究比较少见。

已有文献为本章提供了重要参考，但仍有进一步完善的空间。其一，旅游生态效率研究大多集中在全国、省域、长三角或小尺度的旅游地，对承载了国家重大战略的黄河流域关注不足，王胜鹏等探究黄河流域旅游生态效率的时空演化，但以省份数据为研究对象，无法详细刻画地市层面旅游生态效率的时空差异。其二，现有研究使用地理加权回归[5]、Tobit[6][7]、VAR[8][9] 模型探究旅游生态效率的影响因素，多聚焦于本

① Assaf A. G. , Tsionas M. G. , "A Review of Research into Performance Modeling in Tourism Research-launching the Annals of Tourism Research Curated Collection on Performance Modeling in Tourism Research", *Annals of Tourism Research*, 2019, 76: 266-277.

② 姚治国、陈田：《旅游生态效率模型及其实证研究》，《中国人口·资源与环境》2015 年第 11 期。

③ 王胜鹏等：《黄河流域旅游生态效率时空演化及其与旅游经济互动响应》，《经济地理》2020 年第 5 期。

④ 李鹏等：《基于温室气体排放的云南香格里拉旅游线路产品生态效率》，《生态学报》2008 年第 5 期。

⑤ 王坤等：《中国旅游业碳排放效率的空间格局及其影响因素》，《生态学报》2015 年第 21 期。

⑥ 王兆峰、刘庆芳：《长江经济带旅游生态效率时空演变及其影响因素》，《长江流域资源与环境》2019 年第 10 期。

⑦ 彭红松等：《旅游地生态效率测度的 SBM-DEA 模型及实证分析》，《生态学报》2017 年第 2 期。

⑧ 王兆峰、刘庆芳：《长江经济带旅游生态效率时空演变及其影响因素》，《长江流域资源与环境》2019 年第 10 期。

⑨ 王胜鹏等：《黄河流域旅游生态效率时空演化及其与旅游经济互动响应》，《经济地理》2020 年第 5 期。

区域旅游生态效率的影响分析，关于旅游生态效率的空间溢出效应研究较少。鉴于此，本章的贡献主要有两点：一是以黄河流域 73 个地级市的面板数据为基础，测度黄河流域地级市旅游生态效率，并进行时空演化及空间集聚分析，以动态视角反映黄河流域旅游生态保护和高质量发展现实及趋势。二是利用空间杜宾模型分析旅游生态效率的空间溢出效应，拓展空间溢出效应的应用领域，为黄河流域区域旅游协调合作提供有效参考。

第一节　研究方法与数据来源

一　研究方法

（一）超效率 SBM 模型

超效率 SBM 模型不仅解决投入产出松弛性和非期望产出问题，还对效率值进行排序。利用超效率 SBM 模型对黄河流域旅游生态效率进行测度，等级划分借鉴李志龙等[①]的研究：①很高：$TE>0.8$；②较高：$0.6<TE\leqslant0.8$；③中等：$0.4<TE\leqslant0.6$；④较低：$0.2<TE\leqslant0.4$；⑤很低：$TE\leqslant0.2$。模型构建为[②]：

$$\min\rho=\frac{\dfrac{1}{m}\sum_{i=1}^{m}\left(\dfrac{\overline{x}}{x_{ik}}\right)}{\dfrac{1}{r_1+r_2}\left(\sum_{S=1}^{r_1}\dfrac{\overline{y^d}}{y_{sk}^d}+\sum_{q=1}^{r_2}\dfrac{\overline{y^u}}{y_{qk}^u}\right)}$$

$$\begin{cases}\overline{x}\geqslant\sum_{j=1,\ \neq k}^{n}x_{ij}\lambda_j;\ \overline{y^d}\leqslant\sum_{j=1,\ \neq k}^{n}y_{sj}^d\lambda_j\\[2mm]\overline{y^d}\geqslant\sum_{j=1,\ \neq k}^{n}y_{qj}^d\lambda_j;\ \overline{x}\geqslant x_k\\[2mm]\overline{y^d}\leqslant y_k^d;\ \overline{y^u}\geqslant y_k^u\\[2mm]\lambda_j\geqslant0,\ i=1,\ 2,\ \cdots,\ m;\ j=1,\ 2,\ \cdots,\ n\\[2mm]s=1,\ 2,\ \cdots,\ r_1;\ q=1,\ 2,\ \cdots,\ r_2\end{cases} \qquad (8-1)$$

---

① 李志龙、王迪云：《武陵山片区旅游经济——生态效率时空分异及影响因素》，《经济地理》2020 年第 6 期。

② 卢新海等：《中国城市土地绿色利用效率测度及其时空演变特征》，《中国人口·资源与环境》2020 年第 8 期。

式（8-1）中，n 为决策单元，m、r_1、r_2 表示投入、期望产出、非期望产出，x、y^d、y^u 为相应矩阵中的元素，ρ 为旅游生态效率。

（二）空间自相关检验

1. 全局空间自相关

全局空间自相关是从全域视角刻画空间关联性，计算如式（8-2）所示。[1]

$$Moran's\ I = \frac{\sum_{i=1}^{n} \sum_{j=1}^{n} W_{ij}(x_i - \bar{x})(x_j - \bar{x})}{S^2 \sum_{i=1}^{n} \sum_{j=1}^{n} W_{ij}} \tag{8-2}$$

式中，S^2 为方差；$\bar{x}$ 为平均值；x_i 和 x_j 表示第 i、j 个城市旅游生态效率；n 为城市单元总数；W_{ij} 表示空间权重矩阵，本书研究选取地理邻近权重矩阵（$W_{ij} = 1$，$i \neq j$；$W_{ij} = 0$，$i = j$）作为基础矩阵，出于稳健性考虑，以地理距离权重矩阵（$W_{ij} = 1/d_{ij}$，$i \neq j$；$W_{ij} = 0$，$i = j$；d_{ij} 为城市距离）作为对比检验。$Moran's\ I > 0$ 表示空间正相关，$Moran's\ I < 0$ 表示空间负相关，$Moran's\ I = 0$ 表示不存在空间自相关。

2. 局域空间自相关

局域空间自相关是从局域视角衡量地区间差异和集聚情况，计算如式（8-3）所示。

$$I_i = \frac{(x_i - \bar{x}) \sum_{j=1}^{n} W_{ij}(x_j - \bar{x})}{S^2} \tag{8-3}$$

式（8-3）符号含义与式（8-2）相同。$I_i > 0$ 表示局部相似属性的空间集聚（高—高集聚、低—低集聚），$I_i < 0$ 表示局部非相似属性的空间集聚（高—低集聚、低—高集聚），$I_i = 0$ 表示随机分布。

（三）空间计量模型

本书研究采用空间杜宾模型（Spatial Durbin Model，SDM），计算如式（8-4）所示。

$$Y_t = \alpha I_N + \rho W Y_t + \gamma X_t + \theta W X_t + \varepsilon \tag{8-4}$$

式（8-4）中，Y_t 为被解释变量的列向量；X_t 为解释变量向量；W

---

[1] 吕岩威等：《中国区域绿色创新效率时空跃迁及收敛趋势研究》，《数量经济技术经济研究》2020年第5期。

为空间权重矩阵；ρWY_t 表示邻近地区被解释变量对本地被解释变量的影响；θWX_t 表示邻近地区解释变量对本地解释变量的影响。为衡量各影响因素的边际效应，将总效应分解为直接效应和间接效应。[①] 直接效应表示本地解释变量对本地的影响，间接效应表示本地解释变量对邻近地区的影响。参考已有研究，以旅游生态效率为因变量，将影响变量设定为经济发展、产业结构、交通通达性、政府干预、市场规模。其中，经济发展（ED）采用人均 GDP 表征[②]；产业结构（IS）采用第三产业产值占 GDP 比值表征[③]；交通通达性（TA）采用公路客运量表征[④]；政府干预（GI）采用财政支出占 GDP 比重表征[⑤]；市场规模（MS）采用社会消费品零售额表征[⑥]。

二 指标选取与研究范围

构建区域旅游生态效率评价指标（见表 8-1）。（1）投入指标。选取 A 级景区得分表征资源投入，考虑到不同等级景区带来的影响存在差异，借鉴已有研究，以各等级景区赋分加权求和计算 A 级景区得分，赋分办法采用《旅游景区质量等级的划分与评定》国家标准（GB/T 17775—2003）评定细则二（景观质量评分细则：1A—50 分；2A—60 分；3A—75 分；4A—85 分；5A—90 分），以其所规定的景区最低得分作为相应级别景区的旅游资源投入分值。选取星级酒店数量表征服务投入。选取旅游固定资产投资表征资本投入，由于城市尚未统计该数据，参考相关研究，通过第三产业固定资产投资乘旅游占比进行换算。劳动

---

① 朱文涛等：《OFDI、逆向技术溢出对绿色全要素生产率的影响研究》，《中国人口·资源与环境》2019 年第 9 期。

② 程慧等：《中国旅游生态效率的俱乐部趋同研究》，《华中师范大学学报》（自然科学版）2021 年第 2 期。

③ 李志龙、王迪云：《武陵山片区旅游经济——生态效率时空分异及影响因素》，《经济地理》2020 年第 6 期。

④ 王兆峰：《公路交通对旅游经济影响的评价分析——以武陵山区为例》，《湖南师范大学社会科学学报》2018 年第 1 期。

⑤ 张舒宁等：《成渝经济区旅游发展效率测度及影响因素研究》，《资源开发与市场》2017 年第 12 期。

⑥ 徐冬等：《浙江省县域旅游效率空间格局演变及其影响因素》，《经济地理》2018 年第 5 期。

力投入选取旅游从业人数表征①，计算方法同上。（2）产出指标。旅游收入和游客数量是衡量旅游业绩和吸引力的主要指标，选取旅游总收入和旅游接待总量作为期望产出。在选取生态环境指标时，较为常用的是旅游业碳排放，但地市数据中难以获取旅游交通、住宿及其他活动的游客数量，故考虑数据可获取性，选取旅游废水排放量、旅游二氧化硫排放量、旅游烟尘排放量表征非期望产出。因为城市没有单独核算旅游业"三废"的相关数据，参照已有研究，采用旅游总收入占国民生产总值的比值进行换算，旅游废水排放量=废水排放量×（旅游总收入/国民生产总值），旅游二氧化硫排放量和旅游烟尘排放量的计算过程同上。

参照李敏纳提出的"以自然流域为基础支撑，② 考虑地域单元的完整性及地区经济与黄河的直接关联性"原则，结合数据可获取性，选取 73 个地级市（或州、盟）为研究样本。上中下游的划分参考《黄河年鉴》，同时考虑行政区划的影响。上游包括青海、甘肃、宁夏、四川、内蒙古地区，中游包括山西、陕西地区，下游包括河南、山东地区。数据来源于 2010—2019 年统计年鉴、旅游年鉴、国民经济和社会发展公报、文化和旅游部官网，"星级酒店数量"及非期望产出的地市级数据在 2010 年以前存在较多缺失值，为不影响评价效果，选取 2010—2019 年的十年期地市级面板数据。缺失数据用插值法进行补充。为消除价格波动产生的偏差，以 2010 年为基期对旅游收入和固定资产投资进行平减。

表 8-1　　　　　　　　　　旅游生态效率评价指标

类型	指标体系	具体指标	单位	内容
投入指标	资源	A 级景区得分	—	1A×50+2A×60+3A×75+4A×85+5A×90
	服务	星级酒店数量	个	
	资本	旅游业固定资产投资	亿元	第三产业固定资产投资×旅游占比
	劳动力	旅游业从业人数	人	第三产业从业人数×旅游占比

① 郑兵云、杨宏丰：《基于生态足迹的中国省际旅游生态效率时空演化》，《华东经济管理》2020 年第 4 期。
② 李敏纳：《黄河流域经济空间分异研究》，博士学位论文，河南大学，2009 年。

266

续表

类型	指标体系	具体指标	单位	内容
产出指标	期望产出（旅游经济效益）	游客接待总量	万人	—
		旅游总收入	万美元	—
	非期望产出（生态环境影响）	旅游废水排放量	万吨	用旅游占比进行换算
		旅游二氧化硫排放量	吨	用旅游占比进行换算
		旅游烟尘排放量	万吨	用旅游占比进行换算

第二节 黄河流域旅游生态效率时空演变格局

一 时间演变分析

从时序看（见图 8-1），黄河流域旅游生态效率处于波动上升态势，2010 年旅游生态效率均值为 0.655，2015 年上升至峰值 0.817，随后下降至 2019 年的 0.724，整体呈现小幅度增长。随着时间推移，不同流域旅游生态效率表现出不同的发展特征。上游处于流域均值之下，研究期内持续保持上升。中游效率值先波动上升，后波动下降。下游效率值持续稳定在流域均值之上，处于"领头羊"地位，但 2016 年后效率值平均每年下降 0.100。总体来看，黄河流域旅游生态效率具有明显的阶段性特征，呈现先上升后下降的波动发展态势，上游和中游上升幅度大于下游。

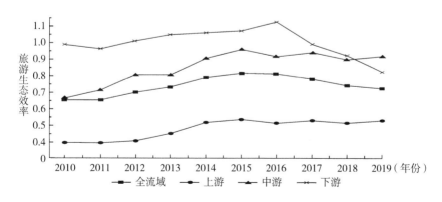

图 8-1 时间趋势

二 空间演变分析

借助 ArcGIS 软件分析区域差异及空间演变特征。2010 年上、中、下游分别有 10 个、18 个、23 个城市旅游生态效率处于中等及以上水平，占各区域城市总数的 32.26%、94.74%、100%，可见，西部上游地区旅游生态效率低于东部中下游地区，空间差异显著，流域旅游生态效率呈现"下游—中游—上游"阶梯式递减的空间格局。具体来看，上游玉树、陇南等 6 个城市由很低水平上升至很低水平以上，中游运城、咸阳等 8 个城市由中等水平上升至中等水平以上，下游鹤壁、泰安等 10 个城市由高水平下降至高水平以下。可以看出，上游、中游旅游生态效率提升，下游效率值下降，区域差异逐渐缩小。

对比分析决策单元有效的城市空间分布，上游有 2 个城市达到 DEA 有效，均值为 1.143，鄂尔多斯市效率最高。中游有 5 个城市达到 DEA 有效，均值为 1.140，西安市效率最高。下游有 10 个城市达到 DEA 有效，均值为 1.232，青岛市效率最高。从数量看，下游达到 DEA 有效的城市最多，中游次之，上游最少；从效率高低看，下游达到 DEA 有效的城市效率更高，上游次之，中游最低；从城市看，无论上游、中游还是下游，在同样达到决策单元有效的城市中，经济较发达城市效率更高。

总体来看，黄河流域旅游生态效率空间差异显著，呈现"下游—中游—上游"阶梯式递减的空间分布格局，但区域差异逐渐缩小。在同样达到决策单元有效的城市中，下游城市效率水平高于上游高于中游，经济发达城市效率水平高于其他城市。

第三节　空间相关性分析

一 全局空间自相关

全局 Moran's I 指数如表 8-2 所示，结果显示，在地理邻近和地理距离权重矩阵下，指数均大于 0 且通过显著性检验。可见，黄河流域旅游生态效率存在显著的空间自相关，即本地旅游生态效率会影响邻近区域，也会受到邻近区域的影响。从演变趋势看，集聚强度呈现先增后减的倒"U"形趋势，表明空间依赖性先增强后降低。综上，黄河流域旅游生态效率具有明显的空间集聚与依赖特征，适宜进行空间计量分析。

表 8-2　　　　　　　　　全局 Moran's I 指数

年份	地理邻近权重矩阵			地理距离权重矩阵		
	全局 Moran's I	Z	P	全局 Moran's I	Z	P
2010	0.317	4.564	0.000	0.153	10.509	0.000
2011	0.362	4.959	0.000	0.195	12.589	0.000
2012	0.417	5.703	0.000	0.199	12.918	0.000
2013	0.420	5.802	0.000	0.192	12.582	0.000
2014	0.387	5.268	0.000	0.193	12.466	0.000
2015	0.389	5.308	0.000	0.181	11.720	0.000
2016	0.220	3.519	0.000	0.128	9.700	0.000
2017	0.256	3.587	0.000	0.137	9.199	0.000
2018	0.158	2.357	0.018	0.091	6.549	0.000
2019	0.159	2.301	0.021	0.070	5.118	0.000

二　局域空间格局演变

LISA 集聚分析显示，低—低集聚数量最多，集中在黄河上游，在四个样本年份分别为 15 个、18 个、18 个、12 个。高—高集聚主要集中在黄河下游，2019 年向黄河中游转移。从分布格局看，高—高集聚和低—低集聚呈集中式连片分布，低—高集聚和高—低集聚呈发散式分布。从数量看，低—低集聚>高—高集聚>低—高集聚>高—低集聚。可以看出，黄河流域旅游生态效率空间邻近同伴效应明显，尤其是低水平同质化集聚状态显著，表现出"低者恒低、高者恒高"的局域空间格局特征。综上，在旅游生态效率分析中需要将空间因素考虑在内。

第四节　空间溢出效应

一　模型检验与识别

前文分析表明需要考虑空间溢出效应，讨论之前通过检验选取具体模型（见表8-3）。LM检验中，p值均显著，故选择空间自回归（Spatial Autoregressive Model，SAR）和空间误差（Spatial Error Model，SEM）二者结合的空间杜宾（SDM）模型。通过Wald和LR检验SDM模型是否可以退化为SAR或SEM模型，结果显示二者均在1%水平下显著，故不可以退化。最后，Hausman为23.44，在1%显著性水平下拒绝随机效应的原假设，故选择固定效应模型。综上，本书研究采用固定效应的SDM模型。

表8-3　　　　　　　　　　模型检验

检验指标	检验方法	统计值	P-value
LM 检验	稳健的 LM 无空间滞后	2.969	0.085
	稳定的 LM 无测试空间误差	14.045	0.000
Wald 检验	Wald 检验测试空间滞后	20.65	0.001
	Wald 检验空间误差	20.16	0.001
LR 检验	LR 检验空间滞后	20.37	0.001
	LR 检验空间误差	20.21	0.001
Hausman 检验	豪斯曼检验	23.44	0.000

二　估计结果分析

估计结果如表8-4所示。具体来看：一是经济发展的直接效应系数为0.264，间接效应系数为-0.392，均在0.1%的水平下显著，表明经济发展可以促进本地旅游生态效率提高，但会通过负向溢出效应抑制邻近城市旅游生态效率提高。二是产业结构的直接效应系数为正但不显著，间接效应显著为负，表明产业结构对本地旅游生态效率具有不显著的正向影响，但对邻近城市具有显著的负向溢出效应。三是交通可达性的直接效应显著为正，间接效应显著为负，表明交通设施的发展对本地城市旅游生态效率具有正向作用，对邻近城市具有负向溢出效应。四是政府干预的直接效应、间接效应、总效应系数均为正但不显著，表明政府干预对本地及邻近城市旅游生态效率提高具有积极作用，但作用不显著。五是市场规模的直接效应为负但不显著，间接效应和总效应均显著为正，表明市场规模的发展会通过正向溢出效应促进邻近城市旅游生态效率提高。

表 8-4   分解效应

变量	（1）直接效应	（2）间接效应	（3）总效应	变量	（1）直接效应	（2）间接效应	（3）总效应
ED	0.264*** (7.15)	-0.392*** (-6.45)	-0.129* (-2.02)	GI	0.010 (0.22)	0.194 (1.59)	0.204 (1.55)
IS	0.048 (0.88)	-0.529*** (-3.88)	-0.481*** (-3.38)	MS	-0.023 (-1.13)	0.373*** (6.17)	0.350*** (5.42)
TA	0.049*** (3.33)	-0.118*** (-4.21)	-0.069* (-2.50)	N	730	730	730

注：ED：经济发展 Economic development；IS：产业结构 Industrial structure；TA：交通通达性 Transportation accessibility；GI：政府干预 Government intervention；MS：市场规模 Market size；*表示 *P*<0.05；**表示 *P*<0.01；***表示 *P*<0.001。

三 稳健性检验

为保证研究结论的可靠性，采用地理距离权重矩阵替代地理邻近权重矩阵进行稳健性检验（见表 8-5）。结果显示，各变量直接效应、间接效应、总效应的系数方向和显著性变化不大，表明研究结果具有较好的稳健性，结论可靠。

表 8-5   稳健性检验

变量	（1）直接效应	（2）间接效应	（3）总效应	变量	（1）直接效应	（2）间接效应	（3）总效应
ED	0.276*** (7.54)	-1.291** (-3.07)	-1.015* (-2.44)	GI	0.098* (2.04)	1.365 (1.65)	1.463 (1.73)
IS	0.113* (2.04)	-2.652** (-2.75)	-2.539** (-2.62)	MS	-0.000 (-0.00)	1.595** (3.13)	1.595** (3.08)
TA	0.057*** (3.89)	-0.195 (-1.57)	-0.138 (-1.13)	N	730	730	730

注：*表示 *P*<0.05；**表示 *P*<0.01；***表示 *P*<0.001。

第五节　研究结论、政策建议与不足

一　研究结论

（一）2010—2019 年黄河流域旅游生态效率时序上具有阶段性特征，表现为先上升后下降的波动发展态势，总体呈现小幅度增长

阶段性变化的原因在于，2011—2015 年"十二五"规划是全面深化旅游业改革开放、加快旅游发展的攻坚时期，政府出台一系列措施促进旅游生态效率提升，但随着旅游业的发展，所附带的环境影响愈加明显，旅游生态资源瓶颈凸显，效率值下降。上中下游流域效率值对比看，受经济基础和生态环境等因素的影响，黄河上游效率值一直处于流域均值以下，但借助"后发优势"持续上升，这与王胜鹏等的研究结论"黄河流域旅游生态效率的重心总体向西北移动，内陆地区提升较快"一致。[①] 原因在于，黄河上游区位交通不便，生态环境脆弱，旅游发展的经济基础薄弱，故效率值整体不高。受国家政策的支持，上游借助"后发优势"加快旅游发展步伐，加之生态破坏较小，故效率值持续上升。下游效率值持续稳定在流域均值之上，自 2016 年开始明显下降，旅游高质量发展亟须找寻新的增长点。原因在于，下游旅游资源过度开发所积累的负面影响显现，旅游地环境污染、生态失衡造成了旅游生态效率的下降。

（二）旅游生态效率空间上具有异质性特征，呈现"下游—中游—上游"阶梯式递减的空间分布格局，空间差异显著但呈缩小趋势

受研究方法和区域划分不一致的影响，与王胜鹏等研究中"东北—西南"向的空间分布态势略有差异，但整体都属于"东—西"向的空间分布，且与"整体呈较强的空间异质性，但其区域差异呈不断缩小的趋势"这一研究结论一致。这种空间差异格局的形成与经济发展水平、旅游资源禀赋、自然环境等密切相关。下游相对优厚的经济基础为旅游污染治理提供资金支持，先进的技术水平为旅游开发和保护提

[①] 王胜鹏等：《黄河流域旅游生态效率时空演化及其与旅游经济互动响应》，《经济地理》2020 年第 5 期。

供技术支持，故效率值处于领先水平。中游效率值居中，是因为资源的大量开发对生态环境造成了破坏，旅游经济增长伴随一定的资源环境代价。上游效率值最低，原因在于上游经济基础相对薄弱，交通不便，环保技术落后，加之自然因素制约下生态环境脆弱，导致其效率值低于中下游。

（三）全局空间集聚强度呈现先增后减的倒"U"形趋势，空间依赖性先增强后降低

局部空间格局数量上呈现低—低集聚>高—高集聚>低—高集聚>高—低集聚，空间邻近同伴效应明显，尤其是低水平同质化集聚状态显著，表现出"低者恒低、高者恒高"的特征。可见，黄河流域旅游生态效率分布具有明显的空间集聚与依赖特征，旅游绿色高质量发展应考虑周围邻近城市的影响。

（四）黄河流域旅游生态效率具有空间溢出效应

一是经济发展对本地旅游生态效率提高具有显著的促进作用，对邻近城市产生负向溢出效应。原因在于，经济为旅游绿色发展提供资金和技术支持，故对本地旅游生态效率提高具有促进作用。本地较高的经济发展会吸引邻近城市旅游客源、资本、技术等集聚，对邻近城市形成虹吸效应，产生负向溢出作用。二是产业结构对本地旅游生态效率的正向影响不显著。一方面，黄河流域是中国重要的能源基地，对资源的过度依赖形成了资源密集型产业，其他行业受到挤压，旅游发展动力不足；另一方面，以煤炭为主的资源密集型产业给城市带来快速发展的同时也带来环境污染，故产业结构对旅游生态效率的影响为正但不显著。产业结构对邻近城市产生负向溢出作用，原因在于，工业污染物进入环境后会经历扩散、迁移的过程，环境污染的转移使周边地区成为该地区的污染避难所。黄河流域城市产业结构的优化促使高污染企业向周边地区转移，这种转移增加了周边地区的环境压力，不利于旅游生态效率的提高。这证实了 Zhao 关于绿色经济效率的发现[①]。三是交通可达性对本地城市旅游生态效率具有正向影响，对邻近地区具有负向溢出效应。地

---

① Zhao P. J. , et al. , "Green Economic Efficiency and its Influencing Factors in China from 2008 to 2017: Based on the Super-SBM Model with Undesirable Outputs and Spatial Dubin Model", *Science of the Total Environment*, 2020: 741.

273

区交通可达性强可以提升旅游地可进入性，加速当地旅游客源、资金、绿色开发技术的集聚，提高旅游生态效率。本地交通可达性强意味着对邻近地区客源、资金等向心作用强，使邻近地区出现旅游要素外流，产生负向溢出效应。四是政府干预对本地和邻近城市旅游生态效率提高具有积极作用但不显著。政府干预引导产业发展方向，促进旅游生态保护。但黄河流域的研究表明，政府干预作用不显著，原因在于政策尚未落到实处，如排污费等环境法规在不同地区执行情况和执行效果存在明显差异，污染治理效率不高。五是市场规模对本地城市旅游生态效率具有负向影响，通过空间溢出效应促进邻近城市效率提高。原因在于，繁荣的消费市场派生新的旅游服务内容，提高游客旅游支付意愿，但市场规模扩大不仅带来旅游收入增加，也会造成资源消耗和环境污染排放的增加，故给本地旅游带来生态压力。本地繁荣的消费市场一定程度上会影响邻近城市的旅游消费，为邻近城市带来旅游客源，故对邻近城市旅游生态效率具有促进作用。

二　政策建议

基于研究结论，对黄河流域旅游业绿色高质量发展提出以下几方面的建议。

（一）制定差异化、互补性旅游发展策略

各地市应充分考虑经济发展水平、区位条件、旅游资源禀赋，因地制宜地采取措施促进旅游业绿色高质量发展。黄河上游在借助"后发优势"快速发展的同时注重资源和生态保护，避免落入资源诅咒陷阱。黄河中游应积极学习下游先进技术，同时加强与上游的交流合作，充分发挥其承"上"启"下"区域联系的桥梁作用。黄河下游应在保持发展优势的基础上寻求旅游绿色高质量增长新动能。

（二）加强区域旅游战略合作

黄河流域旅游生态效率区域差异虽呈缩小趋势，但仍存在不均衡现象。各地市应打破行政壁垒，通过邻近城市知名景点串联成线形成区域联动发展。同时，上—中—下游应秉持合作共赢的旅游发展理念，加强旅游战略合作，缩小区域差异。

（三）发挥邻近区域的辐射带动作用

黄河流域旅游生态效率空间邻近同伴效应明显，要充分考虑区域间的空间相关性。一方面，充分发挥区域中心城市对周边邻近城市的辐射带动作用，完善城市之间尤其是邻近城市之间的旅游生态合作联动机制，促进城市间旅游管理经验、发展理念、环保技术的交流与借鉴，推动资源要素的跨区域流动与整合。另一方面，发挥黄河下游的"领头羊"作用，在提升旅游发展的同时，积极以其区位、经济、资源、技术等优势对黄河中上游产生辐射示范效应，带动全流域旅游绿色高质量发展。

（四）优化城市空间溢出效应

黄河流域旅游生态效率空间溢出效应显著，要最大程度优化区域溢出效应。具体来看：一是强化本地城市对周围邻近城市的正向空间溢出效应。发挥政府的资源调控和政策引导作用，通过政府间联合发展策略强化对邻近城市旅游资源要素的有效辐射，充分发挥政府在促进本地及邻近城市旅游生态保护和高质量发展中的作用。二是调整本地城市对周围邻近城市的负向溢出作用方向。加强区域经济发展合作和交通基础设施整体规划，缓解经济发展和交通可达性对邻近城市的"虹吸效应"，以调整负向溢出作用方向，促进旅游生态效率提高。

三 不足

本书研究的特色之处在于将旅游生态效率研究详细到市域，扩展了空间溢出效应的应用领域，对黄河流域旅游生态保护和高质量发展具有重要意义。同时，本书研究还存在以下不足：一是鉴于数据可获取性，采用换算后的市级环境污染数据作为非期望产出，存在一定局限性。二是未能对黄河流域城市旅游生态效率时空差异及空间溢出效应的内在机理机制进行探讨。未来可考虑从以下方面进一步研究：一是通过实地调研等方式获取黄河流域地市旅游相关数据，采用旅游业碳排放量衡量环境影响，完善评价指标。二是对黄河流域不同地区旅游生态效率的空间溢出程度进行细分量化，揭示不同地区空间溢出的内在驱动机理。三是考虑以旅游景区或海拔等更适合流域旅游的要素进行区域划分，或能更深刻地反映黄河流域旅游生态保护和高质量发展现状。

实践篇

第九章

河南省绿色发展新路径与新行动

绿色发展是理念，更是实践；需要坐而谋，更需要起而行，坚持知行合一，从我做起，步步为营，久久为功。

第一节　河南省绿色发展新路径

一　进行绿色发展空间布局

（一）进行环境影响的战略规划

明确生态保护红线、行业准入红线、流域布局红线、城市扩展边界红线、城市空间布局红线、城市基础设施红线六条底线；控制水资源利用总量、能源利用总量、土地开发利用总量、水污染允许排放量等"五量"上限；协调重点行业资源能源利用总量和污染物排放量，实施生态环境和资源能源战略性保护，完善生态环境保护体制机制。

（二）优化生态空间布局

根据各地的资源、环境容量、生态状况及人口数量，推进集中开发与均衡布局，构建科学合理的城乡发展格局、产业发展格局、生态安全格局。坚持管控结合，落实监管措施，实行差别化的区域开发政策。引导产业从限制开发区、禁止开发区有序转移，推进人口适度向优化开发区、重点开发区域集聚，形成以限制开发区域和禁止开发区域为主体的农业与生态布局。进一步优化城镇化布局和形态，依托重大基础设施，有序推进城市群发展，合理确定城市开发边界，提高城镇产业和人口集聚功能。

（三）加强生态空间管制

必须加强生态空间管制，划定并严守生态红线区域，如习近平总书记在中央政治局第六次集体学习时强调"牢固树立生态红线观念。不能越雷池一步"，积极扩大受保护地面积，严格保护重要水源、湿地、水体、山林等自然生态资源，确保生态红线区域保护面积在总国土面积中的比例，形成生态调节主导有限、生态服务功能互补、生态产品支撑供给的生态安全格局。

（四）优化主体功能区划

加快实施主体功能区域，强化国土空间开发战略性、基础性和约束性作用，全面落实到产业发展、城乡建设、土地利用、人口管理、生态环境保护等工作中。要根据不同主体功能区的环境承载能力，提出分类管理的环境保护政策。优化开发区域实行更严格的污染物排放和环保标准，大幅度减少污染物排放；重点开发区域要保持环境承载力，做到增产减污；限制开发区域要坚持保护优先，确保生态功能的恢复和保育；禁止开发区域要依法严格保护。开展不同功能区之间的补偿，进一步规范优先开发、重点开发区域的环境行为，优化开发、重点开发区域应该向作出牺牲的限制开发区域和禁止开发区域进行适当的经济补偿。

二 完善绿色发展治理体系

绿色发展需要完备的评价、监督体系，需要健全环境质量目标责任和评价体系，构建科学、合理的环境责任风险防范体系，依据源头严防、过程严管、后果严惩的管理思路，设计、调整和改进环境监督制度，为绿色发展保驾护航。

（一）建立绿色发展考核体系

把资源消耗、环境损害、生态效益等指标纳入区域经济社会发展综合评价体系，提高生态考核权重，强化生态指标约束。立足地区实际和发展现状，因地制宜地确立各有侧重、各具特色的考核评价指标，可以将绿色经济占整个经济的比重，万元 GDP 资源投入以及能耗、水耗、土地消耗、环境污染治理总投资占 GDP 的比重纳入绩效考核指标，指标设计淡化规模总量，突出结构效益。改变考核主体单一化的局面，建立健全政府主导、公众参与、专家评议、程序公开、全程透明的考核机制。考核方式上，从注重政府保障向注重法律保障转变。发挥绿色政绩考核的激励与约束作用，引导各地区、各部门把工作着力点放到加快绿色发展和增长方式转变上来。

（二）落实环境保护责任追究

实施党政领导干部生态环境损害责任追究办法。对造成生态环境破坏的行为严肃问责，实行问题追溯和责任终身追究。对环境污染控制不力而导致突发性群体性事件的官员实行一票否决制。开展党政领导干部自然资源资产离任审计试点。积极探索离任审计和任中审计、与领导干部经济责任审计以及其他专业审计相结合的组织形式，发挥好审计监督作用。统一制度环境损害赔偿标准，建立政治素质好、业务能力强的生态环境损害评估机构，及时准确地评估生态环境损害状况，对较大以上突发环境事件开展损害评估试点。明确生态环境损害的赔偿范围、赔偿原则、赔偿标准、赔偿数额以及赔偿程序等，提供基本遵循原则。建立环境损害赔偿基金，正确认定生态环境损害责任人，依法督促其赔偿。

（三）加强多渠道监督互动

按照国家监察、地方监管、单位负责的监管体系，有序整合不同领域、不同部门、不同层次的监管力量，完善监管的法律授权，建立独立而统一的环境监管体制，加强人大、政协对生态文明工作的监督，定期听取审议地方政府生态文明建设工作报告。加强社会监督，有序引导公众和社会团体参与环境事务管理。集合行业示范力、行政指导力、社会监督力三股力量，全面提升企业环境自律意识。明确环保部门、企业在环境信息公开、公众参与方面的责任与义务。进一步加大空气质量、水环境质量、污染物排放、污染源、建设项目环评等信息公开力度。及时公开各类环境问题和企业环境信息，定期定时发布地区环境质量信息，保持信息公开的透明度与真实性。

三 推进绿色发展生产方式

（一）贯彻循环发展、低碳发展、生态发展理念

推进绿色发展，必须在生产过程中贯彻循环发展、低碳发展、生态发展理念。循环发展要求摒弃传统的"资源—产品—废弃物"的单向直线资源利用方式，坚持在生态过程中以资源的减量化、再使用、再循环为特征的循环发展道路，路径有三条：一是构建企业内部小循环，要

求企业内部的物质循环在各生产部门、生产环节中融入循环发展理念，提高资源利用效率，减少废弃物排放，需要两点作为支撑，企业认识到循环发展带来的收益（愿意做），企业具备良好的知识储备和技术水平（能够做）。二是构建产业链条中循环，中循环着眼于企业间的关联性，关注企业间的物质交互关系，主要实践载体是循环经济产业园。三是社会整体大循环，除了依靠企业主动、产业推动、园区建设外，还需要公众参与，实践载体是循环经济示范城市建设。

转变以碳基技术为主的高化石能源消耗体系，构建清洁能源（核能、天然气）、可再生能源（水电、风能、太阳能、生物质能）等低碳能源体系，研发零碳技术、减碳技术、负碳技术等低碳技术体系，第一产业大力发展绿色有机、生态农业，第二产业大力发展战略性新兴产业、节能环保、可再生能源、资源回收利用等绿色新兴产业；第三产业大力发展商贸物流、电子商务、生态旅游、金融保险、信息会展等现代服务业，形成低碳产业体系。

生态发展的运作方式首先要发展企业层面的生态经济，要求企业在生产过程中履行社会责任，制定、实施、评审、维护经济利润与生态环境保护协调发展目的的组织结构、生产活动和操作程序。其次，多个企业之间建立起结合型生态经济，关注企业之间竞争、共生、寄生、捕食等相互作用关系，促进产业层面的生态化发展，最典型的形式是生态工业园区。最后，建立复合型生态经济，要求经济社会活动均要贯彻生态化理念，发展生态新业态，培育生态消费新观念，这一层面最典型的实践是生态城市、生态省。

（二）实现绿色产业、绿色金融、绿色科技融合发展

绿色生产的落脚点是绿色产业，绿色产业的发展离不开绿色金融的支持和绿色科技研发。应着力推进绿色产业、绿色金融、绿色科技的融合发展。当前，中国处于政府主导的绿色发展起步阶段，三者的融合发展路径需要发挥政府优化资源配置的功能，以实施促进绿色产业发展的相关产业政策为抓手，设立绿色产业园区，对绿色产业实施更为优惠的财税政策，支持绿色产业发展。绿色产业经过一段时间的发展后金融行业将在市场的作用下增加服务绿色产业发展的业务比重，激发更多的绿色金融创新，丰富绿色产业发展金融服务类型。绿色产业扶持政策也会引发绿色产业核心技术的研发。也就是说在绿色发展的初期阶段，需要先在政府主导的绿色产业政策推动下将绿色产业培育成为重要产业部门，最终形成绿色金融、绿色科技、绿色产业的螺旋式发展。对于河南省而言，就是将绿色发展的三个维度与产业集聚区的转型、升级、提质相结合。

四 践行绿色发展生活方式

（一）倡导绿色生活方式和消费模式

建立可持续的健康生活和消费模式。推进吃的绿色转向，饮食结构应该以植物性产品为基础，并以白肉类动物性食品为适度补充，这是一种既简约又丰裕的饮食结构，是有益于人类健康的环境"友好"型绿色饮食。推进住的绿色转向，2011 年全国人均居住面积 36 平方米，与美国（67 平方米）相比有一定的差距，但已超过英国（35.4 平方米）、法国（35.2 平方米）、西班牙（25.8 平方米）等国，更是较大地超过了日本（19.6 平方米）和韩国（19.8 平方米），应该借鉴日本韩国的做法，提倡绿色居住，不是追求以大为美，也不是以奢华为品位，而是以小为美，以简约为美，以精致为美。有计划地适当控制人均居住面积的增长。房屋建筑和装修等环节也要注意绿色环保，降低能源消耗等问题。推进绿色转向，应当大力发展城市公共交通和公共自行车，鼓励居民绿色出行，这也正是世界上绿色转向的大趋势。推进用的绿色转向，要求抵制物品的过度包装，反对滥用一次性物品，谨防"新即好"的流行时尚带来的潜在生态损害。积极推行家庭日常生活中的低碳生活方式，比如双面利用纸张，随身携带购物袋，减少一次性牙刷、一次性水杯等一次性产品的需求，节约用水用电。

（二）加大绿色生活文化的宣传力度

依靠新闻媒体的社会影响力，加大绿色生活文化的宣传力度。力求让每个人都具有资源忧患意识和节俭意识，自觉形成"节俭光荣、浪费可耻、环保有责"的社会风气。同时，广泛开展绿色消费知识教育，针对消费者进行有目的、有计划、有组织的，以传播科学消费知识、倡导绿色消费观念、提高科学消费素质为主要内容的社会教育活动。依托系统化教育，培养良好的绿色生活素养。学校绿色教育是培养绿色生活方式的重要渠道，其中，基础教育着力培养学生的绿色素养与绿色生活习惯（如德国提倡小学生每天写一篇生态日记）。高等教育着力培养学生全方位的生态科学知识理论、生态哲学、生态伦理学、生态法学等系统理论素养，以及绿色生活与消费的自觉选择能力。还需要面向每一个社会成员进行全民教育和终身教育。比如，引导垃圾分类，通过宣传教育正确引导公众参与，既要使居民明白生活垃圾应该分类，也要使居民清楚为什么做和如何做，不断增强环保意识和生态责任。政府通过引导和支持让民间绿色团体和机构迅速发展，培育绿色示范，通过1%的人群的绿色生活的率先引领，对其他生活主体发挥直接或间接的积极示范效应。[①]

第二节　河南省绿色发展新行动

河南省绿色发展不仅仅需要明确绿色发展格局、绿色生产方式、绿色生活方式等路径，更需要采取切实的绿色发展新行动。近年来，河南省为绿色发展、建设美丽河南频频发力，以实际行动向公众告白。

一　依托蓝天、碧水、乡村清洁"三大工程"

实施蓝天工程，加强大气污染综合防治，持续下大力气治理大气雾霾。省委、省政府高度重视大气污染防治工作。省政府出台了《河南省2016年度蓝天工程实施方案》，明确要求：强化对5000多个各类工地的扬尘治理，实现"六个百分之百"；加大燃煤污染治理，省辖市建成区和各县（市）集中供热供气范围内10吨/时及以下燃煤锅炉全部拆除，完成108台统调燃煤机组超低排放改造；加强机动车污染治理，8月底前淘汰40万辆黄标车和老旧车，10月底前实施国五排放标准；严管重罚，有效遏制夏秋秸秆焚烧行为，等等；为此，各级各部门严格落实"党政同责、一岗双责、失职追责"要求，绷紧改善大气环境质量这根弦，细化任务，落实责任，抓好每一个方面，每一个节点，把方方面面的力量动员起来，将压力层层传导下去，责任层层传导下去，措施层层传导下去。环保、住建、交通、公安等有关部门加强协调联动，

---

① 如美国马克·佩恩所著的《小趋势——决定未来大变革的潜藏力量》一书中的经典语录，"在今天的大众社会，只要让百分之一的人真心作出与主流人群相反的选择，就足以形成一次能改变世界的运动"。

加大执法力度，对恶意环境违法行为实行"零容忍"，下猛药、出硬招，以强烈的事业心责任感，打赢大气污染防治攻坚战[①]。

实施碧水工程，强化水源地保护，加强丹江口库区和南水北调中线工程总干渠及重点流域水污染防治，推进重点行业废水深度处理。开展城市河流清洁行动，全面消除城市河流黑臭水体。实施乡村清洁工程，加快农村环境综合整治，加强农业面源污染治理，实现农作物化肥使用总量零增长，加大土壤污染治理和修复力度。

二 建设"四区三带"区域生态网络

加快太行山地生态区、伏牛山地生态区、桐柏大别山地生态区、平原生态涵养区和沿黄河流域生态涵养带、南水北调中线生态走廊和沿淮生态保育带"四区三带"区域生态网络及黄河明清故道生态走廊等重大生态工程建设，构筑绿色生态屏障。太行山地生态区的建设重点是保护现有森林资源，大力开展人工造林、封山育林和飞播造林，提高生态系统的自我修复能力，增加森林植被。伏牛山地生态区的建设重点是营造水源涵养林和水土保持林，开展南水北调中线源头区石漠化治理，强化中幼林抚育和低质低效林改造，保护生物多样性，充分发挥森林的综合效益。桐柏大别山地生态区建设重点是大力植树造林，提高混交林比例，加强中幼林抚育和低质低效林改造，提高林地生产力，增强生物多样性和生态系统稳定性。平原生态涵养区建设重点是积极稳妥地推进农田防护林改扩建，建立带、片、网相结合的多树种、多层次稳定的农田防护林体系，构筑粮食高产稳产的生态屏障。沿黄河流域生态涵养带的建设重点是加强湿地保护与恢复，建设沿黄河流域观光林带、生态湿地和农家休闲旅游产业带，强化三门峡水库、小浪底水库库区绿化，防止水土流失。南水北调中线生态走廊建设重点是在引水总干渠两侧营造高标准防护林带和农田林网，防止污染，保护水质安全，建成集景观效应、经济效益、生态效益和社会效益于一体的生态走廊。在干渠城市和城市边缘段建设园林景观，使之成为城市重要的生态功能区。沿淮生态保育带的建设重点是建设淮源水源涵养林、淮河生态防护林和

---

① 《坚持绿色发展为全面建成小康社会而奋斗》，河南省人民政府网，http：//www. henan. gov. cn/jrhn/system/2016/06/05/010646766. shtml，2016 年 6 月 5 日。

干流防护林带，加强湿地保护与恢复，提高水源涵养和水土保持能力，防治水患，维护淮河安全。

三 大力推进河南生态省建设

2007 年河南省委、省政府作出了建设林业生态省的重大决策，省政府批准实施《河南林业生态省规划（2008—2012）》。2013 年 1 月省政府批准实施《河南生态省建设规划纲要》，正式提出河南生态省建设的战略规划和行动方案。全面推进生态省建设的总体要求：必须着重优化国土空间开发格局、全面促进资源节约、着力加强生态建设和环境保护、着力加强生态文明制度建设。生态省建设分 3 个阶段实施，全面建设阶段（2011—2015 年）、深入推进阶段（2016—2020 年）和完善提高阶段（2021—2030 年）。具体明确了河南省生态省建设规划指标 21 项，最终构建包括农业、工业、现代服务业等绿色高效的生态经济体系，包括水资源、土地资源、矿产资源、清洁能源的可持续利用的资源支撑体系，涵盖水污染防治、大气污染防治、土壤污染防治、固体废弃污染防治、农业面源污染防治在内的全防全治环境安全体系，建成山川秀美的自然生态体系、环境友好的生态人居体系、健康文明的生态文化体系。2013 年 6 月河南省人民政府批准实施《河南林业生态省建设提升工程规划（2013—2017 年）》，分区域进一步明确了"四区三带"生态网络建设重点，提出国土生态安全体系提升工程、绿色富民产业体系提升工程、生态文化体系提升工程、支撑体系提升工程。

四 重视其他分行业、分部门的行动

（一）河南启动工业绿色发展行动

河南省工信委印发了《2015 年省工业绿色发展专项行动实施方案》。组织实施重点工业行业清洁生产推行方案，加快在钢铁、建材、石化、化工、有色 5 个重点行业推广应用共 36 项先进适用清洁生产技术，有效降低大气污染物排放强度。同时，制定实施全省工业企业清洁生产水平提升和高风险污染物削减实施计划，争取从源头上削减汞、铅和高毒农药等高风险污染物的排放。在用煤行业，组织郑州等 6 个省辖市围绕焦化、工业炉窑、煤化工、工业锅炉等重点用煤行业领域，推进实施工业领域煤炭清洁高效利用工作。还加快推进钢铁、化工、建材、有色、轻工等行业企业的能源管理中心建设，带动河南省工业企业提升

能源管理水平，推进实施高耗能行业能效领跑者制度。在技术装备方面，推广应用国家鼓励发展的 107 项重大环保技术装备，并组织企业开展相关技术的推广和应用，加快淘汰落后生产设备。

（二）畜牧业绿色发展行动

2016 年 5 月召开的河南省畜牧业务工作会议上，河南省实施畜牧业绿色发展示范县建设，"十三五"时期创建 50 个畜牧业绿色发展示范县，"十三五"时期每年创建 10 个，年度增量和总量均占全国总数的 1/4（期间全国平均每年创建 40 个，累计创建 200 个）。畜牧业绿色发展示范县旨在应对畜产品产量和规模化生产水平不断提高的同时，畜禽粪便产量大量增加，还田利用渠道不畅，病死畜禽收集处理设施不足、处理水平低等问题。通过畜牧业绿色发展示范县，建立产出高效、产品安全、资源节约、环境友好的现代畜牧业发展模式。也提出了示范县必须具备的条件：三年内未发生重大畜产品质量安全事件、重大畜禽养殖污染事件、重大动物疫情，畜牧业产值占农业总产值的 40% 以上等。同时还需满足组织保障、发展成效方面的具体考核要求。

生态建设、环境保护，美丽河南、绿色发展并非一朝一夕能够建成，更不可能立竿见影，需要持续地贯彻新理念、凝聚新智慧、运用新范式、寻找新路径、践行新行动，打好持久战、攻坚战。相比较而言，河南不缺行动、不缺路径，缺少的是循着路径，严格执行行动计划的决心和毅力。

参考文献

一　中文文献

（一）著作

习近平：《决胜全面建成小康社会　夺取新时代中国特色社会主义伟大胜利——在中国共产党第十九次全国代表大会上的报告》，人民出版社 2017 年版。

习近平：《之江新语》，浙江人民出版社 2007 年版。

［美］奥尔多·利奥波德：《沙乡年鉴》，侯文蕙译，吉林人民出版社 1997 年版。

［英］查尔斯·汉普登-特纳、［荷兰］阿尔方斯·特龙佩纳斯：《国家竞争力——创造财富的价值体系》，徐联恩译，海南出版社 1997 年版。

陈吉宁主编：《五大区域重点产业发展战略环境影响评价》，中国环境出版社 2013 年版。

［英］丹尼斯·米都斯等：《增长的极限——罗马俱乐部关于人类困境的报告》，李宝恒译，吉林人民出版社 1997 年版。

胡鞍钢：《中国：创新绿色发展》，中国人民大学出版社 2012 年版。

［美］杰里米·里夫金：《第三次工业革命——新经济模式如何改变世界》，张体伟、孙豫宁译，中信出版社 2012 年版。

［美］卡洛琳·麦茜特：《自然之死——妇女、生态和科学革命》，吴国盛等译，吉林人民出版社 1999 年版。

［德］康德：《纯粹理性批判》，商务印书馆 1960 年版。

李晓西等：《中国：绿色经济与可持续发展》，人民出版社 2012
年版。

［美］理查德·瑞杰斯特：《生态城市伯克利：为一个健康的未来
建设城市》，沈清基、沈贻译，中国建筑工业出版社 2005 年版。

刘思华：《迈向生态文明绿色经济发展新时代》，载杨文进著《绿
色生产》，中国环境出版社 2015 年版。

刘思华主编：《绿色经济论——经济发展理论变革与中国经济再
造》，中国财政经济出版社 2001 年版。

［英］培根：《新工具》，商务印书馆 1984 年版。

［英］威廉·配第：《赋税论》，邱霞、原磊译，华夏出版社
2006 年版。

向书坚、郑瑞坤编著：《绿色经济核算》，中国环境出版社 2016
年版。

［英］亚当·斯密：《国民财富的性质和原因的研究》（上卷），郭
在力、王亚南译，商务印书馆 2002 年版。

杨秋宝：《区域经济与发展战略》，党建读物出版社 1999 年版。

［英］英安东·吉登斯《气候变化的政治》，曹荣湘译，社会科学
文献出版社 2009 年版。

［英］约翰·斯图亚特·穆勒：《政治经济学原理（上下册）》，
金镝、金熠译，华夏出版社 2017 年版。

张哲强：《绿色经济与绿色发展》，中国金融出版社 2012 年版。

中共中央马克思恩格斯列宁斯大林著作编译局编译：《马克思恩格
斯全集》（第十九卷），人民出版社 1963 年版。

中共中央马克思恩格斯列宁斯大林著作编译局编译：《马克思恩格
斯全集》（第四十二卷），人民出版社 1972 年版。

中共中央马克思恩格斯列宁斯大林著作编译局编译：《马克思恩格
斯全集》（第四十六卷·下册），人民出版社 1980 年版。

中共中央马克思恩格斯列宁斯大林著作编译局编译：《马克思恩格
斯全集》（第四十四卷），人民出版社 2001 年版。

中共中央马克思恩格斯列宁斯大林著作编译局编译：《马克思恩格
斯全集》（第一卷），人民出版社 1956 年版。

中共中央马克思恩格斯列宁斯大林著作编译局编译：《马克思恩格斯选集》（第三卷），人民出版社 1972 年版。

中共中央马克思恩格斯列宁斯大林著作编译局编译：《马克思恩格斯选集》（第四卷），人民出版社 1995 年版。

中国大百科全书总编辑委员会《社会学》编辑委员会、中国大百科全书出版社编辑部编：《中国大百科全书（社会学）》，中国大百科全书出版社 1991 年版。

中央党校哲学教研部：《五大发展理念——创新　协调　绿色　开放　共享》，中共中央党校出版社 2016 年版。

周立斌等编著：《空间政治经济学——区域经济学研究的一个批判视角》，经济科学出版社 2014 年版。

（二）期刊

安树伟、李瑞鹏：《黄河流域高质量发展的内涵与推进方略》，《改革》2020 年第 1 期。

白华莉：《河南生态型航空经济综合实验区建设问题探讨》，《郑州航空工业管理学院学报》2016 年第 2 期。

白雪：《中国经济重心空间演变及产业重心分解》，《经济问题探索》2015 年第 6 期。

曹慧等：《我国省级绿色创新能力评价及实证》，《管理学报》2016 年第 8 期。

曹莉：《郑州航空港临空经济发展的 swot 分析》，《现代经济信息》2015 年第 24 期。

曹勇：《坚持绿色发展建设生态淮南》，《环境保护》2012 年第 15 期。

柴剑峰：《绿色发展管理的中印比较》，《经济体制改革》2016 年第 5 期。

钞小静、任保平：《中国经济增长质量的时序变化与地区差异分析》，《经济研究》2011 年第 4 期。

陈昌兵：《新时代我国经济高质量发展动力转换研究》，《上海经济研究》2018 年第 5 期。

陈景华等：《中国经济高质量发展水平、区域差异及分布动态演进》，《数量经济技术经济研究》2020 年第 12 期。

陈培阳、朱喜钢：《中国区域经济趋同：基于县级尺度的空间马尔可夫链分析》，《地理科学》2013 年第 11 期。

陈瑶：《中国区域工业绿色发展效率评估——基于 R&D 投入视角》，《经济问题》2018 年第 12 期。

程慧等：《中国旅游生态效率的俱乐部趋同研究》，《华中师范大学学报》（自然科学版）2021 年第 2 期。

程叶青、邓吉祥：《吉林省中部粮食主产区城乡综合发展水平格局特征》，《地理学报》2010 年第 12 期。

邓晓兰等：《中国城市环境与市场效率的区域差异及影响因素》，《城市问题》2013 年第 8 期。

丁显有等：《长三角城市群工业绿色创新发展效率及其协同效应研究》，《工业技术经济》2019 年第 7 期。

董小君、石涛：《驱动经济高质量发展的科技创新要素及时空差异——2009—2017 年省级面板数据的空间计量分析》，《科技进步与对策》2020 年第 4 期。

方时姣：《绿色经济思想的历史与现实纵深论》，《马克思主义研究》2010 年第 6 期。

方时姣：《绿色经济思想的历史与现实纵深论》，《马克思主义研究》2010 年第 6 期。

付千卉：《新时代我国经济高质量发展动力转换简析》，《现代经济信息》2020 年第 8 期。

高敏雪：《从联合国有关手册看环境经济核算的国际研究进程》，《当代经济管理》2005 年第 3 期。

耿步健、仇竹妮：《习近平生命共同体思想的科学内涵及现实意义》，《财经问题研究》2018 年第 7 期。

辜子寅、俞逸帆：《江苏省环境效率的测度及其影响因素实证分析》，《常熟理工学院学报》2013 年第 2 期。

谷树忠等：《绿色发展：新理念与新措施》，《环境保护》2016 年第 12 期。

郭因：《黄灰红绿——文化的递进》，《当代建设》2003 年第 6 期。

韩海燕、任保平：《黄河流域高质量发展中制造业发展及竞争力评价研究》，《经济问题》2020年第8期。

韩军辉等：《基于熵值法的高质量发展综合评价研究》，《科技和产业》2019年第6期。

韩君、张慧楠：《中国经济高质量发展背景下区域能源消费的测度》，《数量经济技术经济研究》2019年第7期。

郝栋：《习近平生态文明建设思想的理论解读与时代发展》，《科学社会主义》2019年第1期。

郝寿义等：《企业区位选择与空间集聚的博弈分析》，《南开经济研究》2011年第3期。

何爱平等：《习近平新时代绿色发展的理论创新研究》，《经济学家》2018年第6期。

何迈：《绿色美学与安徽绿色文化与绿色美学学会》，《学术界》2002年第5期。

贺灿飞：《区域产业发展演化：路径依赖还是路径创造?》，《地理研究》2018年第7期。

侯刘勇：《生态城市建设实践以郑州航空港经济综合实验区绿地生态系统建设为例》，《中华建设》2016年第5期。

侯为民：《正确认识中国经济高质量发展阶段的微观基础》，《当代经济研究》2018年第12期。

胡鞍钢：《绿色发展：功能界定、机制分析与发展战略》，《中国人口·资源与环境》2014年第1期。

胡岳眠、刘甲库：《绿色发展转型：文献检视与理论辨析》，《当代经济研究》2013年第6期。

华章琳：《论习近平"生态环境生产力"——当代中国马克思主义生产力观》，《学术论坛》2015年第9期。

黄聪英、林宸彧：《福建工业绿色发展的制约因素与路径选择研究》，《福建师范大学学报》（哲学社会科学版）2018年第1期。

黄建欢等：《资源、环境和经济的协调度和不协调来源——基于CREE-EIE分析框架》，《中国工业经济》2014年第7期。

黄磊、吴传清：《长江经济带城市工业绿色发展效率及其空间驱动机制研究》，《中国人口·资源与环境》2019 年第 8 期。

黄茂兴、叶琪：《马克思主义绿色发展观与当代中国的绿色发展——兼评环境与发展不相容论》，《经济研究》2017 年第 6 期。

黄敏、任栋：《以人民为中心的高质量发展指标体系构建与测算》，《统计与信息论坛》2019 年第 10 期。

黄荣滋、左春文：《浅论马克思空间经济理论的几个问题》，《江西财经学院学报》1984 年第 3 期。

黄跃、李琳：《中国城市群绿色发展水平综合测度与时空演化》，《地理研究》2017 年第 7 期。

J. B. 科利考特：《罗尔斯顿论内在价值：一种解构》，《世界哲学》1999 年第 2 期。

J. B. 科利考特：《生态学的形而上学含义》，《自然科学哲学问题》1988 年第 4 期。

金波宏：《黄河流域经济高质量发展水平评价及时空分异研究》，《西部金融》2020 年第 5 期。

景维民、王瑶：《改革开放 40 年来中国经济增长轨迹研究：稳增长、高质量发展与混合经济结构优化》，《现代财经（天津财经大学学报）》2018 年第 12 期。

柯水发等：《"两山"理论的经济学阐释及政策启示——以全面停止天然林商业性采伐为例》，《中国农村经济》2018 第 12 期。

李婵娟、王子敏：《中国居民信息消费的区域差距及影响因素——基于 Dagum 基尼系数分解方法与省际面板数据的实证研究》，《现代经济探讨》2017 年第 9 期。

李春敏：《马克思恩格斯论资本主义空间生产的三重变革》，《南京社会科学》2011 年第 11 期。

李辉：《大数据推动我国经济高质量发展的理论机理、实践基础与政策选择》，《经济学家》2019 年第 3 期。

李金昌等：《高质量发展评价指标体系探讨》，《统计研究》2019 年第 1 期。

李俊、安虎森：《空间的属性与经济学的空间引入》，《西南民族大学学报》（人文社科版）2017 年第 8 期。

李鹏等：《基于温室气体排放的云南香格里拉旅游线路产品生态效率》，《生态学报》2008 年第 5 期。

李伟：《绿色发展与中部崛起》，《新经济导刊》2012 年第 7 期。

李伟：《中国经济迈向高质量发展新时代》，《中国发展观察》2018 年第 21 期。

李小玉、邱信丰：《长江中游城市群工业绿色发展协作机制研究》，《经济纵横》2017 年第 10 期。

李晓西、潘建成：《2011 中国绿色发展指数报告摘编（上） 总论》，《经济研究参考》2012 年第 13 期。

李秀玲、秦龙：《"空间生产"思想：从马克思经列斐伏尔到哈维》，《福建论坛》（人文社会科学版）2011 年第 5 期。

李志龙、王迪云：《武陵山片区旅游经济——生态效率时空分异及影响因素》，《经济地理》2020 年第 6 期。

李佐军、盛三化：《建立生态文明制度体系 推进绿色城镇化进程》，《经济纵横》2014 年第 1 期。

梁静波：《协同治理视阈下黄河流域绿色发展的困境与破解》，《青海社会科学》2020 年第 4 期。

林文凯、林璧属：《区域旅游产业生态效率评价及其空间差异研究——以江西省为例》，《华东经济管理》2018 年第 6 期。

林兆木：《关于我国经济高质量发展的几点认识》，《冶金企业文化》2018 年第 1 期。

蔺鹏、孟娜娜：《绿色全要素生产率增长的时空分异与动态收敛》，《数量经济技术经济研究》2021 年第 8 期。

刘华军、曲惠敏：《黄河流域绿色全要素生产率增长的空间格局及动态演进》，《中国人口科学》2019 年第 6 期。

刘建翠、郑世林：《中国工业绿色发展技术效率及其影响因素研究——基于投入产出表的分析》，《城市与环境研究》2019 年第 3 期。

刘莉：《历史—地理唯物主义视野中城市经济空间的演进路径与地理趋势》，《学术研究》2018 年第 11 期。

刘思华：《论新型工业化、城镇化道路的生态化转型发展》，《毛泽东邓小平理论研究》2013 年第 7 期。

刘思华：《正确把握生态文明的绿色发展道路与模式的时代特征》，《毛泽东邓小平理论研究》2015 年第 8 期。

刘思华：《正确把握生态文明的绿色发展道路与模式的时代特征》，《毛泽东邓小平理论研究》2015 年第 8 期。

刘文革、何斐然：《中国经济高质量发展的指标体系构建及国际比较研究》，《经济问题探索》2023 年第 9 期。

刘西明：《绿色经济测度指标及发展对策》，《宏观经济管理》2013 年第 2 期。

刘晓旭：《衡量经济发展质量的六个维度》，《中国党政干部论坛》2017 年第 12 期。

刘燕华：《关于绿色经济和绿色发展若干问题的战略思考》，《中国科技奖励》2010 年第 12 期。

刘燕华、冯之浚：《走中国特色的低碳经济发展道路》，《科学学与科学技术管理》2010 年第 6 期。

刘肇军：《贵州生态文明建设中的绿色城镇化问题研究》，《城市发展研究》2008 年第 3 期。

刘志礼：《生态文明的理论体系构建与实践路径选择——第五届生态文明国际论坛综述》，《武汉理工大学学报》（社会科学版）2011 年第 5 期。

卢福财、徐斌：《中国工业发展演进与前瞻（1978—2018 年）》，《经济纵横》2018 年第 11 期。

卢嘉瑞：《论空间经济》，《河北学刊》1993 年第 5 期。

卢宁：《从"两山理论"到绿色发展：马克思主义生产力理论的创新成果》，《浙江社会科学》2016 年第 1 期。

卢新海等：《中国城市土地绿色利用效率测度及其时空演变特征》，《中国人口·资源与环境》2020 年第 8 期。

吕岩威等：《中国区域绿色创新效率时空跃迁及收敛趋势研究》，《数量经济技术经济研究》2020 年第 5 期。

罗斯炫等：《改革开放以来中国农业全要素生产率再探讨——基于生产要素质量与基础设施的视角》，《中国农业经济》2022 年第 2 期。

罗文东、张曼：《绿色发展：开创社会主义生态文明新时代》，《当代世界与社会主义（双月刊）》2016 年第 2 期。

马海涛、徐楦钫：《黄河流域城市群高质量发展评估与空间格局分异》，《经济地理》2020 年第 4 期。

马茹等：《中国区域经济高质量发展评价指标体系及测度研究》，《中国软科学》2019 年第 7 期。

马晓君等：《东北三省全要素能源效率测算及影响因素分析》，《中国环境科学》2017 年第 2 期。

马勇、郭田田：《践行"两山理论"：生态旅游发展的核心价值与实施路径》，《旅游学刊》2018 年第 8 期。

苗勃然、周文：《经济高质量发展：理论内涵与实践路径》，《改革与战略》2021 年第 1 期。

聂长飞、简新华：《中国高质量发展的测度及省际现状的分析比较》，《数量经济技术经济研究》2020 年第 2 期。

欧进锋等：《基于"五大发展理念"的经济高质量发展水平测度——广东省 21 个地级市的实证分析》，《经济地理》2020 年第 6 期。

彭迪云、许涵：《鄱阳湖生态经济区：建设生态文明的探索和创新》，《求实》2010 年第 10 期。

彭红松等：《旅游地生态效率测度的 SBM-DEA 模型及实证分析》，《生态学报》2017 年第 2 期。

乔晓楠：《中国绿色发展面临问题与产业升级策略探讨》，《中国特色社会主义研究》2018 年第 2 期。

秦雪征、章政：《浅析绿色发展模式在我国的实现路径》，《北京大学学报》（哲学社会科学版）2016 年第 2 期。

曲婷、张黎：《中部六省绿色发展成效的差异性比较及问题剖析》，《市场经济与价格》2015 年第 12 期。

任保平、豆渊博：《"十四五"时期构建新发展格局推动经济高质量发展的路径与政策》，《人文杂志》2021 年第 1 期。

任保平、文丰安：《新时代中国高质量发展的判断标准、决定因素与实现途径》，《改革》2018 年第 4 期。

尚云云：《福建省工业绿色全要素生产率测度与影响因素研究》，《福建商学院学报》2018 年第 3 期。

师博、任保平：《中国省际经济高质量发展的测度与分析》，《经济问题》2018 年第 4 期。

师博等：《黄河流域城市经济高质量发展的动态演进及趋势预测》，《经济问题》2021 年第 1 期。

石风光：《工业绿色化发展绩效测评——以河南省为例》，《生态经济》2018 年第 2 期。

石华平、易敏利：《环境规制对高质量发展的影响及空间溢出效应研究》，《经济问题探索》2020 年第 5 期。

史丹：《绿色发展与全球工业化的新阶段：中国的进展与比较》，《中国工业经济》2018 年第 10 期。

宋明顺：《经济发展质量评价体系研究及应用》，《经济学家》2015 年第 2 期。

宋晓娜、张峰：《高质量发展下工业发展质量测度及趋势研究》，《软科学》2019 年第 12 期。

岁有生：《低碳农业与中原经济区发展》，《前沿》2011 年第 7 期。

孙浩进：《论经济空间的非中性——政治经济学视阈下的资本逻辑》，《经济问题》2018 年第 11 期。

唐承财等：《基于两山理论的传统村落旅游业绿色发展模式探讨》，《干旱区资源与环境》2019 年第 2 期。

田丽：《基于 DEA 模型的河南省物流产业效率评价》，《物流技术》2015 年第 1 期。

田文富：《新型城镇化与生态文明建设的互动机理及保障机制研究》，《中州学刊》2015 年第 3 期。

铁铮、孙晓东：《绿色文化的概念、构建与发展》，《绿色中国》2011 年第 4 期。

涂正革、王秋皓：《中国工业绿色发展的评价及动力研究——基于地级以上城市数据门限回归的证据》，《中国地质大学学报》（社会科学版）2018 年第 1 期。

王兵、黄人杰：《中国区域绿色发展效率与绿色全要素生产率（2000—2010）——基于参数共同边界的实证研究》，《产经评论》2014 年第 1 期。

王福成：《绿色发展理念与马克思主义关于人和自然关系的原理》，《经济学家》2016 年第 7 期。

王珂、秦成逊：《西部地区实现绿色发展的路径探析》，《经济问题探索》2013 年第 1 期。

王坤等：《中国旅游业碳排放效率的空间格局及其影响因素》，《生态学报》2015 年第 21 期。

王丽霞等：《环境规制政策对工业企业绿色发展绩效影响的门限效应研究》，《经济问题》2018 年第 1 期。

王少剑等：《基于超效率 SBM 模型的中国城市碳排放绩效时空演变格局及预测》，《地理学报》2020 年第 6 期。

王胜鹏等：《黄河流域旅游生态效率时空演化及其与旅游经济互动响应》，《经济地理》2020 年第 5 期。

王喜成：《试论推动高质量发展的路径和着力点》，《河南社会科学》2018 年第 9 期。

王莹莹、吴开：《浙江省新型城镇化影响因素实证分析》，《农村经济与科技》2014 年第 9 期。

王永芹：《中国城市绿色发展的路径选择》，《河北经贸大学学报》2014 年第 3 期。

王兆峰：《公路交通对旅游经济影响的评价分析——以武陵山区为例》，《湖南师范大学社会科学学报》2018 年第 1 期。

王兆峰、刘庆芳：《长江经济带旅游生态效率时空演变及其影响因素》，《长江流域资源与环境》2019 年第 10 期。

王兆峰、刘庆芳：《长江经济带旅游生态效率时空演变及其与旅游经济互动响应》，《自然资源学报》2019 年第 9 期。

魏澄荣：《贯彻生态文明理念 推进城镇绿色发展》，《福建论坛》（人文社会科学版）2014 年第 2 期。

魏后凯、张燕：《全面推进中国城镇化绿色转型的思路与举措》，《经济纵横》2011 年第 9 期。

魏敏、李书昊：《新时代中国经济高质量发展水平的测度研究》，《数量经济技术经济研究》2018 年第 11 期。

吴传清、黄磊：《长江经济带工业绿色发展效率及其影响因素研究》，《江西师范大学学报》（哲学社会科学版）2018年第3期。

吴江、申丽娟：《重庆新型城镇化路径选择影响因素的实证分析》，《西南大学学报》（社会科学版）2012年第2期。

吴旭晓、田丽：《郑州国家中心城市建设绩效动态评价与障碍因素诊断》，《河南机电高等专科学校学报》2016年第2期。

武剑、林金忠：《马克思主义空间政治经济学：研究进展及中国启示》，《江苏社会科学》2013年第4期。

习近平：《在黄河流域生态保护和高质量发展座谈会上的讲话》，《求是》2019年第20期。

徐成龙：《欠发达地区工业绿色发展水平及影响因素分析——以山东省临沂市为例》，《经济论坛》2017年第8期。

徐冬等：《浙江省县域旅游效率空间格局演变及其影响因素》，《经济地理》2018年第5期。

徐辉等：《黄河流域高质量发展水平测度及其时空演变》，《资源科学》2020年第1期。

徐志向、丁任重：《新时代中国省际经济发展质量的测度、预判与路径选择》，《政治经济学评论》2019年第1期。

薛明月等：《黄河流域旅游经济空间分异格局及影响因素》，《经济地理》2020年第4期。

闫泽涛：《推进中国经济绿色发展的体系构建》，《华东经济管理》2016年第12期。

颜文华：《休闲农业旅游产品开发模式创新研究》，《中国农业资源与区划》2015年第7期。

杨发庭：《绿色发展的哲学意蕴与时代价值》，《理论与改革》2016年第5期。

杨刚强、江洪：《中部地区新型城镇化建设思路创新》，《宏观经济管理》2015年第1期。

杨俊等：《中国环境效率评价及其影响因素实证研究》，《中国人口·资源与环境》2010年第2期。

杨恺钧、闵崇智：《高质量发展要求下工业绿色全要素能源效率——基于中国"一带一路"沿线省份的实证》，《管理现代化》2019

年第 4 期。

杨莉等：《江苏沿江城市工业绿色发展评价与转型升级路径研究》，《江苏社会科学》2019 年第 6 期。

杨剩富等：《中部地区新型城镇化发展协调度时空变化及形成机制》，《经济地理》2014 年第 11 期。

杨卫军：《习近平绿色发展观的价值考量》，《现代经济探讨》2016 年第 8 期。

杨伟、宗跃光：《生态城市理论研究述评》，《生态经济》2008 年第 5 期。

杨永春等：《黄河上游生态保护与高质量发展的基本逻辑及关键对策》，《经济地理》2020 年第 6 期。

杨玉珍：《城市增长管理理念下的资源环境约束与缓解路径》，《河南师范大学学报》（哲学社会科学版）2013 年第 2 期。

杨志江、文超祥：《中国绿色发展效率的评价与区域差异》，《经济地理》2017 年第 3 期。

姚震寰：《努力实现城镇化发展中的"绿色发展"》，《合作经济与科技》2014 年第 22 期。

姚志、谢云：《新型城镇化发展指标体系构建与影响因素分析——以湖北为例》，《商业经济研究》2016 年第 9 期。

姚治国：《国外旅游生态效率优化与管理》，《生态学报》2019 年第 2 期。

姚治国、陈田：《国外旅游生态效率研究综述》，《自然资源学报》2015 年第 7 期。

姚治国、陈田：《旅游生态效率模型及其实证研究》，《中国人口·资源与环境》2015 年第 11 期。

姚治国等：《区域旅游生态效率实证分析——以海南省为例》，《地理科学》2016 年第 3 期。

尹传斌、蒋奇杰：《绿色全要素生产率分析框架下的西部地区绿色发展研究》，《经济问题探索》2017 年第 3 期。

岳书敬等：《产业集聚对中国城市绿色发展效率的影响》，《城市问题》2015 年第 10 期。

曾贤刚：《中国区域环境效率及其影响因素》，《经济理论与经济管理》2011 年第 10 期。

张凤超：《资本逻辑与空间化秩序——新马克思主义空间理论解析》，《马克思主义研究》2010 年第 7 期。

张国兴、冯朝丹：《黄河流域资源型城市高质量发展测度研究》，《生态经济》2021 年第 5 期。

张国兴、苏钊贤：《黄河流域中心城市高质量发展评价体系构建与测度》，《生态经济》2020 年第 7 期。

张虎、宫舒文：《基于 DEA-Malmquist 的工业绿色全要素生产率测算及分析——以湖北省为例》，《江西师范大学学报》（自然科学版）2017 年第 5 期。

张焕波：《中国省级绿色经济指标体系》，《经济研究参考》2013 年第 1 期。

张江雪、王溪薇：《中国区域工业绿色增长指数及其影响因素研究》，《软科学》2013 年第 10 期。

张军扩等：《高质量发展的目标要求和战略路径》，《管理世界》2019 年第 7 期。

张坤民：《探索中国新型城镇化地区的绿色发展之路》，《中华环境》2014 年第 2 期。

张丽琴、陈烈：《新型城镇化影响因素的实证研究——以河北省为例》，《中央财经大学学报》2013 年第 12 期。

张森年：《习近平生态文明思想的哲学基础与逻辑体系》，《南京大学学报》（哲学社会科学版）2018 年第 6 期。

张舒宁等：《成渝经济区旅游发展效率测度及其影响因素研究》，《资源开发与市场》2017 年第 12 期。

张曙光：《转变发展方式视野下的绿色经济发展——河南省信阳发展绿色经济路径探析》，《前沿》2011 年第 8 期。

张伟丽：《区域经济增长俱乐部趋同：假说检验及解释》，《地理科学》2018 年第 2 期。

张晓强：《中国绿色发展战略路径》，《政策瞭望》2010 年第 7 期。

张永凯、崔佳新：《山东省城市工业绿色发展水平评价》，《兰州财经大学学报》2019 年第 1 期。

张哲强：《绿色经济与绿色发展》，《金融管理与研究》2012 年第 11 期。

张震、刘雪梦：《新时代我国 15 个副省级城市经济高质量发展评价体系构建与测度》，《经济问题探索》2019 年第 6 期。

张子龙等：《中国工业环境效率及其空间差异的收敛性》，《中国人口·资源与环境》2015 年第 2 期。

赵建军、杨发庭：《推进中国绿色发展的必要性及路径》，《城市》2011 年第 11 期。

赵俊超：《推进城镇化，土地到底够不够?》，《中国经济周刊》2015 年第 18 期。

郑兵云、杨宏丰：《基于生态足迹的中国省际旅游生态效率时空演化》，《华东经济管理》2020 年第 4 期。

郑德凤等：《绿色经济、绿色发展及绿色转型研究综述》，《生态经济》2015 年第 2 期。

郑古蕊：《两型社会背景下城镇化绿色转型的路径选择——以辽宁省为例》，《农业经济》2014 年第 6 期。

郑红霞等：《绿色发展评价指标体系研究综述》，《工业技术经济》2013 年第 2 期。

郑又贤：《关于绿色发展的内在逻辑透视》，《东南学术》2016 年第 4 期。

周宏春、江晓军：《习近平生态文明思想的主要来源、组成部分与实践指引》，《中国人口·资源与环境》2019 年第 1 期。

周清香、何爱平：《环境规制能否助推黄河流域高质量发展》，《财经科学》2020 年第 6 期。

周杨：《党的十八大以来习近平生态文明思想研究述评》，《毛泽东邓小平理论研究》2018 年第 12 期。

朱春燕、董晶：《湖北"两山"地区"绿色发展"道路的经济学思考——基于后发优势和比较优势理论》，《理论月刊》2011 年第 12 期。

朱文涛等：《OFDI、逆向技术溢出对绿色全要素生产率的影响研究》，《中国人口·资源与环境》2019 年第 9 期。

朱永明等：《黄河流域高质量发展的关键影响因素分析》，《人民黄河》2021年第3期。

禚振坤等：《基于空间均衡理念的生产力布局研究——以无锡市为例》，《地域研究与开发》2008年第1期。

（三）论文

李敏纳：《黄河流域经济空间分异研究》，博士学位论文，河南大学，2009年。

闫能能：《中部六省城镇化进程比较研究——基于建设河南省新型城镇化的思考》，硕士学位论文，郑州大学，2012年。

张攀攀：《武汉绿色发展的综合评价与路径研究》，硕士学位论文，湖北工业大学，2016年。

郑宏娜：《中国绿色发展系统模型构建与评价研究》，硕士学位论文，大连理工大学，2013年。

（四）报纸

习近平：《携手推进亚洲绿色发展和可持续发展——在博鳌亚洲论坛2010年年会开幕式上的演讲（2010年4月10日）》，《光明日报》2010年4月11日。

谷树忠、王兴杰：《绿色发展经济学：对绿色发展的诠释》，《中国经济时报》2016年3月11日。

王一鸣：《向高质量发展转型要突破哪些关口》，《联合时报》2018年4月13日。

朱启贵：《建立推动高质量发展的指标体系》，《文汇报》2018年2月6日。

《中国共产党第十九届中央委员会第六次全体会议公报》，《中国日报》2021年11月11日。

（五）网络

《坚持绿色发展为全面建成小康社会而奋斗》，河南省人民政府网，http：//www.henan.gov.cn/jrhn/system/2016/06/05/010646766.shtml，2016年6月5日。

李建华：《中部地区走绿色低碳的新型城镇化道路研究》，http：//www.docin.com/p-751973447.html，2014年1月7日。

二 外文文献

Aisen et al. , "How does Political Instability Affect Economic Growth?" *European Journal of Political Economy*, 2013, 29 (1).

Assaf A. G. , Tsionas M. G. , "A Review of Research into Performance Modeling in Tourism Research—launching the Annals of Tourism Research Curated Collection on Performance Modeling in Tourism Research", *Annals of Tourism Research*, 2019, 76.

Bai C. E. et al. , "Spatial Spillover and Regional Economic Growth in China", *China Economic Review*, 2012, 23 (4).

Barro R. J. , "Inequality and Growth in a Panel of Countries", *Journal of Economic Growth*, 2000, 5 (1).

Bo E. Honoré, "Trimmed Lad and Least Squares Estimation of Truncated and Censored Regression Models with Fixed Effects", *Econometrica*, 1992, 60 (3).

Brian J. L. Berry, *Contempoary Urban Ecology*, MacMillan Publishing Company, 1977。

Costanza R. , "What is Ecological Economics?", *Ecological Economics*, 1989 (1).

De Brujn H. , *Creating System Innovation*, London: Taylor & Francis, 2004.

Diefenbacher H. , et al. , *Measuring Welfare in Germany. A Suggestion for a New Welfare Index*, Federal Environment Agency, 2010.

Ebenezer Howard: *Garden Cities of Tomorrow*, Dodo Press, 2009.

Ekins P. , *Economic Growth and Environmental Sustainability*, London: Routledge, 2000.

Frolov S. M. et al. , "Scientific Methodical Approaches to Evolution the Quality of Economic Growth", *Actual Problems of Economics*, 173 (11).

F. Perroux, "The Concept of Growth Pole", *Applied Economics*, 1955.

Grossman G. M. , Krueger A. B. , "Environmental Impacts of the North American Free Trade Agreement", NBER Working Paper, No. 3914, 1991.

Grover R. B. , "Green Growth and Nuclear Power: A Perspective from India", *Energy Strategy Reviews*, 2013 (4) .

Held B. , et al. , "The National and Regional Welfare Index (NWI/RWI): Redefining Progress in Germany", *Ecological Economics*, 2018 (145) .

Hinckley A. D. , et al. , "A Potomac Associates Book: A Report for the Club of Rome's Project on the Predicament of Mankind", *Universe Books*, 1973, 5 (1) .

Jack Reardon, "Comments on Green Economics: Setting the Scene. Aims, Context, and Philosophical Underpinnings of the Distinctive New Solutions Offered By Green Economics", *Green Economics*, 2007 (3) .

Jack Reardon, "How Green are Principles Texts? An Investigation Into How Mainstream Economic、Educates Students Pertaining to Energy, the Environment and Green Economic", *Green Economics*, 2007 (3/4) .

Joel Makower, *Strategies for the Green Economy*, *Opportunities and Challenges in the New World of Business*, The McGraw Hill Companies, 2009.

Juvan E. , Dolnicar S. , "Can Tourists Easily Choose a Low Carbon Footprint Vacation?" *Journal of Sustainable Tourism*, 2014, 22 (2) .

J. R. Friedman, *Regional Development Policy: A Case Study of Venezuela*, Cambridge: MIT Press, 1966.

Lee, J. , Kim S. J. W. , "South Korea's Urban Green Energy Strategeis: Policy Framework and Local Responses under the Green Growth", *Cities*, 2016.

Lesage J. P. , Pace R. K. , *Introduction to Spatial Econometrics*, Boca Raton: Taylor & Francis Group, 2009.

Liu J. , et al. , "Tourism Eco-efficiency of Chinese Coastal Cities-analysis Based on the DEA-Tobit Model", *Ocean & Coastal Management*, 2017, 148.

Mashisaf et al. , "Does Geographical Addlomeration Foster Economic Growth? And Who Gains and Loses from It?" *Japanese Economic Review*,

2003, 54 (2).

Miriam Kennet, "Green Economic: Setting the Scene. Aims, Context, and Philosophical Underpinning of the Distinctive New Solutions Offered by Green Economics", *Green Economic*, 2006 (1/2).

Nataraja, Gujjab, "Green Economy: Policy Framework for Sustainable Development", *Current Science*, 2011, 100 (7).

Niebel, Thomas, "ICT and Economic Growth−Comparing Developing, Emerging and Developed Countries", *World Development*, 2018, 104 (4).

Park R. E: *The city*, University of Chicago Press, 1984.

Patrick Geddes: An In−troduction to the Town Planning Movement and to the Study of Civics, General Books, 2010.

Pearce, et al., *Blueprint for a Green Economy: A Report*, London: Earthscan Publications Ltd, 1989.

Pearced, et al., *Blueprint for a Green Economy*, London: Earthscan Publications Limited, 1989.

Perch−Nielsen S. et al., "The Greenhouse Gas Intensity of the Tourism Sector: The Case of Switzerland", Environmental Science & Policy, 2010, 13 (2).

Quah D. T., "Regional Convergence Clusters across Europe", *European Economic Review*, 1996, 40 (3−5).

Robert D., et al., *The* 2017 *State New Economy Index*, Social Science Electronic Publishing, 2017.

Sule Alan, et al., "Estimation of Panel Data Regression Models with Two − Sided Censoring or Truncation", *Journal of Econometric Methods*, 2014, 3 (1).

Theodore Panayotou, "Empirical Tests and Policy Analysis of Environmental Degradation at Different Stages of Economic Development", International Labour Office, Technology and Employment Programme, Working Paper, 1993.

Tim Jackson, Peter Victor, "Productivity and Work in the 'Green Economy' Some Theoretical Reflections and Empirical Tests", *Environmental Innovation and Societal Transitions*, 2011 (1) .

Tobler W. R. , "A Computer Movie Simulating Urban Growth in the Detroit Region", *Economic Geography*, 1970, 46 (2) .

Tone K. , "A Slacks-bosed Measure of Efficiency in Data Envelopment Analysis", *European Journal of Operational Research*, 2001. 130 (7) .

WBCSD, *Eco-efficiency: Leadership for Improved Economic and Environmental Performance*, Geneva: WBCSD, 1996.

Wei Y. H. , Liao F. H. , "Dynamics, Space, and Regional Inequality in Provincial China: A Case Study of Guangdong Province", *Applied Geography*, 2012, 35 (1/2) .

Word Commission on Environment and Development, *Our Common Future*, Oxford: Oxford University Press, 1987.

Yanitsky O. , Cities and Human Ecology, Moscow Progress Publishes 1981.

Zeira J. , "Why and How Education Affects Economic Growth", *Review of International Economics*, 2009, 17 (3) .

Zhao P. J. , et al. , "Green Economic Efficiency and its Influencing Factors in China from 2008 to 2017: Based on the Super-SBM Model with Undesirable Outputs and Spatial Dubin Model", *Science of the Total Environment*, 2020.

后　记

习近平总书记多次讲到哲学社会科学、知识分子应"为天地立心，为生民立命，为往圣继绝学，为万世开太平"。就绿色发展而论，"为天地立心"就是要校正掠夺式的发展模式，重建天、地、人相参的生态观，培养尊重自然、与自然和谐共处的人类生产、生活、生态观念。"为生民立命"就是要通过低碳化、循环化、生态化的绿色发展模式，解决因征服自然而造成的生态恶化、资源枯竭、环境污染等人类生存危机，真正使人们安身立命，显著提升人民的获得感、幸福感和安全感。"为往圣继绝学"就是要继承孔子、老子、孟子、庄子、荀子等儒学、道学所倡导的天人和谐思想，使之成为全人类共享的精神财富。"为万世开太平"就是发扬天人一体的思想，通过全体人民的共同努力，最终建立起生态经济发展模式，建成生态文明社会，使人类彻底摆脱能源危机、生态危机、生存危机和发展危机，摆脱因争夺财富、地位、资源而形成的政治危机、社会危机和心理危机，实现全人类的和谐共处。

本书对新发展理念中"绿色发展"进行系统研究，以河南省、黄河流域为研究对象，系统梳理了绿色发展的理论体系，绿色发展和高质量发展的实证评价，提出了绿色发展的行动方案。分为理论篇、实证篇、实践篇三个篇章，全书共九章，是我带领的研究生团队共同完成的。在各章节的撰写和资料整理中，理论篇包括第一章绿色发展新理念、第二章绿色发展研究综述、第九章河南省绿色发展新路径与新行动由杨玉珍执笔完成；第三章河南省绿色发展评价由本人所指导的研究生肖飞主要完成，第四章河南省快速城镇化地区绿色发展研究由研究生曹卫涛主要完成，第五章河南省工业绿色发展效率评价由研究生郭杨营完成，第六章黄河流域经济高质量发展水平的测度由研究生马芳媛完成，第七章黄河流域高质量发展评价、第八章黄河流域旅游生态效率时空演变及空间溢出效应由研究生闫佳笑完成。全书通稿和校稿由杨玉珍完成，研究生孟雨嫣、张雪珂和薛涵也参加了具体的文字整理、数据核对、文献校对工作。在本书的撰写中团队也发表了相关的数篇论文。

此外，本书能够得以顺利出版也得益于中国社会科学出版社的支持和编审的认真校对和审阅，一并表达感谢。但因为时间有限，本书的写作过程中还存在诸多的问题，成稿印刷也有数个不完善之处。比如，因不同章节完成的时间不一致，样本数据年份不完全一致，实证方法也有差异。研究对象主要是河南省绿色发展，黄河流域的高质量发展，并未对黄河流域其他省份进行详细研究。在未来的研究中将进一步完善，不当之处请读者批评指正。